KB242234

文獻情報學原論 Ⅱ

（改 訂 版）

文獻情報學原論 Ⅱ

（改 訂 版）

鄭 駜 謨 著

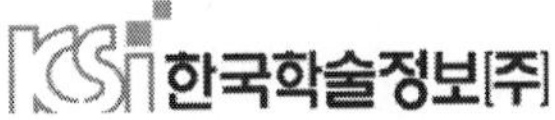

인사의 말씀

개인의 저작전집은 대단히 훌륭하고 권위 있는 학자에 한해서 그분이 작고한 다음에 여러 해 지나서야 제자들이나 그 자손들이 뜻을 모아 편찬하는 것이 현재까지의 관행이라고 알고 있습니다. 그런데 본인의 저작은 그 내용이 허술하여 학술적 가치도 없어서 앞으로 나의 저작이 전집으로 출간되리라고는 전혀 꿈에도 생각하지 못했는데, 내가 죽기도 전에 우선 표면상으로나마 이와 같이 훌륭한 저작전집을 발행하게 되었으니 나는 운수가 대단히 좋은 사람이라고 스스로 생각합니다.

이 저작전집을 발행하게 된 과정을 간단히 말씀드리면 2001년 5월에 "한국학술정보주식회사"라는 처음 듣는 출판사에서 한 청년이 집으로 찾아와서 자기소개를 한 다음, 내가 지금까지 저작한 책들을 모두 빠짐없이 연대순으로 작성한 목록을 내 앞에 제시하고, 이들 책들을 모두 전집으로 엮어서 발행하고자 하니 허락해 달라고 했습니다.

나는 처음에 그의 말이 전혀 납득이 되지 안아서 몇 가지 사항을 물었습니다. 그 목록에는 책을 발행한지 30년이 지난 책도 여러 권인데 이제 이런 책을 다시 발행해서 누가 볼 것이며, 우선 출판사에서 이득이 없고 오히려 손해만 볼 터인데 왜 이런 책을 발행하려고 하는가?

그 젊은이가 말하기를 저희가 손해 보는 사업이야 하겠습니까? 저희들의 출판사 이름이 "한국학술정보주식회사"입니다. 학술적 가치가 있다고 판단되면 아무리 오래된 책이라도 이들을 주로 "전자책"으로 복원해서 주로 대학도서관에 보급하고자 합니다. 전자책은 발행 비용도 적게 들고, 아무리 많은 독자가 있어도 CD 한 장으로 모두 동시에 볼 수 있습니다.

　둘째로 우리나라의 도서관도 이제 장서가 포화상태에 이르러 동일한 책을 복본으로 소장할 수가 없고, 오히려 이미 소장된 문헌도 한 권씩만 남겨두고 복본은 폐기해야 할 처지입니다. 그리고 과거에 발행된 책들이 대부분 인쇄가 선명하지 못하고 지질이 불량해서 삭거나 좀먹은 책들이 많아서 앞으로 50년만 지나면 거의 쓸모없는 것이 더욱 많아질 것입니다. 반면에 CD는 아무런 손상이 없이 영구적으로 보존될 수 있다고 보고 있습니다.

　나는 젊은이의 말을 듣고 부끄러운 생각에 얼굴이 붉어졌지만 많은 것을 깨달았습니다. 내가 대학에서 30여 년 동안 도서관과 직접 관련된 전공분야의 교수였고 도서관장까지 지낸 사람인데 불과 10년도 안 되는 동안에 이렇게도 많이 변했는가? 전자공학과 컴퓨터공학이 이렇게도 빠르게 세상을 혁신시키고 있는가? 놀라지 않을 수가 없었습니다.

　한편 이상과 같은 시대적 변화를 일찍이 예견하고 전자문헌출판에 앞장선 "한국학술정보주식회사"의 채종준 사장님의 선견지명에 경의를 표하는 동시에 나의 저작전집을 훌륭하게 발행해 주신데 대하여 진심으로 감사의 말씀을 드립니다. 아울러 그 동안 실무를 맡아서 처음부터 끝까지 성심으로 추진시켜준 장인호군에게도 감사하는 마음을 전합니다.

2004년 5월 20일

清浪 드림

目　次

第1篇　情報化社會

第2篇　文 獻 情 報 學

Ⅰ. 文獻情報學의 定議

Ⅱ. 文獻情報學의 기초

Ⅲ. 圖書館의 意義와 機能

Ⅳ. 圖書館의 自動化

Ⅴ. 圖書館學과 情報學

Ⅵ. 文獻情報學의 體系

<h1 style="text-align:center">第3篇 圖書館略史</h1>

Ⅲ. 東洋의 圖書館史

第1篇 情報化社會

I. 情報의 意義

情報라는 낱말의 의미가 다양하기 때문에 쉽게 定義될 수는 없다. 그러므로 이 章에서는 다음과 같이 '情報의 語源과 그 淵源', '情報에 대한 諸定義'을 설명하고, 이들을 다시 검토하여 本質的인 의미의 새로운 '情報의 定義'를 導出하고자 한다.

1. 情報의 語源과 그 淵源

情報라는 낱말은 information의 譯語다. 東洋에 있어서는 20세기 초기까지는 情報라는 用語가 사용된 예를 文獻上으로 찾아볼 수 없다. 다만 日本에서 1936년도에 발행된 「模範佛和辭典」[1]에서 비로소 information을 번역한 用語 가운데 '情報'라는 말이 발견되는데, 이것이 東洋에서는 최초로 사용된 것이라고 생각된다. 日本에서 그 이전에 출판된 英和·獨和·佛和辭典에서는 information을 '消息, 지식, 博識, 密告, 고발' 등으로만 번역되어 있고 '情報'라는 用語로 번역된 예가 없다.

한편, 우리나라에서 1920년에 발행된 「朝鮮語辭典」[2]에는 '정보'라

---

1) 模範佛和辭典. 東京, 白水社, 昭和 11(1936).
2) 朝鮮語辭典. 朝鮮總督府編. 1920.

는 낱말이 없으며, 1938년도에 발행된 文世榮著 「우리말辭典」3)에는 ‘정보’라는 낱말이 처음으로 나오고, ‘사정의 통지’라고 解釋되어 있다. 이러한 사실로 미루어 보면, 情報라는 낱말은 東洋에 있어서는 1930年代 초부터 비로소 information의 譯語로서 사용되기 시작되었다고 볼 수 있다.

西洋의 文化가 본격적으로 東洋에 輸入되기 시작한 것은 20세기 초기부터라고 볼 수 있는데, 西洋文化를 가장 먼저 적극적으로 받아들인 나라는 日本이었다. 그들이 西洋의 文化를 受容하는데 있어서는 우선 西洋의 言語를 익혀야 했기 때문에, 20세기 초기부터 日本에서는 西洋의 주요한 言語를 익히기 위한 外國語敎育에 힘쓰는 한편, 이를 위해서 여러 가지의 辭典들이 출판되었던 것이다. 위에서 열거한 英和, 獨和, 佛和 등의 辭典들이 바로 그 所産이라고 볼 수 있다. 그리고 이러한 文化의 輸入은 곧 우리나라와 中國에 전파되었던 것이다. 그리하여 위에서 말한 文世榮의 辭典에 ‘정보’라는 用語가 수록된 것으로 보아서도 그 일면의 연유를 엿볼 수 있다.

O.E.D.에 의하면 information은 概要(outline), 概念(concept), idea, 등을 의미하는 Latin 語의 informationen에서 由來한 낱말로서 Old French에서는 enformation 또는 information으로 通用되던 것이 그대로 英語에 採用되었으며, 이것이 16世紀에 들어와서는 Latin語의 綴字法에 따라서 information으로 綴字하게 되었다.4)

Information은 英語에 있어서는 일찍이 “알리는 行爲, 精神이나 性格의 形成, 修練(training), 敎授(instruction), 가르침(teaching), 有益한 知識의 傳達, 神의 敎示(divine instruction), 靈感(inspiration)” 등의 의미로 사용되었다. 현재는 일반적으로 알리는 행위, 뉴스의 傳達, 말하는 行爲, 알려지는 知識, 通知, 알려지는 사실이나 事情, 問責이나 告發에 대해서 알리는 行爲 등의 의미로 사용되고 있다.

---

3) 文世榮著. 우리말辭典. 서울, 三文社,1938(단기 4271).

4) *Oxford English Dictionary*. London, Oxford Univ Press, 1933.

그러나 前述한 것은 情報라는 낱말이 통용되는 일반적인 語意의 說明은 될 수 있으나 그것이 情報라는 낱말의 定義라고는 볼 수 없다. 그러므로 종래의 情報에 대한 諸定義를 살펴보고자 한다.

2. 情報에 대한 諸定義

情報에 대한 定義는 매우 다양하다. 이것은 情報와 관련된 각 分野의 學者에 따라서 情報에 대한 관점이나 見解가 각기 다르기 때문에 아직 일반적으로 통용되는 定義가 없는 실정이라는 것을 의미한다. 그러나 현재까지의 情報에 대한 주요한 定義는 각각 그 관점의 共通性에 따라서 크게 세 가지로 구분할 수 있다. 그 첫째는 傳統的 定義, 둘째는 行動科學的 定義, 셋째는 情報理論的 定義이다.

1) 傳統的인 定義

여기에서 情報에 대한 '傳統的인 定義'란 종래에 일반적으로 알려진 情報의 定義로서 通俗的인 定義라고도 볼 수 있다.

Oxford辭典에 의하면, information을 해설하는 項目 가운데 "어떤 특수한 主題나 事件에 대해서 통용되는 知識"5)이라고 한 해설이 있다. 이것이 情報에 대한 가장 오래된 傳統的인 定義라고 볼 수 있다. 한편 Webster辭典에 의하면, information을 "他人으로부터 전달되거나, 個人的인 硏究나 發明으로 인하여 얻어지는 知識, 또는 특수한 事件이나 狀態 등에 관한 知識"6)이라고도 하였다. 이것도 역시

---

5) *Ibid.* (Knowledge communicated concerning some particular subject or event.)
6) *Webster's New International Dictionary.* 2nd ed. Springfield, Merian Webster, 1959. (Knowledge communicated by others or obtained by personal study and investigation.)

Oxford辭典에서의 定義와 거의 동일하다.

日本의 多田和夫에 의하면, "情報는 行爲에 앞서 알아야 할 필요가 있는 모든 知識"7)이라고 하였다. 이 定義도 情報를 '知識'이라고 보는 觀點은 위에서 말한 두 定義와 동일하다.

美國의 情報科學者 Allen W. Dulles에 의하면, "情報란 行動의 方針을 決定하는데 있어서 미리 알아두어야 할 일체의 事項을 網羅한 것"8) 이라고 한다. 여기에서 "알아 두어야 할……事項"이란 知的 事項으로 결국 知識을 의미할 것이다.

이상에서 보는 바와 같이 情報에 대한 傳統的인 定義는 "情報는 "곧 知識이다"라는 뜻으로 통할 수 있다.

2) 行動科學的인 定義

行動科學的인 定義이란 주로 人間의 행위나 行態를 硏究對象으로 하는, 心理學, 政治學, 經營學 등의 분야에서 보는 情報에 대한 定義를 의미한다.

이러한 관점에서 笠伸平은 "情報란 아는 것, 또는 알리는 것을 目的으로 보내거나 받는 impulse"9)라고 한다. 즉 '情報란 그 受信者 側에서 보면 무엇인가 알기 위해서 받는 impulseo이며, 그 發信者 側에서 보면 어떤 對象에게 알리기 위한 impulse라고 하는 것이다. 여기에서 impulse란 단순한 行動에 있어서는 刺戟이라고 볼 수도 있으나, 넓은 관점에서 보면, 影響力이라고 해석될 수도 있을 것이다.

한편, 片方善治는 "情報는 外界에서 人間에게 주어지는 多種多樣한 刺戟"10)이라고 한다. 이 定義도 笠伸平의 定義와 동일하다고 볼

---

7) 多田和夫. 企業と情報. 東京, 培風館, 1963. p.16.

8) Dulles, Allen Welsh. *The Craft of Intellgence.* New American Library 1965.

9) 笠伸平. インフオナシヨンとインテリヅエンス. 情報料學. Vol. 1, no. 1. p. 18.

10) 片方善治. 情報化社會事典. 東京, 每日新聞社, 1971. pp. 6-7.

수 있다.

이상의 두 定義는 人間만을 主眼點으로 하고 있으나, 이와 같이 人間의 五官을 통한 모든 感覺作用까지도 情報의 작용이라고 본다면, 이러한 定義는 動物이나 기타의 生物에게도 적용될 수 있을 것이다. 다시 말하면, 人間이나 動物은 항상 각각의 生活環境가운데서 여러 가지의 刺戟, 즉 氣候나 季節의 변화, 溫度의 변화, 상호간의 對話나 言語傳達에 의한 刺戟, 사건발생에 의한 刺戟 등을 받고, 그 刺戟을 판단하여 행동하게 되는데 이 모든 刺戟을 情報라고 보는 것이다.

이와 같이 이상의 두 가지 定義는 情報를 人間이거나 生物體이거나를 막론하고 그 '行動이나 동작의 原因이 되는 impulse'라고 보는 것이다.

3) 情報理論的인 定義

情報理論은 情報가 가지는 의미에는 하등의 拘碍 없이 情報의 흐름을 문제로 하여 이것을 統計的으로 표현하는 數學的인 理論을 말한다. 그리하여 情報理論에서는 通信에 있어서 전달되는 개개의 '情報를 그 本質'的 內容에는 하등의 拘碍 없이 그것을 數量的으로 파악하여, 統計的인 해석을 시도하는 것이다. 따라서 이러한 관점에서는 情報自體의 의미는 不問하고 情報의 最小單位를 binary digit 또는 이를 略하여 bit라고 命名하고 있다.

이 情報單位는 1928년에 Hartley가 개발한 것으로, 通信理論에 있어서 送信하고자 하는 情報를 표현하는 通信文의 字數와 실제로 信號로써 送信해야 할 符號의 symbol 數와의 관계를 나타내는 量으로서, 이 量은 通信文의 내용이 기쁜 것이던 슬픈 것이던 일체 무관하며, 다만 文章에 나타난 文字의 統計에만 관계한다.

이러한 관점에서는 梅棹忠夫의 "情報는 人間과 人間사이이서 전달되는 일체의 記號系列을 의미한다"11)고 하는 定義를 그 예로 볼 수

있다. 일반적으로 記號系列이란 文字나 기호 등 情報의 media를 뜻
하는 것으로 해석되나, 여기에서는 주로 通信에 있어서의 기호를 상
정한 것이라고 볼 수 있다. 情報理論에서는 記號系列 또는 media는
언제나 어떠한 '意味'를 내포한 것이며, 逆으로 文字나 기호 등의
media는 어떠한 '意味'를 전달하기 위한 手段으로 사용되고 있는 것
이다. 그러므로 여기에서 '일체의 記號系列'을 '일체의 意味'로 해석
함으로써 보편적인 意義를 찾을 수 있을 것이다.

한편, 田中靖政과 Henry Quastler의 情報에 대한 정의도 情報理論
的인 定義라고 볼 수 있다. 田中靖政은 "情報란 不確實性을 제거하
거나 減少시키는 것"12)이라고 하였고, Henry Quastler는 "情報란 確
實性을 증진시키는 것"13)이라고 하였다.

이 兩者의 定義는 論理的으로 相反되는 것 같으나 사실상 동일한
것이다. "不確實性을 제거하거나 減少시킨다"고 하는 것은 '確實性
을 증진시키기 위한 것'이기 때문이다. 이 兩者의 定義에 대해서는
다 같이 「스무고개 게임」과 같은 예로써 이를 해명하고 있다. 이것
은 兩者擇一의 문제에서 抽出하는 것으로, 동일하게 일어나는 可能
性을 가진 몇 가지의 事項 가운데에서 어느 특정한 한 가지 事項만
을 선택하는 것을 情報라고 생각하고 있는 것이다.

情報를 얻는 최소의 構成過程은 yes와 no로써 대답하는 兩者擇一
의 質問이다. 여기에서 情報의 單位를 결정하자면 어느 편인지 몰랐
던 두 가지 사실 가운데에서 어느 편인지를 알았을 경우에 얻어진
情報가 情報의 最小單位인 bit가 된다는 理論이다. 예를 들어, 「스무
고개 게임」에서 A라는 사람과 B라는 사람 사이의 하나하나의 問答
이 한 bit의 情報라는 것이다.

---

11) 梅棹忠夫, 情報産業論. 京東, 放送朝日, 1963. p. 1.

12) 田中靖政. 行動科學 ; 情報時代の人間科學. 東京 筑摩書房, 1969. p. 142.

13) Quastler, Henry (ed). *Information theory in Psychology; Problems and
Methods*. Illinois, Free Press, 1955. p. 17.

3. 情報의 本質的 定義

이상에서 설명한 情報에 대한 諸定義를 면밀히 檢討해보면 本質的으로 모든 분야에 공통하는 定義를 찾을 수 있다.

첫째, "情報는 곧 知識이다"는 전통적인 定義는 論理的으로 미흡하다. 情報는 단편적인 知識이라고는 말할 수 있으나 情報와 知識이 동일한 의미를 가지는 것은 아니다. 예를 들면 汽車시간표, 강의시간표, 일기예보 등은 情報라고는 하지만 知識이라고는 할 수 없다. 또한 學者나 研究者들이 어떤 文獻에서 自己가 아직 알지 못했던 새로운 사실을 발견했을 때 그는 '좋은 情報를 얻었다'고 기뻐한다. 學者들은 이러한 情報를 하나 하나 入手하고 이를 組織化하여 知識을 형성하며, 이를 체계화하여 自己의 學問(科學)을 발전시켜 나가는 것이다. 그러므로 情報와 知識은 동일한 뜻이 아니며, 情報는 知識을 형성하는 要素 또는 學問(科學)을 형성하는 要因이라고 볼 수 있다.

둘째, "情報는 人間이나 生物體에게 주는 impulse"라고 하는 行動科學的인 定義는 타당성이 있다. 그러나 人間의 行爲現象을 엄밀히 分析해 보면 모든 impulse는 神經을 통해서 필연적으로 頭腦에 집중되며, 頭腦의 司令에 따라서 행위로 反映되므로, "情報는 곧 頭腦의 思考活動을 유발시키는 要因"이라고 표현할 수 있다.

셋째, 情報理論에 있어서 "情報는 人間과 人間 사이에 전달되는 일체의 記號系列"이라고 하는 定義는 논리적인 矛盾을 야기하고 있다. 여기에서 '記號' 자체는 어떤 '意味'를 전달하기 위한 media이며, '意味'를 知覺하고 인식하는 中樞는 頭腦이기 때문에, 결과적으로 "情報는 人間의 頭腦와 頭腦 사이에 전달되는 意味 또는 知覺이나 인식의 要因"이라고 표현할 수 있다.

넷째로, "情報"는 "不確實性을 제거하거나 減少시키는 것"이라고 하는 定義도 엄밀히 檢討해 보면, 역시 논리적인 矛盾을 발견할 수 있다. '不確實性을 제거하거나 減少시키는' 그 主體는 情報自體가 아니라, 人間의 記憶部 또는 司令源으로서의 頭腦이다. 다시 前項의 예로 써 설명한다면, A와 B사이의 問答에 있어서 問答自體가 불확실성을 제거하는 것이 아니라 問答하는 사람의 頭腦가 불확실성을 제거해 나 아가는 것이다. 이와 같이 人間은 情報의 入手와 동시에 頭腦의 判斷 作用(decisionmaking)에 의하여 '不確實性을 제거하거나 減少'시키고, 또한 '確實性을 증진'시킬 뿐만 아니라, 모든 문제의 對象을 파악하고 행동하는 것이다. 그러므로 "情報는 人間의 頭腦 또는 어떤 生體의 中樞司令源에 어떤 판단의 要因을 제공하는 것"이라고 말할 수 있다.

이상의 4가지 定義에서 공통되는 것은, 情報를 발신하고 受信하고 판단하고 制御하는 中樞司令源은 頭腦라는 것을 알 수 있다. 그리하 여 日本의 情報科學者 關英男은 "情報란 유효한 行動이나 동작을 制 御하는 司令源으로서 그들의 制御中樞에 있는 記憶部에 어떤 새로운 寄與를 할 수 있는 原因이 되는 것"이라고 한다.14)

이상의 諸定義를 다시 정리하여 결론적으로 말하면, '情報'는 人間 의, 思考活動을 유발시키는 要因인 동시에, 知識이나 技術이나 學問 (科學)의 要因이 되는 것이다. 따라서 情報는 人間의 精神活動의 發 現이라고도 볼 수 있다.

한편, 이상에서 설명한 情報의 定義는 人間의 文化的 生活 속에서 生成되고 전달되는 文化的 情報의 定義라고 할 수 있다. 그러나 이 러한 文化的 情報와는 상대적인 것으로서 自然情報라는 槪念이 있 다. 自然情報는 人間의 能力이 미치지 못하는 自然發生的인 것으로 서 遺傳情報나 生體情報, 本能情報 등을 의미한다. 그리하여 自然情 報는 生體에 있어서의 '어떤 作用을 일으키는 因子'라고 定義될 수 있다.

---

14) 關英男. 情報科學と五次元世界. 東京, 日本放送出版協會, 1971. p. 50.

Ⅱ. 情報의 種類와 그 分類

情報라는 말은 간단히 한마디로 표현되지만, 그 종류는 무한히 다양하게 구분될 수 있다. 情報의 발생에서부터 傳達方法, 受信과 發信, 活用分野, 表現形式 등 일정한 基準에서 類型化 할 수 있다. 그리하여 여기에서는 情報의 類型에 따라서 그 종류를 살펴보기로 한다.

1. 情報의 發生形態에 따른 種類

人間의, 意識構造를 기준으로 해서 볼 때, 人間과 人間 사이에 人爲的으로 전달되는 情報가 있고, 人間의 意識 또는 意思와는 관계없이 人間의 能力이 미치지 못하는 곳에서 발생하여 전달되는 情報가 있다. 前者를 人工情報라고 하며 後者를 自然情報라고 한다.

1) 人工情報

人工情報는 人工的으로 전달하는 것으로서 그 傳達手段 또는 表現手段에 따라서 行動情報, 口述情報, 記錄情報, 器機的情報 등으로 구분할 수 있다.

行動情報는 原始時代에 있어서 兵亂을 전달하던 烽火를 비롯해서 손짓이나 몸짓, 好意를 표시하는 微笑나 윙크, 눈이나 얼굴의 表情

등 人間의 행동이나 動作에 의해서 전달되는 情報를 의미한다.

口述情報는 人類의 言語가 발생된 이래 가장 기본적인 情報傳達手段이 되고 있는 日常生活에 있어서의 對話나 강의, 講演, 노래 등 입을 통해서 전달되는 情報를 의미한다.

記錄情報는 文字를 비롯해서 圖形, 그림, 諸表, 寫眞 등의 미디어를 통해서 전달되는 情報를 의미한다. 따라서 新聞, 잡지, 書信, 日記, 帳簿, 여러 가지의 書籍, 필림, 마이크로필림, 마이크로피치, 슬라이드 등에 의해서 전달되는 情報는 주요한 記錄情報인 것이다.

器機的 情報는 樂器나 마이크, 電話, 電信, 텔레타이프, 라디오, TV 등 機械나 器具를 사용해서 전달되는 情報를 의미한다. 그러나 器機的 情報 가운데 마이크나 電話나 라디오 등에 의해서 전달되는 것은 우선 口述情報가 제2차적으로 器機를 통해서 전달되는 것이며, 電信이나 텔레타이프 등은 記錄情報가 제2차적으로 器機를 통해서 전달되는 것이라고 볼 수 있다.

2) 自然情報

自然情報는 內的인 정보와 外的인 정보로 구분할 수 있는데, 內的 情報는 遺傳情報, 生體情報, 本能情報, 直感情報 등 生體內部에서 발생하여 전달되는 情報를 말하며, 外的情報는 太陽과 달(月), 별(星), 구름, 大氣, 물, 山, 川, 草, 木 등 自然界 전체를 의미한다.

여기에서 遺傳情報는 生體의 각 世代 사이에서 전달되는 遺傳因子 등을 의미하고, 生體情報는 神經系, 消化系, 血液循環系 등 生物體의 情報處理 시스템에서 발생하여 전달되는 情報를 의미하며, 本能情報는 食慾이나 物慾 또는 反射神經이나 運動神經 등 身體가 본래부터 지니고 전달하는 情報를 의미하고, 直感情報는 六感이나 靈感 등에 의한 情報를 의미한다.

外的 自然情報는 日, 月, 星, 雲, 水, 氣, 山, 川, 草, 木 등 自然

界 자체가 情報라는 의미가 아니라, 이러한 自然界에서 人間에게 주
는 또는 人間이 받는 情報를 의미한다. 이러한 自然情報는 自然發生
的인 것으로 非意圖的인 것이다.

　이상에서 설명한 發生形態에 따른 情報의 종류를 간단히 표시하면
아래의 圖式과 같다.

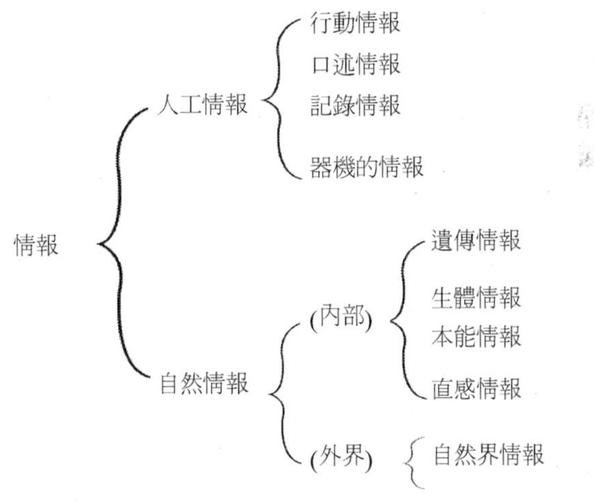

2. 情報의 受信器官(五官)에 의한 種類

　前章에서, 情報란 感覺的이던 知覺的이던 人間의 五官과 神經을
통해서 頭腦의 思考活動을 유발시키는 要因이라는 것을 설명하였다.
그리하여 여기에서는 우선 편의상 情報를 받아들이는 器官에 따라서
分類하기로 한다.

　우선, 眼球에 반영되는 事物의 色彩와 형태를 식별하여 얻어지는
情報를 視覺的 情報라고 할 수 있다. 이 視覺的 情報는 人間이 受信
하는 情報의 대부분을 차지하는 가장 중요한 情報라고 볼 수 있다.
특히 人間의 情報 가운데 가장 價値가 있고 중요한 文字나 記號에 의
한 情報, 즉 知的 學術的인 情報는 視覺에 의하여 얻어지는 것이다.

둘째로, 귀(耳)를 통해서 音聲을 식별하여 얻어지는 情報를 聽覺情報라고 할 수 있다. 이 聽覺情報도 視覺情報 다음으로 중요한 것이다. 이 視覺과 聽覺을 통한 情報에 의해서 人間은 거의 모든 事物을 식별하고 깨닫고 인식하는 것으로서 知覺的인 것이기 때문에, 이 두 가지를 知覺的 情報라고도 할 수 있다.

셋째, 코(鼻)를 통해서 事物의 냄새를 맡는 것은 嗅覺情報라고 할 수 있으며, 입(口)으로 味覺을 느끼는 것은 味覺情報라 할 수 있고, 皮膚로 感覺을 느끼는 것은 觸覺情報라고 할 수 있다. 그리고 이 嗅覺이나 味覺이나 觸覺 등에 의한 情報는 느껴지는 것, 즉 感覺的인 것이기 때문에 感覺的 情報라고 할 수 있다. 다만 盲人들이 點字를 읽어가는 것은 觸覺에 의해서 情報를 얻게 되지만, 이러한 경우의 觸覺은 다시 頭腦에서 知覺化한다고 볼 수 있다. 다시 말하면, 盲人들의 공통기호에 의한 觸覺을 통해서 頭腦에서 어떤 의미를 받아들이기 때문에 이러한 觸覺도 우선은 感覺的인 情報라고 볼 수 있을 것이다.

이상의 五官에 의한 情報의 종류를 간단히 표시하면 다음과 같다.

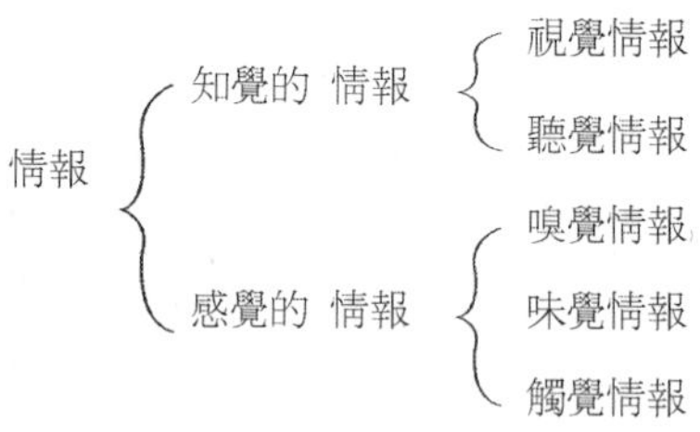

3. 情報의 傳達形態에 따른 種類

情報가 하나의 個體 내에서 전달되는 경우와 個體와 다른 個體 사이에 전달되는 경우가 있다. 그리하여 前者는 體內情報 또는 內部情

報, 또는 個體內情報라고 한다. 이것은 情報學에 있어서 중요한 概念이다. 後者는 情報의 發信 側과 受信 側이 각각 다른 個體에 있어서 個體 상호간에 전달되기 때문에, 이 경우의 情報를 體外情報 또는 外部情報, 또는 個體間情報라고 한다.

人間은 그 자체가 典型的인 情報處理 시스템인 것이다. 人間이 정보처리 기능을 충분히 발휘하고 더욱 長久하게 生存하기 위해서는 外部에서 體外情報를 入受하고 다시 體內에서는 그 이상의 필요한 體內情報를 발생시켜서 身體의 모든 부문의 말단까지 전달해야만 한다.

人間은 五官을 통해서 外部에서 刺戟(體外情報)을 받아서 頭腦에 전달되면 頭腦에서는 神經系統을 통해서 그에 대한 反應을 指示하여 身體의 말단에 이르기까지 指令을 전달한다. 그리하여 아름다운 風景을 보고 감격하고, 즐거운 音樂을 듣고 도취하고, 危險에 직면했을 때 몸을 피한다. 經驗과 知識, 즉 이미 頭腦 속에 축적되어 있는 情報로서 판단하고 행동하게 된다. 이러한 人間의 움직임은 모두 生體內의 情報處理 시스템이 體內情報와 體外情報를 잘 運用하므로써 비로소 이루어지는 것이다.

機械나 企業이나 社會도 각각의 個體가 하나의 情報處理 시스템으로 이루어져 있기 때문에 각각의 個體대로의 體內情報와 體外情報가 필요한 것이다.

하나의 企業에 있어서는 社內情報와 社外情報가 필요하다. 生産力, 商品과 材料의 在庫, 賣出高, 자금사정, 투자상황, 인사문제, 연구개발 등 企業 내에서 발생하는 情報는 모두 體內情報이며, 同業의 각 企業體, 業界全般, 市場, 景氣, 국민경제, 技術革新, 政治, 국제정세 등 企業을 둘러싸고 있는 사회전반의 環境情報는 모두 體外, 또는 外部情報이다.

體內情報와 體外情報는 相互補充關係에 있기 때문에 어떠한 個體라 할지라도 쌍방의 情報가 필요한 것으로 어느 한 쪽의 情報가 부족하여도 지장을 초래하는 것이다.

현재 流行하고 있는 computerization(電子計算機의 普及化)은 간단히 말하면 각각의 個體內에 최초부터 지니고 있는 情報處理 시스템을 機械化하여 그 個體의 정보처리기구 전체를 더욱 科學的으로 效率化하기 위한 情報革新이라고 볼 수 있다.

4. 情報의 人受形態에 의한 種類

人間이 情報를 입수할 때, 직접적으로 입수하는 경우와 간접적으로 입수하는 경우가 있다. 前者는 情報의 입수에 있어서 어떠한 媒體도 통하지 않고 情報를 發信하는 곳에서 직접 情報를 입수하는 것으로, 이 경우의 情報를 直接情報 또는 1次情報라고 한다. 이에 대해서 新聞, 雜誌, 書籍, 書信, 라디오, TV 등의 어떤 媒體를 통해서 입수하는 情報를 間接情報 또는 2次情報라고 한다.

直接情報는 情報의 入受者가 自己의 직접적인 體驗이나 經驗에서 또는 어떤 현상을 보고 듣고 느껴서 얻는 生情報라고 볼 수 있다. 옛날에는 人間의 生活空間이 한정되어 있고 情報傳達手段도 발달하지 못했기 때문에, 대부분의 情報가 이 直接情報였다. 물론 현재도 直接情報를 얻는 경우도 많다. 예를 들면, 自然이나 動植物들을 직접 관찰하거나 觀光에서 얻는 것은 直接情報이며, 또한 어떤 事件의 當事者이거나 目擊者는 그 事件을 직접 體驗했기 때문에, 그것에 대해서는 直接情報로서 얻은 것이 된다. 기타의 사람들은 口傳으로 듣거나 新聞이나 TV의 放送뉴우스를 보아서 間接情報로서 얻는 것이 된다.

다시 말하면, 他人의 이야기를 비롯해서 어떠한 形態의 媒體를 통해서 입수하는 情報는 모두 間接情報인 것이다. 그리하여 현대와 같이 여러 가지의 메스·커뮤니케이션이 발달하면 대부분의 情報는 間接情報로서 얻게 되는 것이다.

5. 情報의 機能에 의한 種類

情報의 機能에 의한 종류는 人間生活의 어떠한 분야에서 필요한 것이면, 어떠한 分野의 情報인가를 기준으로 하여 類別하는 것으로, 실은 이것이 가장 일반적으로 사용되고 있는 情報의 分類方法이라고 볼 수 있다.

이에 따르면, 生活情報, 政治情報, 경제정보, 産業情報, 기업정보, 市場情報, 상품정보, 敎育情報, 學術情報, 科學技術情報, 오락정보, 국제정보, 海外情報, 軍事情報 등이다.

生活情報는 文字 그대로 人間이 사회생활을 영위하는데 필요한, 그리고 그것을 알면 生活에 편리한 情報群을 말한다. 他人과의 對談을 비롯해서 매스컴에 의한 뉴스, 日氣豫報, 物價나 商品에 관한 情報, 廣告, 交通時間表, 전화번호부, 住所, 社會規範 등이 이에 속한다. 기타에도 映畵, 音樂, 라디오, TV프로그램, 연극, 스포츠 등의 情報와 診斷, 治療, 藥劑, 商品價格이나 所在 등의 情報 등 그 전부를 열거할 수 없을 정도다.

政治情報는 司法, 立法, 行政이나 外交, 內政, 지방자치단체의 情報 등을 포함하는 情報群을 말한다. 行政機關의 市民에 대한 통지 및 公告, 선거에 관한 速報 등도 政治情報라고 할 수 있다.

經濟情報는 政府에서 수립하는 經濟政策을 비롯해서 生産, 유통, 消費, 物價, 賃金, 노동, 輸出入, 경기변동, 經濟展望 등 주로 국민경제 전반에 관한 情報, 각종 産業이나 각 企業에 관한 情報, 株價 등의 證券情報, 제품목록 등의 商品情報, 需要豫測 등의 市場情報 등 가장 복잡다기한 情報群이다.

敎育情報는 유치원에서부터 大學에 이르기까지의 學校行政, 財政, 교육과정, 敎育方法, 교과서, 학습참고서, 敎育材料, 일반서적, 學術硏究 등에 관한 情報를 말한다.

學術情報는 學術講演, 세미나, 학술서적, 論文, 실험, 調査 등 學術

活動 전반에 관한 情報를 말한다. 따라서 科學技術情報는 科學技術
에 관한 지식을 비롯해서 特許, 規格, 학술적인 文獻 등에 관한 情
報를 의미한다.

國際情報는 政治, 經濟, 社會, 文化, 科學技術 등 情報 그 자체의
내용은 불문하고 情報의 性格이 大事件이거나 영향력이 큰 것이어서
국제적 규모를 가지는 情報群을 말한다. 따라서 越南戰爭, 石油波動,
민족문제, 國際通貨體制, 人口問題, 노벨賞, 올림픽, 아폴로계획에 의
한 달 着陸, 바이킹 1호의 火星着陸 등은 國際情報라고 할 수 있다.

海外情報는 해외제국의 政治, 경제, 社會, 文化, 風俗, 습관, 自然
등 海外事情을 전하는 情報群을 말한다. 國際情報와의 차이점은 海
外諸國의 국내사정이나 여러 나라의 情報가 情報로서의 규모와 그
영향력이 국제적인 규모에 이르지는 못하는 情報라고 볼 수 있다.
예를 들면, 美國의 黑人騷擾, 프랑스 패션界의 새로운 유행, 日本의
학원분쟁 등은 海外情報라고 볼 수 있다.

그러나 國際情報와 海外情報는 거의 동일한 개념을 가지는 경우가
많다. 예를 들면, 學園紛爭은 日本의 문제만이 아니라 世界共通의 社
會現象이 되고 있다. 따라서 이것을 국제적인 敎育問題로서 評價한
다면 이것은 國際情報가 되는 것이다. 동일한 社會現象이라 할지라
도 그 情報의 意味賦與와 評價에 따라서 국제정보가 될 수도 있고
海外情報가 될 수도 있다.

軍事情報는 對內와 對外의 武器의 개발이나 軍需産業, 兵力의 增
減, 兵力移動狀況, 기타 軍事의 기밀에 관한 情報를 의미한다.

6. 기타 情報의 種類

情報의 반복적인 利用可能性을 기준으로 하여 單用情報와 耐用情
報로 分類하는 예도 있다. 單用情報는 단순한 命令과 같이 그 당시

의 그 장소에서의 利用價值 밖에 없는 情報를 말하며, 耐用情報는 지식이나 技術이나 사회의 規範과 같이 몇 번이고 반복해서 사용하게 되는 情報를 의미한다.

이러한 기준을 더 延長한 관점에서 情報를 流通(flow)情報와 蓄積(stock) 情報로 분류할 수도 있다. 流通情報는 현재 情報의 發信 側에서 受信 側으로 흐르고 있는, 즉 전달되고 있는 情報로서 對話나 電信이나 전화, 우편 등 비교적 短時日의 이용가치 밖에 없는 매스컴 등을 말한다.

蓄積情報는 耐用情報와 동일한 개념이라고도 볼 수 있다. 情報의 有效期間이 장기화하면 情報自體가 普遍化하고 人間共有의 財産으로서 길이 보존되는 것이다. 知識이나 技術이나 社會規範 등이 그 대표적인 예라고 볼 수 있다. 물론 이 蓄積情報도 실제로 사용될 경우는 流通情報로 변환되는 셈이다.

Ⅲ. 情報의 循環

1. 一般情報의 循環

情報는 그 發生形態에 따라서 自然情報와 人工情報로 구분될 수 있다는 것을 이미 前章에서 설명하였다. 여기에서는 自然情報와 人工情報의 종합적인 循環現狀을 설명하고자 한다.

人間은 누구나 視覺, 청각, 嗅覺, 味覺 그리고 觸覺을 통해서 모든 情報를 受信하여 이를 記憶(蓄積)하고, 또한 말(言語)이나, 글씨나, 눈짓, 손짓, 발짓, 몸짓 등으로 情報를 발신하는 기능을 가지고 있다. 그러므로 눈(目), 귀(耳), 코(鼻), 입(口) 그리고 皮膚의 五官은 情報의 수신기관이며, 입(口), 눈(目), 손(手), 발(足), 몸통(胴)은 情報의 발신기관이라고 볼 수 있는 것이다.

따라서 人間은 自然情報나 人工情報나 모든 情報를 受信하는데, 이 五官을 통해서 受信되는 정보는 頭腦에 집중되며, 頭腦에서는 이 情報에 따라서 思考活動을 유발하고, 그 결과에 따라서 행동하도록 制御司令을 내리는 것이다. 그리고 이러한 頭腦의 司令에 따른 행동이 情報의 發信이라고 볼 수 있으며, 동시에 이것이 다른 人間이나 社會에 대해서는 人工情報로써 발생되는 것이다.

이와 같이 人間은 情報를 受信하여 思考하고 다시 情報를 발신하면 이 發信되는 情報는 다른 사람이나 社會에서 受信하게 되며, 이러한 受信, 思考, 發信은 계속적으로 되풀이하게 되는 것이다. 그리

하여 이러한 현상을 情報의 循環現狀(cycle of information)이라고
한다. 이 를 圖式으로 표시하면 다음과 같다.

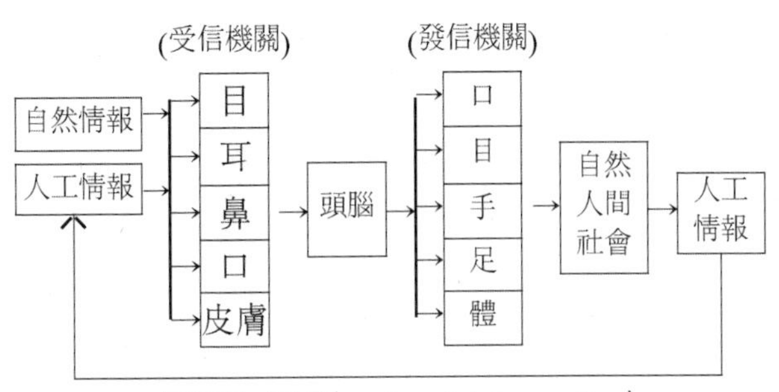

情報의 循環(cycle of information)

2. 人工情報의 循環

　人工情報의 受信器官은 눈(目)과 귀(耳)뿐이다. 눈(目)은 記錄情報
를 수신하며, 귀(耳)로는 口述情報를 수신한다. 다만, 盲人은 손(手)
의 觸覺을 통해서 수신하지만, 이것은 예외적인 특별한 受信手段이
라고 볼 수 있다.

　눈과 귀를 통해서 受信되는 人工情報는 역시 一般情報를 수신하는
경우와 마찬가지로 神經을 통해서 頭腦에 집중되며, 頭腦에서 이를
知覺하거나 인식하거나 記憶하고, 판단, 創意, 發想 등을 유발하여
행동으로 나타나며, 이 行動이 情報의 발신인 것이다. 이 行動, 즉
情報의 發信은 역시 입이나 눈이나 손이나 발이나 몸짓으로 나타나
지만, 가장 기본적인 것은 입(口)을 통한 口述情報와 손으로 記錄되
는 記錄情報로 발신되는 것이다. 그리고 이 發信되는 情報는 다시
제2차의 受信情報가 되지만 人間과 人間 사이의 情報의 전달은 여러
가지 복잡한 현상을 나타내고 있는 것이다.

　우선 口述情報는 일상생활에 있어서의 對話나 강의, 講演, 說敎,

討論, 세미나, 연구발표 등으로 발신되고, 電話나 라디오, TV 등의 器機를 통해서도 발신된다. 그리하여 放送局, 電話局은 현대의 중요한 口述情報의 전달기관이 되고 있다.

記錄情報는 주로 新聞, 잡지, 書籍, 필름, 마이크로필름, 마이크로피치, 스라이드 등으로 발신되는데, 이렇게 발신되는 記錄情報는 다음의 受信에 이르기까지 대체로 세 가지 經路를 취한다.

① 發信者→情報資料生產者→傳達者→ 受信者

② 發信者→情報資料生產者→傳達者→ 圖書館→ 受信者

③ 發信者→情報資料生產者→傳達者→ computer→ 受信者

여기에서 情報의 발신자는 著述家, 學者, 寄稿家 및 新聞·잡지의 記者 등이며, 傳達者는 出版社, 서적상, 新聞社, 잡지사 등이고, 受信者는 讀者들이다.

記錄情報는 讀者들의 視神經을 통해서 頭腦에 전달되며, 頭腦에서 이를 知覺 인식 記憶하고, 판단, 創意, 發想 등을 유발하여 行動으로 나타나며, 이 行動이 또 하나의 情報의 發信이 되는 것이다. 이 發信은 知識社會에 있어서는 주로 손(手)으로 기록되는 記錄情報로 나타나는 것이다.

이 記錄情報는 印刷所, 출판사, 新聞社, 잡지사 등의 情報資料 生產機關에 의하여 加工되고 대량생산되어 新聞社, 잡지사, 出版社, 서적상 등의 전달기관을 통해서 직접 각 市民들에게 전달되거나, 記錄情報의 統轄機關인 도서관에 蒐集·축적된다. 그리고 圖書館에 축적되는 情報資料 가운데 주로 學術的인 資料는 신속하고 정확한 檢索을 위해서 최근에 이르러서는 computer 등의 機械的 手段에 의해서 蓄積·處理되는 경우가 많은 것이다. 그러므로 이러한 現象에서 본다면, 도서관은 情報資料의 종합적인 統轄裝置라고 볼 수 있으며, computer 등은 보조적인 自動蓄積檢索裝置라고 볼 수 있는 것이다.

이상에서 설명한 人工情報의 循環現狀을 대체로 圖式으로 표시하면 다음과 같다.

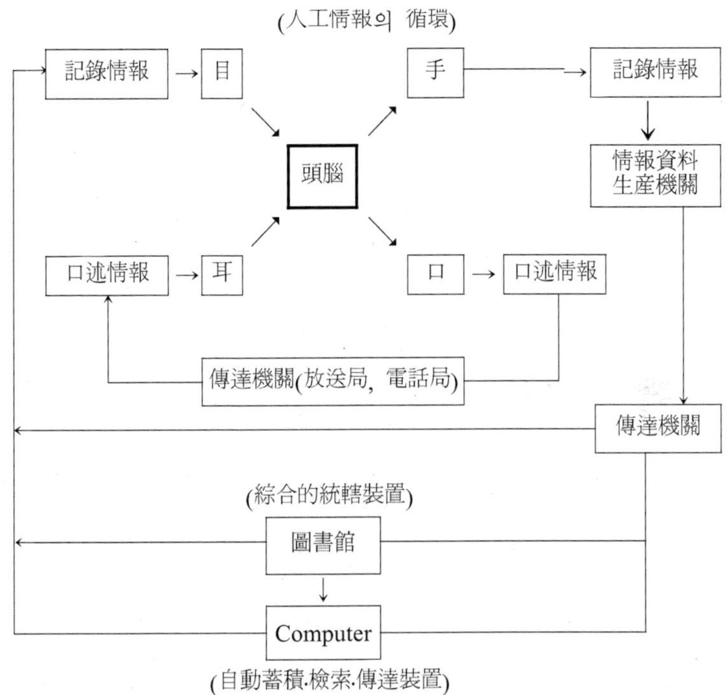
(人工情報의 循環)
記錄情報
目
手
記錄情報
頭腦
情報資料
生産機關
口述情報
耳
口
口述情報
傳達機關(放送局, 電話局)
傳達機關
(綜合的統轄裝置)
圖書館
Computer
(自動蓄積·檢索·傳達裝置)

Ⅳ. 情報資料

1. 情報資料의 意義

情報資料란 넓은 의미에서는 文字나 기호 등에 의해서 전달되는 모든 記錄情報를 의미하며, 좁은 의미에서는 記錄情報 가운데에서도 각 學問分野에 있어서의 學術的 價値가 있는 記錄資料를 의미한다. 그러나 記錄資料는 그 무한이 많은 情報 가운데 선택된, 그리고 어느 누구를 위해서 이던 기록될 만한 價値가 있고 필요하기 때문에 기록된 것이라고 본다면, 넓은 의미로 통용되는 것이 타당할 것이다.

圖書나 文書 신문 잡지는 文字나 기호 圖形 등을 媒體로 하여 종이(紙)와 잉크 등의 材料를 사용해서 情報를 기록한 資料이다. 또한 映畵필림이나 寫眞은 필림을 주요한 매체로 하여 情報를 기록한 資料이며, 레코오드나 테이프는 合成樹脂 등을 매체로 하여 音聲(口述) 情報를 기록한 資料이다. 따라서 어떤 媒介體를 사용하여 기록한 情報이던 모두 情報資料라고 할 수 있다.

그러면 情報 또는 情報資料는 그 本質이 무엇이며, 우리 人間社會에 어떠한 意義를 가지는 것일까?

日本의 植村長三良은 情報資料의 일종인 圖書에 대해서 "圖書란 筆寫 또는 印刷된 論著, 그리고 續刊되는 것으로서 數枚의 紙葉이나 기타의 材料로 엮은 內容의 전체를 合綴한 것"이라고 定義하였다.15) 그러나 이것은 情報資料에 대한 外形的 또는 상형적인 定義에 불과한 것이다. 情報資料를 이와 같이 象形的인 관점에서만 생각한다는 것은 무의미한 것이며, 情報資料의 存在意義를 인식할 수 없는 것이다.

情報資料의 本質的인 意義는 그것이 지니는 知的인 內容 또는 情報에 있는 것이다. 人類가 최초에 文字를 발명한 것도 人間의 思想이나 感情, 정서, 行動, 경험 등 모든 情報를 他人에게 전달하기 위한 手段으로서 발명한 것이며, 현대의 모든 情報資料도 文字나 기호 등을 통해서 보다 많은 사람에게 情報를 전달하는데 그 意義가 있는 것이다. 情報資料에서 거기에 收錄된 文字나 기호가 지니는 情報를 제거하면 그 情報資料는 전연 무의미한 物體에 불과한 것이다. 다시 말하면, 情報資料란 종이나 기타의 資料에 文字나 記號 등의 공통의 symbol을 통해서 어떤 情報(意味)를 지니게 하여 他人이 그 情報를 해득하게 하는데 意義가 있는 것이다.

Thomas Carlyle은 文獻(情報資料)에 관해서 "人類가 이룩하고 생각하고 收得하고 保存해온 모든 것, 그것은 冊의 面面에 신기하게 保存되어 실려 있다"16)고 했으며, Helen E. Haines는 "圖書는 知性의 그릇이다.…… 數世紀에 걸친 思考와 努力을 통해 우리들을 위해서 마련된 永續的인 知識의 資料가 우리에게 有用하도록 書籍 속에 저장되어 있다"17)고 하였다. 여기에서 Carlyle이 말한… "모든것"…, 그리고 Haines가 말한 "知識의 資料…"는 모두 情報를 의미하는 것이다. 다시 말하면, 情報資料는 人類가 代代로 이룩하고 생각하고 경험한 人間의 모든 情報가 文字나 기호 등의 공통의 symbol을 媒體로 면밀히 기록되어 누구에게나 전달되도록, 그리고 그 情報가 유용

---

15) 植村長三郎. 書誌學辭典. 京都, 敎育圖書株式會社, 昭和 17(1942). p. 378.

16) Carlyle, Thomas. *On heroes. hero worship and the heroic in history*(The worlds classics, no. 62) London, Oxford Univ. press, 1904. p. 210.
(All that mankind has done, thought, gained or been it lying as in magic preservation in the pages of books.)

17) Haines, Helen E. *Living vith Books: the are of book selection*. 2ad ed. New York. Columbia Univ. Press, 1950. pp. 3-4.

하게 活用되도록 하기 위해서 마련된 것이다.

우리는 情報資料의 일종인 新聞을 통해서 매일 매일의 生活에 필요한 새로운 情報를 얻어서 이를 활용할 수 있고, 雜誌를 통해서 여러 가지 흥미 있는 智慧를 얻을 수 있고, 小說이나 수필, 詩 등의 文學書를 읽어서 우리의 感情과 情緖를 순화시킬 수 있고, 歷史를 기록한 書籍을 통해서 우리 先祖들의 生活相을 알 수 있고, 紀行文을 통해서 우리는 가만히 앉아서 地球上의 모든 상황과 文物을 이해할 수 있으며, 각 學問分野의 學術書籍을 통해서 전문적인 知識과 技術과 智慧를 얻어서 이를 더 발전시킬 수 있으며, 經書를 통해서 이미 數百年 또는 數千年 전의 聖賢들의 거룩한 眞理의 말씀도 들을 수 있는 것이다.

우리 人類는 이 情報資料를 통해서 우리 直前까지의 文化를 물려받고, 또 다시 새로운 創造를 가하고, 文化를 더욱 확충해서 追加蓄積하여, 當代 또는 後代에 계승하게 되는 것이다. 이러한 知的 情報活動의 전달과 발전, 즉 情報循環(cycle of information)의 연속이 현대의 文明社會를 이룩한 것이며, 앞으로의 무한한 발전이 豫期되는 것이다.

2. 情報資料의 종류와 名稱

情報資料라고 하는 用語는 아마도 1950年代부터 사용되기 시작한 것으로 생각되는데, 이 情報資料는 그 기록된 材料나 형태나 그 內容에 따라서 歷代로 여러 가지 名稱이 주어지고 있음을 알 수 있다. 여기에서는 情報資料에 대한 歷代의 여러 가지 名稱을 東洋과 西洋으로 구분하여 설명하고, 다음에 현대의 여러 가지 情報資料의 類型을 설명하고자 한다.

1) 東洋의 情報資料의 名稱

東洋 古代의 최초의 情報資料의 名稱은 '冊'이었으며, 다음으로 典, 竹帛, 志, 記, 傳, 書, 文獻 등이 그 통칭이었다.

冊은 古代의 주된 筆寫資料였던 竹簡을 엮은 모양을 象形한 것이라고 하며, '典'은 책상 위에 冊을 올려놓은 모양을 象形한 것이라고 한다.18)

竹帛도 古代의 記錄類의 名稱인 바, '竹'은 竹簡을 말하고, '帛'은 絹織物을 뜻하며, 이는 衣服을 만들 수도 있고 글을 쓸 수도 있다. 다만 竹만을 말할 때에는 簡冊을 말하는 것인지 알 수 없으므로 옛 사람들은 竹帛 두 字를 합쳐서 말해 왔던 것이다.19)

志는 記錄을 의미한다. 古人들은 이것을 항상 圖書의 통칭으로 써 왔다.20)

記는 志와 뜻이 통하므로 圖書는 志라고도 할 수 있으며, 記라고도 할 수 있다. '記'는 보통 圖書를 指稱한다.21)

傳은 經을 해석한 것을 의미하며, 行實을 기술한 글도 또한 傳이라 한다. 그러나 이것은 秦漢 이래의 槪念이요, 그 이전에는 '傳'字로서 圖書를 통칭하였다.22)

書도 記錄類의 통칭인바 최초의 '書'字의 뜻은 書寫한다는데 있었고, 그 후에는 竹帛에 쓴 것을 書라 하여, 動詞로부터 名詞로 변한 것이다. 그리고 書字가 圖書의 汎稱으로 된 것은 늦어도 戰國 初葉부터 시작된 것이다.23)

---

18) 屈萬里, 昌彼得 共著, 沈明俊譯. 圖書板本學要略. 서울. 中央大學校 圖書館學科, 1975. p. 15.

19) *Loc. cit.*

20) *Ibid.* p.16.

21) *Ibid.* p.17.

22) *Loc. cit.*

23) *Ibid.* pp. 15-18.

文獻은 ‘文’과 ‘獻’의 合成語로서 본래는 ‘典籍과 賢者’를 의미하는 것이었다. 論語이 보면 "文獻不足"24)이라는 말이 있다. 여기에서 "文"은 歷史的 事實에 대한 記錄을 의미하며 "獻"은 역사적 사실을 記憶하고 있는 사람을 의미한다.

‘文’은 文句, 文章, 學問, 書冊, 記錄, 文字, 禮樂制度, 善, 美, 德 등의 다양한 의미를 가지고 있으나, ‘記錄類’를 의미하는 경우가 많다.

그리고 ‘獻’은 獻上한다. 바친다(捧). 上奏한다. 善, 賢人, 儀 등의 여러 가지 의미를 가지고 있으나, 古代에는 ‘賢人’이라는 의미로 사용된 예가 많은 듯하다. 書經에서 보면 "萬邦黎獻25)"이란 말이 있다. 이 말은 "나라의 여러 어진 사람들"을 의미하는 것으로 여기에서 "獻"은 賢人을 뜻하는 것이다.

다시 말하면, ‘文獻’의 「文」은 記錄情報(recorded information)를 가리키며, 「獻은 口述情報(oral information)를 의미하는 것이라고 볼 수 있다. 그러나 현재는 文獻은 일반적으로 "文物制度의 典據가 되는 記錄", "學術研究에 資料가 되는 文書" 또는 옛날의 文物과 制度의 研究資料가 되는 冊" 등의 槪念으로 통용되고 있다. 그러므로 「獻」字가 지녔던 「賢者」라고 하는 본래의 槪念은 사라지고, 현재는 「文」의 槪念만이 남아서 「文獻」하면 ‘일체의 기록된 情報’를 의미하게 된 것이라고 볼 수 있다.26) 따라서 ‘文獻’은 情報資料의 槪念과 일치한다고 볼 수 있다.

기타에도 記錄類의 통칭으로는 典籍, 書冊, 書策, 書籍, 圖書, 文, 文籍, 圖籍, 卷, 卷物, 書物, 文物, 文書 등이 있는데, 이들은 모두 春秋戰國時代를 전후해서 사용된 듯하다.

---

24) 論語. 八佾(夏禮吾能言之 杞不足徵也. 殷禮吾能言之 宋不足徵也 文獻不足故也 足則吾能徵之矣).

25) 書經 益稷(帝 光天之下 至于海隅蒼生 萬邦黎獻 共惟帝臣 惟帝時擧 敷納以言 明庶以功車服以庸 誰敢不讓 敢不敬應).

26) 李載喆. 集賢殿의 機能에 대한 研究. 人文科學, 第30輯. 延世大學校, 人文科學研究所, 1973. p. 30.

2) 西洋의 情報資料의 名稱

西洋의 情報資料의 통칭은 Papyri, Biblion, Liber, Book, Buch, Literature 등을 찾아 볼 수 있다.

Papyri는 Papyrus에서 변한 말이며, Papyrus는 Egypt의 Nile江 流域에 무성했던 東洋의 왕골처럼 생긴 풀(草)의 이름인데, BC 3000년경 Egypt 사람들은 이 풀 줄기의 속대(芯)를 얇게 쪼개서, 세로 가로로 엇갈리게 펴서, 눌러 말려서, 筆寫의 資料로 사용했기 때문에, 그것을 Papyri(Papyrus의 複數)라고 했으며, 이것이 記錄類의 통칭이 되었던 것이다.27)

Biblion은 Greece말의 Biblos에서 이루어진 것인데, 이 말도 또한 Papyrus에서 由來한 말이다. 위에서 말한 Papyri는 Egypt에서 한 때 量産되었는데, 그 당시 地中海沿岸의 商業國이었던 Phoenicia 사람들이 Papyri를 輸入하여 다시 Byblos 港口를 통해서 Greece로 수출했다. Greece 사람들은 그것이 Byblos 港口에서 온 것이라고 하여 Biblos라고 부르기 시작한 것이다. 그리고 이 Biblos에 글을 쓴 것을 Biblion(複數Biblio)이라고 했으며, 이것이 冊을 의미하는 말로 사용되었던 것이다.28)

Liber는 Latin語系의 말로서 樹皮를 의미한다. 古代 Rome에서는 傳統的으로 이 Liber를 말려서 筆寫의 資料로 사용했기 때문에, 이것이 직접 冊을 의미하는 말로 통용되었던 것이다.29)

Book, Buch는 現代英語에 있어서 Book과 獨逸語의 Buch의 동일한 語源을 가지는 Teuton系의 낱말에서 由來한 것이다. 古代英語에

---

27) *The Oxford English Dictionary. and supplement. London*, Oxford University Press, 1933.

28) 壓司淺水著. 本の文化史. 東京, 雪華社, 1963. pp. 13-19.

29) 椎名六郎. 圖書館學槪論. 東京, 學藝圖書株式會社, 1960. p. 1.
  The Oxford English Dictionary. op. cit.

있어서는 bóc로서 單音節의 女姓名詞였으며, 複數는 béc로 쓰였다. Old High German 에서는 buoh(pl. buch)로서 주로 中性名詞로 쓰였으며, 男性과 女姓名詞로 쓰이는 경우도 있었다. 그리고 Middle High German에서는 buoch로 綴字되었다.

語源學的으로는 古代英語에 있어서 bóc 또는 bëce로 일컬어졌던 beechtree의 이름과 관련된 것으로 일반적으로 인정되고 있다. 그 緣由는 최초의 刻銘은 「너도밤나무板」(beechen tablets)에 이루어졌으며, 혹은 너도밤나무(beech trees)의 껍질에 새겨졌기 때문이다.30) 그러나 beks라고 하는 筆寫板이 가장 原始的인 것이라고 보는데 있어서 이 두 낱말(bóc, bók)의 최초의 형태를 融和시키기에는 곤란한 점이 있다.31)

Book은 古代에는 하나의 著作(a writing), 하나의 記錄文書(a written document), 土地가 讓渡되는 證書(a charter or deed by which land was conveyed) 등의 의미로 사용되었다. 16세기와 17세기에는 하나의 기록된 說話나 이야기, 語錄, 리스트, 登錄簿(a written narrative or account, record, list, register) 등의 의미로 사용되었다.

현재는 일반적으로 "筆寫되었거나 印刷된 하나의 論著나 一連의 論著로서 여러 장으로 된 종이(紙)나 기타의 物體가 하나의 전체적인 資料를 구성하도록 함께 매어진 것"을 의미한다.

이러한 넓은 의미에 있어서 book은 어떠한 材料(革皮, parchment, papyrus, paper, 綿織物, 絹織物, 棕櫚葉, 樹皮, 木板, 象牙, 石板, 金屬 등)에 쓰여진 論著로서, 손으로 운반할 수 있는 어떤 형태로 묶은 것, 즉 예를 들면, 긴 두루마리나, 각각의 分離된 낱장(枚)으로 된 것이 돌쩌귀를 달거나, 노끈으로 매거나, 실로 꿰매거나, 풀로 함께 붙인 것을 의미한다.32)

---

30) *The Oxford English Dictionary. op. cit.*
31) *Ibid.*
32) *Ibid.*

Literature는 本來 lateratour에서 1itterature(or lytteratur)→1it-eratur(uir)→Iiterature로 변화한 말로서 14세기부터 19세기까지는 주로 學問이나 冊에 대한 知識(acquaintance with letters or books), 純粹學問 또는 人文的學問(polite or human learning), 學問培養(literary culture)이라는 의미로 사용되었다. 18세기 말엽부터 19세기 말엽까지는 주로 學問的 著作(literary work or production), 學者의 活動이나 專門性(the activity orprofession of a man of letters), 學問領域(the realm of letters) 등의 의미로 사용되었다. 19세기 이후로는 주로 전체적인 文學的 著作(literary production), 특정한 國家나 時期에 있어서의, 혹은 일반적으로 世界에서 著述된 記錄類의 總體 (the body or writings produced in a particular country or period in the world in general) 등의 의미로 사용되었다.

현재는 또한 더 制限된 의미로, 美의 形式이나 靈感的인 의미가 있다고 고려되는 著作(writings which has claim to consideration on the ground of beauty of form or emotional effect: 文學著作)에 적용되며, 특정한 主題를 다룬 圖書와 著作의 總體(the body of books and writings that treat of a particular subject)를 의미한다.

3) 現代의 情報資料의 類型

현대의 情報資料는 개개의 고유한 이름이 주어지지만 情報가 기록된 方法이나, 記錄形式이나, 體裁나, 內容이나, 記錄된 材料에 따라서 여러 가지 類型으로 구별할 수 있다.

우선, 情報가 기록된 方法이나 方式의 관점에서 보면, 情報資料는 筆寫資料, 木板本, 活字本 또는 活版印刷本, 寫眞植字本, 옵셋印刷本, 謄寫本, 影印本 등으로 구분할 수 있다.

둘째로는, 情報資料의 體裁나 形式이나 또는 이용의 편의에 따라서 일반적으로 一般圖書와 參考圖書, 定期刊行物 및 特殊資料로 구분한다.

一般圖書는 모든 주제분야에 걸친 單行本, 叢書 및 全集類 등을 의미하며 一般教養書, 文學書, 教科書, 각 주제분야의 專門書籍이 이에 속한다.

參考圖書(reference books)는 모든 분야에 걸친 단편적인 情報를 신속하고 편리하게 찾아 볼 수 있도록 편찬된 情報資料로서 辭典類, 百科事典類, 便覽類, 年鑑類, 年表類, 主題別事典類, 地名事典, 地圖帖, 人名事典, 名鑑, 統計表, 圖鑑類, 圖錄類, 書誌類, 索引, 抄錄 등이 이에 속한다.

定期刊行物(periodicals)은 일정한 기간을 설정하여 定期的으로 출판되는 情報資料를 말하며, 보통 雜誌(magazine), 專門會誌(journal) 및 신문 등이 이에 속한다. 定期刊行物과 유사한 것으로서 동일한 書名으로 연속적으로 발행하되 그 發行時期가 일정하지 않은 것이 있는데, 이것을 非定期連續刊行物이라고 한다. 또한 政府의 각 部處에서 발행하는 定期 및 非定期의 連續刊行物이 있는데, 이것을 政府刊行物이라고 한다. 이상의 刊行物들은 대체로 새로운 情報를 수록하는 것으로 學術的 價値가 많은 情報資料이다.

셋째로, 特殊資料란 팜프렛(pamphlet), 리프렛(leaflet), 필름(film), 마이크로필름(microfilm), 마이크로피치(microfich), 슬라이드(slide), 테이프(tape) 등 圖書 이외의 여러 가지 형태의 資料를 말한다.

V. 情 報 化 社 會

1. 情報化社會의 現象

情報는 가장 상식적으로 말해서 우리가 눈으로 보고, 귀로 듣고, 느끼고, 생각하고, 行動하게 하는 모든 要因이라고 말할 수도 있다. 그리하여 현대에는 新聞·잡지·書籍·文書 등의 모든 出版 記錄物과 라디오, TV, 電信, 테렉스, 電話 등의 모든 電波媒體가 주요한 情報傳達 手段이 되고 있는 것이다. 현대사회에 있어서는 이러한 情報가 폭발적으로 大量으로 생산되고 傳達·流布되고, 그것이 社會의 모든 활동을 左右하고 있기 때문에 現代社會의 이러한 특징을 들어서 情報化社會 또는 情報産業社會라고 한다.

情報化社會의 첫째의 특징은 情報의 量이 폭발적으로 증가하고 있는 현상이다. 現代人들은 우선 아침에 일어나자마자 朝刊新聞이 배달되고, 여기에는 政治·社會·文化의 전반에 걸친 대량의 情報가 전달되며, 商品, 不動産, 敎育, 職業, 求人 등의 廣告情報가 精神을 혼란시킬 만큼 전달된다. TV에서는 여러 가지 映像이 비치고 音聲이 들려온다. 라디오 에서도 音樂이 흘러나오고 뉴우스나 기타의 다양한 情報가 전달된다. 집을 나서면 街頭에는 看板, 廣告 등이 피할 수 없이 눈에 비치고, 버스나 電鐵을 타면 또한 반반한 장소마다 廣告와 안내문이 視線을 끈다.

職場人들은 事務室에 들어서면 冊床 위나 캐비넷 속에 文書類와

冊字類가 山더미처럼 쌓여 있다. 電話의 벨이 계속적으로 울리고 또한 電話를 걸어야 한다. 會議가 있으면 會議資料를 작성해야 하고, 會議가 끝나면 그 내용을 정리하여 上司에게 報告書를 작성해야 한다. 決裁를 얻어서 실행하기 위한 指示를 下達해야 한다. 對內의 書類를 정리하고 對外의 文書類을 受信 또는 發信해야 한다.

學生들은 登校하여 授業을 받는 것이나 冊을 읽는 것이 거의 전부가 情報의 受信活動이다. 이와 같이 현대는 東西洋의 男女老少를 불문하고 貧富의 階層이나 知識의 階層이나 專門家나 비전문가를 막론하고 모든 사람의 日常生活은 情報의 洪水 속에서 情報에 의해서 느끼고 생각하고 활동하고 있는 것이다. 人間 누구나가 情報의 發信者이며 동시에 受信者이다. 情報가 情報를 발생시키고 情報의 洪水에 加勢하고 情報의 축적을 더욱 방대하게 증대시키고 있는 것이다.

이것은 우선 新聞·잡지·라디오·TV를 중심으로 하는 매스컴의 발달로써 情報의 大量傳達 手段이 원활하게 되었기 때문이다. 특히, 情報의 發信者나 수신자가 급증했기 때문에 情報의 大量供給과 大量需要가 동시에 확립되어, 이른바 情報의 大衆消費가 급속히 발전한 것이 가장 큰 背景이라고 할 수 있다.

우리나라의 매스컴의 증가 현상을 보면 1960年代 후반기부터 1970年代 후반기까지 약 10年 간의 新聞 發行部數는 약 2배(280萬部→550萬部), 雜誌는 약 10배(50萬部→460萬部), 일반서적이 약 6배(550萬部→3500萬部), 라디오의 普及數는 약 25배(53萬臺→1300萬臺), TV 의 普及數는 200배(2萬臺→400萬臺), 電話는 4. 6배 (42萬臺→200萬臺) 로 증가하여, TV 를 제외 하고 전반적으로 약 10年 동안에 약 10倍 증가하였다. 그리고 TV는 1960年代 초기부터 급격히 보급되어 TV 時代에 돌입했기 때문에 그 증가 비율을 논할 수 없을 정도다.

이러한 증가 추세는 情報에 대한 社會的 要求가 더욱 강해졌다는 증거라고 볼 수 있다. 社會의 組織이 복잡해지고 高度化하고, 社會의 모든 분야나 모든 측면에서의 활동이 넓어지고 깊어졌기 때문에 情

報의 意義와 重要性이 비약적으로 강화되었다고 볼 수 있다.

情報化社會의 둘째의 특징은 社會의 情報化現象이 급속히 침투하고 있다는 점이다. 우선 消費 면에서의 情報化現象을 그 예로 들 수 있는데, 所得水準이 향상됨에 따라서 우리나라의 「엥겔係數」(家計에서 차지하는 食料費의 比率)는 每年 감소하고 있으며, 이와는 반대로 教育費를 비롯해서 教養娛樂費, 交通通信費 등의 이른바 잡비는 每年 증가하고 있는 것이다.

이 雜費는 말하자면 엥겔係數에 대한 ‘情報係數’와 같은 것으로 所得水準이 높아지면 높아질수록 커지는 경향을 나타내고 있다. 특히 所得이 높아지면 잡비 가운데에도 教育費를 비롯한 情報性이 강한 支出이 높아지고 있는 것이다.

우리나라는 1950年代부터 義務教育制度가 확립된 이래 國民學校의 就學率은 97.6%를 유지하고 있다. 최근에는 中學校는 79.5%가 進學하고, 高校 76.8%, 大學에는 30% 이상으로 進學率이 급격히 상승하는 한편 어려서부터 生涯教育의 要請이 높아지고 있기 때문에 家計에서 차지하는 教育費의 비율이 커지고 있는 것이다.

여하간 教育은 그 자체가 情報의 授受作用이기 때문에 教育의 보급은 곧 社會의 情報化 그 자체를 의미한다. 그러므로 家計에서 차지하는 잡비의 증대는 教育을 중심으로 하는 消費의 情報化라고도 말할 수 있다.

職業의 情報化도 급진전하고 있다. 産業別人口의 推移를 보면 제1차 産業33)의 就業人口가 현재 격감하고 있는 한편, 제 2차, 제 3차 産業의 就業人口가 증가하고 있는데, 이 중에도 특히 제 3차 産業이

---

33) 第1次産業: 農業·林業·水産業 등 직접 自然을 대상으로 일하는 産業
　　第2次産業: 각 産業 가운데서 自然物을 뽑아내는 鑛業과 鑛産物이나 農水産物 따위를 다시 2차적으로 加工하는 工業
　　第3次産業: 일체의 서비스업, 상업 운수업·통신업·금융보험업·자유업·그 밖의 서비스업

급증하고 있다.

1978年度 韓國統計年鑑34)에 나타난 우리나라의 1969년도와 1977년도의 職業別 分布現況을 비교해 보면 다음 [표 1-1]과 같다.

[표 1-1]

年　　度	제1차 産業	제2차 産業	제3차 産業
1969	4,784,000	1,953,000	2,667,000
1977	5,398,000	3,553,000	3,978,000

이 表에서 보는 바와 같이 9년 동안에 제1차 産業人口는 불과 714,000이 증가했으나 제2차 産業人口는 1,600,000이 증가하고, 제3차 産業人口는 1,311,000이 증가하고 있다.

이 가운데에서도 小賣・娛樂 등의 단순노동에 의한 서비스業보다도 通信・醫療・保健・敎育・法務 기타의 서비스 등의 이른바 頭腦勞動에 의한 서비스業에 종사하는 人口가 더 증가하고 있다.

또한, 職業別 就業人口의 推移를 보면 이 경향이 더욱 뚜렷하다. 일반적으로 말하는 「화이트컬러」(事務)人口가 「블루우컬러」(勞動)人口나 기타 販賣業・農水産業・서비스業 등에 종사하고 있는 人口에 비해서 훨씬 높은 伸張率을 보이고 있다.

이와 같이 産業別・職業別・直間比率 등 어떠한 角度에서 보아도 現代社會에서 활동하고 있는 사람들은 産業의 生産에 직접 종사하는 人口보다는 어떠한 형태로든 넓은 의미의 '情報'를 發信하거나 受信하는 부문에 종사하는 人口가 더욱 빠른 속도로 증가하고 있는 것이다. 최근에는 역시 社會전체가 直接生産者보다는 그 生産物을 어떻게 生産하며 어떻게 사용하는 것이 보다 좋으냐 하는 것을 생각하거나 결정하거나 指示・管理하는 人口가 보다 필요하게 되어 가고 있는 것이다.

---

34) 韓國統計年鑑. 서울, 경제기획원 조사통계국. 1978, 제25호. pp. 76-77.

都市의 事務室街나 官廳街 또는 工場의 사무소 등은 이 화이트컬러를 위한 職場이다. 더구나 이제는 이러한 職場이야 말로 企業의 榮枯盛衰를 결정하는 企業競爭의 현장이며, 生産性向上을 좌우하는 '情報工場'이다. 이러한 의미에서 都心의 빌딩街는 곧 '情報의 工場地帶'라고 볼 수 있다.

2. 情報의 生産量과 流通量

情報가 人間의 知性的 에너지로서 사회적으로 중요한 의의를 가지기 때문에 人類의 文化가 발생한 이래 주요한 記錄情報는 무한히 生産되여 다양한 媒介材料에 의해서 전달되고, 그것이 幾何級數的으로 증가하면서 누적되어 왔으며, 현대에는 그것이 더욱 폭발적인 現象으로 나타나고 있다.

이것은 現代에 있어서는 情報의 生産量이 너무나 방대하다는 것을 의미하는 것이다. 물론 情報는 本質的으로는 形體가 없는 것이기 때문에 그것을 數量的으로 표현할 수는 없는 것이다. 그러나 현대에 들어와서 情報의 量을 測定하는 方便으로서 bit라고 하는 情報의 最小單位를 개발하여 전문적으로는 이 bit에 의해서 情報量이 測定될 수 있다.

한편 記錄情報는 반드시 어떤 media에 의해서 전달되며 또한 그 media를 수록하는 媒介體에 의해서 전달되기 때문에 이러한 媒介體에 의해서도 數量化할 수 있다.

古代로부터 현재까지 生産된 情報資料의 量은 天文學的인 數量으로서 현실적으로는 파악하기 어려우나, Georges Anderla는 "현재 世界的으로 保有하고 있는 圖書의 種數는 10億種에 달하고 論文種數는 3億篇에 달한다"고 한다.35) 또한 현재 情報가 生産되어 유통되는 量은 어느 정도 그 윤곽을 파악할 수 있을 것이다. 물론 일반적인

個人生活에 있어서의 對話나 學校敎育에 있어서의 講義 등에 의한 情報傳達量은 거의 측정할 수 없으나, 라디오·TV의 放送에 의해서 전달되는 情報量은 1分間에 300文字(아나운서가 말하는 標準速度)를 基準으로 계산될 수 있다.

그러나, 라디오·TV에 의한 情報는 人間의 知識을 형성하는데 있어서나 學問上의 價値는 거의 없는[36] 流通情報이므로 여기에서는 印刷物에 의해서 전달되는 주요한 記錄情報의 量만을 살펴보기로 한다.

현재 全世界에서 발행되는 新聞은 약 9,000種[37]이며, 잡지는 定期刊行物이 약 55,000種,[38] 年刊 및 非定期刊行物이 25,000種,[39] 그리고 一般書籍이 약 600,000種[40]이나 출판되고 있다.

이상에서 밝힌 것은 출판물의 種數인 바, 만약 이러한 出版物의 부수를 계산하거나, 각 出版物에 수록되는 記事數나 論文件數를 계산한다면 더욱 놀라운 數字가 될 것이다. 한 가지 예로서 科學技術分野의 전문적인 記錄情報의 量을 보면, "현재 全世界에서 公表되는 科學技術의 文獻(論文)은 1년간에 3百萬件 내지 4百萬件이며, 特許가 대략 1百萬件에 달한다."[41]

더욱이 이러한 情報量은 科學技術의 급격한 발전으로 인하여 증대해갈 뿐이다. 따라서 현대의 科學技術者는 연구 활동의 태반을 이러한 情報를 수집하고, 조사하고, 분석하는데 시간을 보내게 된다.

---

35) Anderla, Georges. *Information in 1985: A forcasting study of informationn-needs and resources, OECD*, 1973. p. 18.

36) 額田巖, 成田寅彦. 知識産業社會. 東京, 産業能率短期大學出版部, 1971. p. 23.

37) 國際連合世界統計年鑑, (日本版). 東京, 原書房. 1975. pp. 765~768.

38) *Ulrick's International Periodical Directory*, 15th ed. (1973-1974) New york, 1973. p. vii

39) *Irregular Serials and Annuals, An International Directory*. 3rd ed. (1974-1975) New York, Bowker, 1974. p. vii

40) 出版年鑑 SN 74. 東京, 出版ニウス社, 1974. pp. 1689. 1690(이 統計에서는 약 5,000種이 나타나 있으나 2,000種 이하를 出版하는 나라 약 100餘國이 제외되었기 때문에 약 10,000種을 가산한 것임)

41) 島矢志郎. 情報産業,(ツステム産業シリズ). 東京, 日本經濟新聞社,1970. p. 76.

　이러한 현상은 科學技術分野에만 한정된 것이 아니라 産業을 비롯해서 經濟, 行政, 司法, 外交, 軍事, 敎育, 醫療, 文化 등 모든 분야가 情報의 洪水에 휩싸여 있는 것이다. 더구나 이러한 情報資料는 學術的敎育的인 가치가 있는 情報로서 앞으로도 계속적으로 이용될 수 있는 情報이기 때문에 일반적인 情報보다는 情報의 축적이 더욱 방대해지고 사람과 사람 사이에, 그리고 한 世代에서 다음 世代로 傳承되는 情報의 蓄積量은 마치 눈덩이처럼 지속적으로 증대하고 있는 것이다.

　한편 日本의 工學博士 額田 등은 全世界에서 生産된 新聞, 잡지, 書籍 등에 수록되는 1년간의 記錄情報의 量을 文字數로 계산하여 約 4,200兆字로 推算하고 있다.42)

　一說에 의하면 "情報의 量은 西紀 元年부터 1650년까지에 제1차로 紀元 전의 2倍에 달하고, 그 후는 1900년에 제2차의 倍增, 1950년에 제3차의 倍增, 그리고 1960년에 제4차의 倍增期를 맞이했다"43)고 한다. 다시 말하면, 人類가 保有하는 情報의 總量이 倍로 增加하는데 최초에는 약 1650년이나 걸렸으나 다음에는 250年, 그 다음에는 50年, 그리고 다시 그 다음에는 겨우 10年이 걸렸다는 것이다. 즉 指數函數的으로 증가한다는 것이다. 情報의 量을 객관적으로 計量化할 수 있는 尺度는 아직 없지만 이러한 推計는 情報의 폭발적 증대를 단적으로 표시하는 것이다.

---

42) 額田巖, 成田寅彦, 知識産業社會. 東京, 生産能率短期大學 出版部, 1971. p. 23.
43) 島矢志郎, *op. cit.* p.77.

Ⅵ. 情報의 價値와 效用

1. 情報의 價値와 本質

　情報의 價値와 本質은 人間과 動物을 生態的인 면에서 비교해 봄으로써 쉽게 이해할 수 있을 것이다. 人間이 動物과 다른 점은 動物은 物質的인 에너지의 충족만으로 生을 享有할 수 있는데 비하여, 人間은 物質的인 에너지의 충족만으로는 生을 享有할 수 없으며, 이보다 더욱 중요한 것은 精神的인 에너지의 충족과 그 활용에 있다. 人間의 物質的인 에너지는 動物의 경우와 마찬가지로 飮食物 가운데의 營養素를 섭취함으로써 형성되며, 精神的 에너지는 주로 人間의 思考活動과 敎育과 硏究活動 등에 의해서 생산되는 人工情報를 입수함으로써 형성된다고 볼 수 있다.

　人間은 이러한 情報를 얻어서 知識과 智慧를 형성하는 동시에 여기에서 보다 향상된 智慧를 끊임없이 발전시키고, 이를 ‘체계화하여 科學(學問)을 발전시켜 왔으며, 이를 人間에게 유용하게 活用시킴으로써 個人의 生活을 享有하고, 사회적으로는 文化나 文明을 발전시켜 왔다는 것을 부인할 수 없을 것이다. 人間의 生活樣式이나 風習의 改善, 日常生活에 편리하게 이용되는 모든 文明의 利器는 情報에 의해서 형성된 人間智慧의 所産인 것이다. 그러므로 物質的인 에너지가 人間의 生體를 영위하기 위한 에너지라고 한다면, 情報는 人間의 특성인 智慧를 발전시키기 위한 에너지라고 볼 수 있다.

이와 같이 人間의 知成的인 에너지로서의 情報의 價値, 또는 情報에 의해서 형성된 知識이나 技術 또는 智慧의 價値가 인정되고, 그것이 중요시됨으로써 현대에는 이 情報가 社會의 발전에 있어서 物質的 資源보다도 더욱 중요한 要因이라고 생각하게 된 것이다.

그리하여 美國의 經濟學者 Kenneth E. Boulding은 情報나 知識·技術 등 人間의 모든 智慧를 高次元的인 財貨로 보아야 하고, 이를 經濟學的인 연구대상으로 삼아야 할 중요하고 새로운 開拓分野라고 주장하고 있으며,44) 日本의 額田巖 등도 "현대의 商品은 형태가 있는 物的인 財에서 형태를 가지지 않는 無形의 財에로 점차 중점을 移讓해 가고 있다"고 한다.45) 여기에서 "형태를 가지지 않는 無形의 財"란 情報나 知識 또는 人間의 智慧를 의미하는 것이다.

예를 들면, 우리가 新聞이나 잡지나 圖書 등의 文獻을 구입하는 경우 新聞이나 잡지나 圖書 그 자체의 物質的인 商品價値로 인해서 그것을 구입하는 것이 아니라, 本質的으로는 그러한 資料속에 담겨진 情報나 知識을 입수하기 위해서 구입하는 것이다. 또한 日本의 關英男씨가 말한바와 같이 "敎育은 人間의 大腦에 情報를 조직적으로 傳授하는 手段"46)이라고 본다면, 敎育者에게 支給되는 報酬는 그들의 노동의 代價로서가 아니라, 그들이 傳授하는 情報에 대한 代價로서 支給되는 것이다. 마찬가지로 産業스파이가 生産을 위한 技術情報를 高價로 賣買하는 것이나, 特許所有權者가 特許를 매매하는 것은 情報의 賣買이므로 情報가 商品價値도 가지는 것이라고 인정하지 않을 수 없다.

---

44) Boulding, Kenneth E. Econcmics as a Moral Science. in *The American E-conomic Reuiew*. Vlo. 59. no. I (1969) p. 1-12.

45) 額田巖, 成田寅彦. 情報産業社會. 東京, 産業能率短期大學出版部, 1971. 序文.

46) 關英男. 情報科學と上五次元世界. 東京, 日本放送出版協會, 1971. p. 101.

2. 記錄情報의 效用

이상에서 설명한 바와 같이 情報가 人間의 知性的인 에너지로서
物質的인 에너지 이상으로 더욱 중요하고 價値가 있는 것이라 할지
라도, 그 生産量과 流通量이 過多하면 문제가 발생하기 때문에 이를
적절히 조절할 필요가 있는 것이다. 예를 들면, 사람이 굶주렸을 때
많은 飮食物을 보면 닥치는 대로 過食을 해서 소화불량증이 생기게
되며, 여유 있는 사람은 飮食物을 선별해서 때에 맞추어 적절한 量
을 먹게 되므로 소화도 잘 되며, 건강에도 유익하다.

또한 飮食物 가운데는 연령에 따라서 어떤 사람에게는 적절한 飮
食이 있고, 어떤 사람에게는 해로운 飮食도 있다. 幼兒에게는 우유나
幼兒食이 적절하고, 患者에게는 소화가 잘 되는 영양 있는 飮食物이
적절하고, 술은 成年이 되어야 마실 수 있는 것이며, 또한 음식이
부패했거나 公害에 오염된 음식은 삼가야 한다.

情報의 경우도 이와 마찬가지이다. 洪水처럼 범람하는 모든 情報가
人間 누구에게나 일시에 무한정으로 입수되어 유용하게 利用될 수
있는 것도 아니며, 또한 모든 情報가 人間 누구에게나 價値가 있고
필요하고 有益한 것만은 아니다. 日本의 額田嚴이 말한 바와 같이,
"情報 가운데는 ① 有益하고 필요한 情報가 있는 반면에, ② 무의미
하고 無價値한 情報도 있으며, ③ 불필요하고 有害한 情報도 있다.47)

有益하고 필요한 情報란 당장에 자기가 생활하는데 필요한 生活情
報인 경우도 있고, 道德的으로 유용한 聖賢들의 말씀도 있고, 어떤
문제를 해결하는데 절실히 필요한 情報도 있고, 學習이나 知識을 얻
는데 절실히 필요한 情報도 있다.

無意味하고 無價値한 情報는 다른 사람에게는 필요할지 몰라도 당
장 자기에게는 관계가 없고, 알아도 쓸모가 없는 情報를 의미한다.

---

47) 額田嚴, 成田寅彦. 情報産業社會. 東京, 産業能率短期大學出版部, 1971. p, 26.

물론 이러한 評價나 판단은 그 시간과 경우에 따라서 다를 수도 있다. 현재는 무의미하고 無價値한 것이 未來의 어느 때인가는 필요하고 價値가 있을 수도 있고, 현재는 필요하다고 생각되던 것이 그 후에는 무의미하고 無價値할 수도 있다. 그러나 國民學校 兒童이나 中學生에게 심오한 哲學的인 理論이나 고도의 科學的 전문적인 情報는 그들에게 이해가 되지 못하기 때문에 무의미하고 無價値한 것이라고 볼 수 있다.

불필요하고 有害한 情報는 도덕적인 면에서 美風良俗을 해칠 수 있는 情報, 또는 아동들의 교육상 不良한 영향을 주는 情報를 의미한다. 그리하여 이러한 情報는 公害情報라고도 할 수 있다.

이와 같이 情報는 物質的 에너지를 섭취하는데 필요한 飮食物 이상으로 다종다양하므로 人間의 社會的 活動에 있어서는 유익하고 필요한 情報만을 선택하여 이를 유용하게 활용하는 것이 지극히 중요하다는 것을 再三 명확하게 인식하지 않을 수 없다. 그리고 이와 같은 관점에서 본다면, 人間의 智慧의 尺度는 유익하고 필요한 情報만을 신속하고 정확하게 입수하여, 이를 효과적으로 활용할 수 있는 能力에 달려 있다고 볼 수 있다. 또한 文化의 발전이나 文明의 발전, 社會의 발전이나 國家의 발전도 情報의 效用 如何에 따라서 좌우된다고 볼 수 있다.

그러면 前項에서 설명한 바와 같이 그 폭발적인 情報의 洪水를 어떻게 하여 個人的으로나, 사회적으로나, 國家的으로나 유익하고 필요한 情報만을 신속하게 입수하여 이를 효과적으로 活用할 수 있게 하느냐 하는 문제가 제기된다.

前項에서 밝힌 바와 같이 현재 世界的으로 新聞, 잡지, 書籍에만 收錄되는 1년간의 情報量이 약 4,200兆字로서, 이 가운데 444兆字만을 讀者들이 入手하고, 이 入手된 情報 가운데 실제로 이용되는 情報量은 그 10%인 약 44兆字에 불과하다고 한다.48) 또한 無責任한 情報의 發散은 우리 人間事를 저해하고 또한 情報過多에 의한 弊害

(impact)는 노이로제 유발의 原因이 된다고 한다.49)

이를 그대로 放置한다면 情報公害로 발전할 수밖에 없다. 情報公害를 방지하기 위해서는 무익한 情報는 규제하고 玉石混淆 가운데 필요한 情報만을 선택해 내는 技術의 개발 등이 요망된다. 그리하여 情報의 生産에서부터 이용에 이르기까지, 다시 말하면 記錄情報의 循環에 있어서 生産者로 하여금 良質의 情報를 생산하게 하는 동시에, 이용자들에게는 각기 필요하고 적절한 情報만을 적시에 효과적으로 이용될 수 있도록 하는 최선의 統轄手段과 方法이 필요한 것이다.

그리하여 일찍이 이러한 記錄情報 가운데 最善의 情報를 선택·수집하여 이를 체계적으로 조직해서 편리하게 효과적으로 이용하도록 하기 위해서 圖書館이라고 하는 社會制度가 형성되었으며, 또한 情報를 효과적으로 科學的으로 이용하기 위한 方法을 연구하기 위해서 다음 篇에서 論述하고자 하는 文獻情報學系列의 學問이 형성된 것이다.

---

48) 額田巖, 成田寅彦. *op. cit.* p. 24.

49) *Ibid.* p. 26.

Ⅶ. 情報資料의 生產者와 傳達機關

1. 情報의 生產者

　현대의 모든 筆寫的인 記錄資料까지도 情報라고 본다면, 文盲 이외의 모든 人間이 情報生產者라고 할 수 있을 것이다. 그러나 여기에서 말하는 情報는 人工情報로서 주로 知識이나 技術이나 學問(科學)의 요인으로서의 記錄情報를 의미하며, 情報資料는 주로 인쇄된 資料를 의미한다. 그러므로 그 生產者의 범위는 상당히 좁아질 수 있다.

　따라서 情報生產者는 창조적인 文化活動을 하는 사람으로서 學者, 研究者, 敎育者, 技術者, 小說家나 詩人 등의 文人, 新聞이나 잡지의 記者와 寄稿家, 라디오나 TV 의 프로製作者, 醫師, 政府의 行政官吏, 演藝人 등이며, 이들 중에서도 특히 學術活動과 著述活動을 하는 사람들이다. 그리고 특히 學術研究團體나 연구기관은 전문적인 情報生產機關인 것이다.

　學者, 研究者, 敎育者, 技術者 등은 그들이 연구하여 개발한 창조적인 idea로서의 情報, 즉 새로운 知識이나 技術 등을 記錄化하여 널리 公開하게 되며, 文人이나 記者나 醫師나 官吏 등은 그들의 새로운 발상이나 事物에 대한 見解나 感情, 情緖, 판단, 경험한 사실 등을 記錄情報로써 公開하게 되는 것이다. 그 公開되는 情報資料가 바로 新聞, 잡지, 敎養書, 교과서, 전문분야의 書籍, 學術論文, 特許速報 등 거의 모든 인쇄된 記錄을 포함하는 것이다.

2. 情報資料의 生産者

현대에 있어서는 情報生産者와 情報資料의 生産者는 당연히 구별되어야 할 것이다. 前者에 대해서는 위에서 이미 설명한 바와 같거니와 後者는 情報의 加工者라고도 할 수 있는데, 이들은 印刷機關이나 출판기관, 잡지사, 新聞社, 放送局 등의 要員들이라고 볼 수 있다.

우선 印刷所, 출판사, 잡지사 등에서는 學者나 研究者나 기타의 著作家들이 생산한 情報原稿를 편집하고, 文選, 組版, 校正, 또는 文選, 植字, 整版 등의 과정을 거쳐서 인쇄하고 製本하여 讀者들에게 전달하게 된다. 新聞社나 잡지사에서는 記者나 寄稿者들이 수집하고 生産한 情報原稿를 역시 인쇄 과정을 거쳐서 讀者들에게 전달한다. 그리고 放送局은 역시 記者들이나 寄稿者들이 수집하고 生産한 情報原稿를 편집 과정만을 거쳐서 「아나운서」에 의해 視聽者들에게 전달한다.

따라서 이러한 기관에 종사하는 要員들은 情報資料의 生産者 또는 加工者인 것이다.

3. 情報傳達機關

情報傳達機關은 教育機關, 出版社와 서적상, 新聞社와 잡지사, 通信社, 放送局, 電話局, 우체국, 政府의 각 行政機關 등이라고 볼 수 있다.

우선 教育機關은 初等教育에서부터 大學에 이르기까지 주로 이미 生産된 人工情報 가운데 耐用情報를 被教育者에게 전달하는 기관이라고 볼 수 있다. 물론 教育者는 情報를 생산하는 연구의 기능도 가지며, 교육기관에 부설되는 研究所는 情報의 생산 기관이라고도 볼 수 있으나, 教育의 주된 기능은 情報를 전달하는 것이라고 볼 수 있다. 그리하여 종래의 教育의 概念과는 달리 현대에는 "教育은 人間의 頭腦에 情報를 조직적으로 전달하는 手段"이라고 보는 것이다.[50]

出版社는 위에서 설명한 바와 같이 情報資料의 생산기관이라고 볼 수 있으나, 동시에 情報傳達機關이라고도 볼 수 있다. 出版社는 출판된 情報資料를 필요한 사회기관에 직접 普及하는 경우가 많으며, 또는 書籍商을 직영하는 경우가 많기 때문이다.

書籍商은 여러 出版社나 인쇄소 등에서 구입하거나 委託하는 書籍 또는 여러 방면에서 수집되는 情報資料를 개인 또는 敎育機關이나 學術機關에 보급하는 기능을 가지는 것이므로 情報傳達機關이라고 볼 수 있다. 그리고 出版社와 서적상을 통해서 보급되는 情報는 주로 耐用情報資料, 또는 蓄積情報資料라고 볼 수 있다.

新聞社나 잡지사는 記者나 寄稿者들에 의해서 수집된 시사적인 情報, 즉 주로 流通情報를 記錄資料로써 일반 대중에게 전달하는 전문적인 기관인 것이다.

通信社는 國內 및 海外에서의 주요한 시사적인 情報를 수집하여 新聞社나 잡지사나 放送事業體 및 政府機關에 전달하는 전문적인 情報機關이다.

라디오나 TV 放送局은 신문사와 마찬가지로 記者나 寄稿者들에 의해서 수집되는 流通情報를 일반 대중에게 전달하는 전문적인 기관이지만 口述情報나 音聲 및 映像의 錄音錄畵에 의해서 電波로써 전달하는 것이 그 특징이라고 볼 수 있다.

電話局은 많은 電話加入者의 回線을 집중시켜서 交換中繼를 전달하는 기관이므로 情報傳達機關이라고 볼 수 있다.

郵遞局은 주로 電報나 書信 등을 전달하는 곳으로서 이것도 情報傳達機關이라고 볼 수 있다.

政府의 각 行政機關도 行政事務나 對民奉仕에 있어서 公告 및 通知 등의 기능을 가지고 있으므로 어느 면에 있어서는 情報傳達機關이라고 볼 수 있다.

---

50) 關英男. 情報科學と五次元世界. 東京, 日本放送出版協會, 1971. p. 101.

기타에도 公報館, 映畵館, 劇場, 敎會, 각종의 會館 등도 일종의 특수한 情報傳達機關이라고 볼 수 있다.

4. 情報流通統轄機關

전항에서 설명한 社會的 要求에 따라 情報 또는 情報資料를 그 생산에서부터 전달 및 이용에 이르기까지 情報流通을 통할하기 위한 정부기관과 社會制度가 수립되었다고 볼 수 있다. 이를 위한 정부기관은 우리나라의 제도로 말한다면 주로 遞信部, 文化公報部, 文敎部 등이라고 볼 수 있고, 주로 記錄情報의 효과적인 이용을 위한 社會的 統轄裝置로서 수립된 것이 圖書館이라고 볼 수 있다.

遞信部는 주로 通信, 電話, 郵便 등의 정보전달 기관 및 그 시설과 傳達媒介를 통할하고, 文化公報部는 주로 言論機關이나 放送機關의 매스컴 정보유통을 통할하며, 文敎部는 주로 출판기관, 敎育機關, 硏究機關, 圖書館 등의 記錄情報流通을 통할하는 기관이라고 볼 수 있다.

그리고 현대의 圖書館은, 그것이 國公立이던 私立이던 그 자체가 記錄情報를 自律的으로 통할하여 記錄情報의 生産者로 하여금 良質의 情報를 생산하도록 유도하는 효과도 주는 동시에, 情報需要者들로 하여금 각기 필요하고 적절한 情報를 적시에 효과적으로 이용할 수 있도록 制度化된 봉사기관이라고 볼 수 있다. 그리하여 각 圖書館은 이에 對備해서 情報資料를 선택적으로 蒐集하여, 이를 체계적으로 整理·保存하고, 이용자들에게는 이에 효과적으로 접근하여 편리하게 이용할 수 있도록 奉仕하고 있는 것이다.

그러므로 圖書館은 단순한 정보전달기관이라기 보다는 記錄情報를 통할하고 淨化하여 효과적으로 유통시키는 복합적인 기능을 가지고 있는 것이다(도서관에 대한 보다 구체적인 설명은 다음의 第2篇 제1장을 참고할 것).

第2篇　文獻情報學

Ⅰ. 文獻情報學의 定議

　文獻情報學은 간단히 말하면 記錄情報의 效果的인 蒐集·축적·檢索·전달·利用을 위한 科學的인 統轄手段과 方法을 연구하는 科學이라고 할 수 있다.

　여기에서 '效果的'이란 '가장 적은 勞力과 가장 적은 經費를 들여서, 가장 짧은 시간 내에 最善의 결과나 目的을 달성하는 것'을 의미한다. 그리고 '統轄'(contro1)이란 현재 流通하는 記錄情報를 認識하고 評價하며, 이를 蒐集·組織·운영·管理·制御·전달하는 포괄적인 의미를 가진다.

　다시 말하면, 우선 情報利用者들로 하여금 가장 적절한 情報를 가장 效果的으로 檢索하여 이용할 수 있도록 하는데 있어서 가장 科學的이며 經濟的인 統轄手段과 方法을 研究한다는 것을 의미한다. 이와 같이 情報利用者를 위한 情報의 統轄手段에 있어서 그 效用性과 經劑性을 追究하는 것을 기본적인 과제로 하기 때문에 '情報經濟學'이라고도 할 수 있는 것이다. 中國의 兪爽迷가 編著한 「圖書館學通論」에서도 "經濟의 原則은 최소한의 經費를 들여서 최대한의 효과를 얻자는데 있으며 圖書館의 管理도 역시 이와 같다"고 하였다.1)

　記錄情報의 효과적인 蒐集·축적·檢索·전달·利用을 위해서 이를 經濟的으로 또한 科學的으로 統轄하는 것은 결국 教育과 調査研

---

1) 兪爽迷. 圖書館學通論. 臺北, 正中書局, 民國 50(1961), p. 39.

究 또는 전반적인 文化的 活動에 있어서 가장 효과적인 結果를 가져
올 수 있도록 하기 위한 것이다.

한편 敎育과 調査硏究 또는 文化活動에 있어서 가장 효과적인 결
과를 가져오게 한다는 것은 결국 學術과 文化의 발전에 있어서의 最
善의 條件을 造成한다는 것을 의미한다. 따라서 文獻情報學은 學術
과 文化의 효과적인 발전을 위한 經濟的 方法을 연구하는 科學이라
고도 할 수 있다.2)

또한 文獻情報學은 종래의 圖書館學을 바탕으로 하여 현대의 情報
學의 理論과 方法論을 도입하여 새로운 體系로 전개되는 學問名稱이
라고 볼 수 있다.

---

2) 鄭駜謨. 圖書館學의 새로운 體系. 中央大學校 論文集, 第14輯. 1969. p. 79.

Ⅱ. 文獻情報學의 기초

1. 圖書館과 圖書館學

文獻情報學은 본래 圖書館에 소장되는 情報資料의 효과적인 이용을 위한 整理方法과 도서관 전반에 걸친 효과적인 運營管理에 있어서 專門的인 知識과 특별한 技術을 요구하게 됨으로서 직접적인 발생동기가 된 것이다.

19세기 초기부터 社會文化가 점차로 발전하게 됨으로서 情報資料의 생산량과 종류가 증대하고, 이에 따라 圖書館이 증대하고, 도서관에 소장되는 資料의 축적량이 증대하게 되었다. 동시에 情報資料의 내용이 高度化하고, 利用者가 증가하고 情報資料에 대한 요구가 專門化하는 현상이 일어남으로써 이에 대한 專門的인 知識이 없이는 이러한 문제를 처리할 수 없는 事例가 증대하게 되었다. 그리하여 1850년 이후부터는 徒弟敎育形式으로 圖書館職員을 양성하기 시작하게 된 것이다. 이러한 思潮가 고조되어 결국 1887년에 독일의 Göttingen 大學에 「圖書館學」이라는 강좌가 개설되었고, 동시에 美國의 Columbia 大學에는 圖書館學校(School of Library Economy)가 창설된 것이다.

이와 같이 文獻情報學은 그 발생 초기부터 圖書館의 기본적인 기능수행에 필요한 여러 가지 전문적인 知識과 技術을 연구하고 敎育했기 때문에 최근까지 근 100년 동안 「圖書館學」(Library Science)

또는 「圖書館經營學」(Library Economy)이라는 이름으로 일반적으로 指稱되어 왔던 것이다.

圖書館의 기본적인 기능이란, 간단히 말하면, 情報資料를 선택하여 수집하고, 이를 편리하게 이용될 수 있도록 체계적으로 조직하기 위해서 分類 排列하고, 이용자들이 이를 효과적으로 檢索할 수 있도록 目錄索引 등을 작성하며, 이용자들에게 圖書館 및 情報資料의 이용을 안내하고 지도하는 것이다. 이와 같이 복잡하고 전문적인 圖書館에서의 실무내용에 필요한 知識이나 技術내용을 관계되는 分野別로 구분하여 여러 가지 敎科目을 수립하고 이를 敎育하고 硏究하는 전분야의 종합적인 이름을 「圖書館學」이라고 命名했던 것이다.

다시 말하면 종래의 「圖書館學」은 그 施設이나 建物로서의 「圖書館」을 연구대상으로 하는 學問이 아니라 '文獻의 認識, 蒐集, 整理, 運用'에 관한 문제를 연구대상으로 하는 學問이기 때문에 본래 그 名稱 자체도 非論理的이며, 그 本質과 체계가 문제가 되어, 오랜 동안 「圖書館學」이 學問이냐 知識이냐 하는 論難과 批判이 지속되어 왔으나 「圖書館學」은 끝내 객관적으로 타당한 學問的 체계를 수립하지 못한 것이다. 그 根本的인 원인은 理論의 빈곤과 方法論의 非科學性 때문이었다고 볼 수 있다.

2. 情報學의 遵入

그러나 제2차 世界大戰 이후부터 컴퓨터의 出現과 이를 바탕으로 하는 이른바 情報學(Information science)이 급진적으로 발전하였고, 특히 情報學은 人間의 知能活動을 최대한으로 효율화하는 새로운 科學이기 때문에 거의 모든 분야의 學問뿐만 아니라 社會의 모든 분야에 충격적인 영향을 주어 大革新을 가져오게 하였다. 따라서 종래의 「圖書館學」에서도 이러한 情報學의 기본적인 理論과 科學的인 방법을 導入하지 않을 수 없게 된 것이다.

한편 현대의 圖書館 또는 情報管理를 위한 기관도 情報資料의 폭발적인 증가와 이용자의 급증 및 이용의 專門化로 인해서 종래의 手作業에 의한 업무처리방법을 탈피하여 圖書館의 모든 奉仕活動을 컴퓨터에 의존하여 自動化하지 않을 수 없게 된 것이다.

3. 學問名稱의 變化

이상과 같이 종래의 圖書館學이 情報學의 기본적인 理論과 科學的인 方法論을 導入하고 이를 직접적으로 적용하는 圖書館現場이 컴퓨터에 의해서 自動化되고 있기 때문에 근년에 이르러 종래의 圖書館學에 名稱의 변화가 생기기 시작한 것이다. 이러한 명칭의 변화는 종래의 圖書館學의 宗主國이라고 볼 수 있는 美國에서 1970년대부터 Library Science에서 Library and Information Science로 改稱하고 많은 大學들이 學科名 또는 大學名稱을 改名한 예가 많으며, 日本에서도 이에 따라 「圖書館・情報學」으로 改名하였다.

우리나라에 있어서도 그 필요성을 인식하여 대부분의 관계분야에 종사하는 敎授들이 1975년에 쎄미나와 토론을 거쳐 「文獻情報學」으로 改名하기로 합의하였으나 당시의 여러 가지 社會的 與件으로 공식적인 學會名稱이나 學科名稱을 改名하지는 못하였다. 그러나 금년 (1983) 5月에 韓國圖書館學會에서 다시 이에 대한 논의를 제기한 바, 역시 우선 學會名稱을 韓國文獻情報學會로 改名하자는 의견이 지배적이므로 불원간 이와 같이 改名될 것으로 예상된다.

文獻情報學의 前身이라고 볼 수 있는 종래의 圖書館學이 주로 圖書館現場에서의 실무에 필요한 專門的인 知識과 技術을 바탕으로 出現했던바와 마찬가지로 文獻情報學도 역시 이를 계승하는 실용적인 學問인 것이다. 다만 현대의 圖書館이나 情報管理機關이 종래와는 달리 모든 업무가 自動化되어가고 있고, 이에 대응하는 學問도 情報學의 理論과 方法論이 새로이 導入되므로서 그 내용이 革新되고 있기 때문에 이를 文獻情報學으로 改名하게 된 것이다. 따라서 文獻情報學은 종래의 圖書館學에 情報學의 理論과 方法論이 導入되어 새로운 체계로 展開되는 學問名稱이라고 볼 수 있는 것이다.

그러므로 文獻情報學을 理解하기 위해서는 우선 그 바탕이 되고 있는 圖書館의 本質과 현대도서관의 구체적인 기능을 이해하는 것이 보다 효과적일 것이다. 그리고 文獻情報學이 종래의 圖書館學과 情報學이 결합된 學問이라면 圖書館學은 어떠한 學問이며, 情報學은 어떠한 學問인가를 이해해야 할 것이며, 또한 이들이 어떻게 결합될 수 있는가를 이해해야할 것이다. 그러므로 다음 項에서는 圖書館과 「圖書館學」의 개요와 情報學의 개요 및 文獻情報學에 있어서 情報學의 受容可能性을 설명하고자 한다.

Ⅲ. 圖書館의 意義와 機能

1. 圖書館의 由來

圖書館이 어떻게 出現해서 어떻게 발달해 왔느냐 하는 것을 간단히 설명할 수는 없다. 그러나 대체로 根源的으로 말하면, 人類는 말(口述)에 의한 情報傳達이나 事物의 形體를 그림으로 그려서 情報를 전달하는 과정을 거쳐서 점차로 文字나 記號 등을 發明하여 이로써 어떤 資料에 모든 주요한 情報를 기록하여 他人에게 전달하게 되었다. 그런데 그 記錄情報는 거의 永久的으로 保存될 수 있었기 때문에 情報資料의 蓄積量은 눈덩이처럼 비약적으로 증대될 수 있었던 것이다. 그리하여 情報資料의 蓄積量이 점차로 증대되자 이를 個人的으로 각자가 獨占하지 않고 이를 일정한 場所나 施設에 모아두고 이용하게 함으로서 이것이 圖書館을 형성하게 된 것이라고 말할 수 있을 것이다.

이미 설명한 바 있는 人工情報 가운데 行動情報나 口述情報는 일시적으로 전달되고 그것으로 끝나고 만다. 다시 말하면 行動情報나 口述情報는 情報傳達에 있어서 時間性과 空間性이 한정되어 있다. 그러나 記錄情報는 時間的으로 영구히 保存될 수 있고, 이를 동일한 형태로 무한히 生産하여 자유로 운반해서 원거리까지도 배포할 수 있고, 어떠한 장소에서나 많은 사람들에게 읽혀서 전달될 수 있는 것이다. 記錄情報는 이와 같이 時間性과 空間性이 제한되지 않는 동시에 일시적으로 전달되는 것이 아니라, 長久한 시간에 걸쳐서 持續的으로 그리고 散發的으로 전달되는 경우가 많다. 그리하여 數百年前 또는 數千年前의 記錄情報(古文獻)가 현재도 전달되고 있으며, 그것이 소멸되지 않는 한 앞으로도 영구히 전달되는 것이다. 다시 말하면 記錄情報는 耐用性인 情報로서 항상 그 傳達이 潛在的이고 반복적인 特性을 지니고 있기 때문에 情報의 流通過程에서 언제나 누구에게나 전달될 가능성을 가지고 주어진 장소에서 머물러 있게 되는 것이다.

이러한 記錄情報가 일정한 장소에 머물러 있게 되고 그것이 점차 蓄積되어 圖書館을 형성하게 된 것이라고 볼 수 있다. 따라서 圖書館은 현재나 미래의 효과적인 전달에 대비해서 필연적으로 모든 情報資料를 蒐集하고 이를 조직하고 運營管理하여 이용자에게 전달하는 하나의 社會的 裝置가 된 것이라고 볼 수 있다.

2. 圖書館의 語源

圖書館이라는 낱말은 英語의 Iibrary, 獨語의 Bibliothek, 佛語의 Bibliothéque를 번역한 말이다.

Liarary는 본래 라틴語系의 樹皮(liber)에서 유래한 것으로 이 樹皮를 건조하여 筆寫에 사용했기 때문에 이것이 冊을 의미하게 되었고, 그 冊을 보존하는 곳을 Librarium이라고 부르고, 또한 冊에 관계하는 사람이나 書籍商, 書庫 등은 Iibrarie라고 하고, 14세기 이후부터 圖書館을 Iibrary라고 하게 된 것이다.

Bibliothek는 그리이스語의 biblos에서 유래한 낱말인데, 이것은 또한 papyrus에서 변화된 말이며, 이 papyrus 紙는 그 原料인 pap-yrus에서 由來된 말이다. 현재 英語의 paper의 語源이나 Bible의 語源도 이것이다. 이 papyrus는 최초에 말아서(卷) 사용했기 때문에 卷物(bibrion)은 冊을 의미하는 말이 되고, 두는 곳＝theke가 附加되어서 圖書館을 의미하게 되었다. 이 두 낱말은 宗教改革時代까지는 併用되었으나, 그 후에 獨·佛系에서는 Bibliothek라는 말을 사용하고 英·美系에서 는 library라는 말을 사용하게 되었다.

한편 東洋에 있어서 近世 이전에는 「圖書館」이라는 名稱이 사용되지 아니하고 「圖書館」마다 각기 다른 특이한 명칭이 주어졌다. 中國 古代의 宮中에 있었던 藏書處는 冊府 또는 策府, 秘閣, 또는 秘府, 藏書閣 또는 藏書樓 등으로 불리었다. 특히 歷代의 藏書處를 일일이 열거할 수는 없으나 그 주요한 것만을 열거하여도 각기 다른 여러 가지의 名稱을 볼 수 있다.

漢代에는 蘭臺·麒麟·石渠·天祿·石室·延閣 등이 있었으며, 齊나라에는 學士館, 梁나라에는 文德殿·華林園·秘書省 등이 있었으며, 隋나라에는 東都修文殿·東都觀文殿이 있었다. 唐나라에는 弘文閣·文德殿·四庫·十二庫가 있었으며, 宋나라에는 尊經閣·秘閣·龍園閣·天章閣·太淸樓·王辰殿·四門殿이 있었다. 明나라에는 秘閣·文淵閣·天一閣 및 萬卷堂 등이 있었으며, 淸나라에는 文淵·文源·文津·文溯·文崇·文滙·文瀾의·七閣과 昭仁殿 등이 있었고, 기타에도 수많은 民間個人의 각기 다른 명칭을 가진 藏書處가 있었다.

우리나라에는 高麗時代에 秘閣·秘書省·寶文閣·天章閣·淸讌閣·文德殿·長齡殿·重光殿·延英殿·監川閣·弘文館·崇文館·文牒所·修書院·藏經閣 등이 있었다. 朝鮮時代에 는 集賢殿·春秋館·史庫·弘文館·奎章閣·集玉齊·尊經閣·藏書閣·閱古觀 등이 있었다. 이와 같이 東洋에는 藏書處나 圖書館的인 기능을 가진 어떤 施設을 指稱하는 일반적인 통칭이 없이 각기 다른 藏書나 圖書館的인 것을 象徵하는 추상적인 명칭이 주어졌던 것이다.

그러나 東洋에 있어서 이러한 名稱은 19세기 말부터 西洋의 文化가 東洋에 도입되어 英語의 library를 처음에는 文庫·書籍從覽所·書籍館 등으로 번역되다가 1877년에 圖書館이라고 번역되어3) 그 후부터는 점차 圖書館이나 圖書室이라는 이름으로 통일되게 되었다.

3. 圖書館의 定義

圖書館은 그 發生初期에는 주로 記錄類를 축적하여 보존하고 제한된 특수한 사람만이 이용하는 곳이었다. 그러나 현대의 圖書館은 社會文化의 발전과 더불어 大衆化하여 많은 도서와 文獻資料를 수집해서 그것을 널리 民衆의 교양, 오락 및 조사연구를 위하여 이바지함으로써 人類社會의 발전에 있어서 不可缺한 文化施設로서의 地位를 차지하게 된 것이다.

圖書館에 대한 定義는 매우 다양하다. 그러나 여기에서 이들을 일일이 열거할 필요는 없으므로 이들 가운데 몇 가지 定義만 소개하고 이를 筆者任意로 정리하고자 한다.

ALA의 「圖書館用語解說集」의 圖書館에 관한 定義를 보면 "圖書館이란 ① 독서, 조사, 연구를 위해서 정리하여 管理되는 圖書 및 類似資料의 集書, ② 圖書 및 類似資料가 독서, 조사 및 연구를 위해서 정리하여 管理되고 있는 舍屋 또는 建物"[4]이라고 하였다. 이 定義를 좀 요약한다면 圖書館이란 독서, 조사, 연구를 위해서 정리하여 管理되고 있는 圖書 등의 모든 文獻資料와 이러한 모든 資料를 管理保存하고 있는 建物을 의미한다는 것이다.

日本圖書館協會의 「圖書館ハンドブシク」에서는 "圖書館은 기록된 知的 文化財를 收集, 조직, 保存하여 이용에 供하는 社會機關이다"[5]라고 하였다.

한편 韓國圖書館協會編 「圖書館用語集」에서는 "圖書館이란 圖書 및 그와 유사한 資料를 蒐集, 정리, 保管하여 독서, 조사, 연구, 參考, 趣味, 오락에 이바지할 目的으로 組織運營되는 施設"[6]이라고 하였다.

---

3) 鄭馹謨. 圖書館名稱의 變遷에 대하여. 圖書館學. 第二輯. 서울, 韓國圖書館學會, 1971, pp. 74∼76.

4) *ALA Glossary of Library Terms*. Chicago, *ALA*, 1943.

5) 日本圖書館協會編. 圖書館ハンドブシク, 改訂版. 東京, 同協會, 1960, p. 17.

　이상의 두 定義는 ALA의 定義를 표현 형식만 약간 달리하여 그 대로 답습한 것이라고 볼 수 있는데, 여하간 이 세 가지 定義는 주로 圖書館의 現象을 표현하는 定義라고 볼 수 있다.

　또한 中華書局編輯部의 「圖書館學要旨」에서는 "圖書館은 人類의 모든 思想과 활동의 記錄을 찾는 것을 目的으로 가장 科學的이요, 가장 經濟的인 方法에 의해서 그 記錄을 보존하고, 정리하여 社會의 모든 사람에게 편리하게 사용할 수 있도록 하는 기관이라"[7]고 하였다. 이 定義는 ALA의 그것과는 달리 科學的이며 經濟的인 方法에 의한 이용의 편의를 강조한 점에서 특징이 있으며, 보다 발전적인 定義라고 볼 수 있다. 그러나 이 定義도 현대적인 圖書館의 意義를 만족하게 反映시키지는 못한 것이라고 생각된다.

　圖書館이 일체의 情報를 수집하고 정리·조직하고 分析하고 정비하여 媒介하는 임무는 敎育과 調査硏究에 있어서 가장 經濟的으로 時間을 절약하여, 가장 효과적인 結果를 가져올 수 있도록 하기 위한 手段이며 方法이라고 볼 수 있다.

　그러면 敎育과 조사연구의 궁극의 目的은 무엇인가? 그것은 學術과 文化의 효과적인 발전과 人類社會의 生活의 향상에 있는 것이다. 美國의 「學校圖書館基準」에서 圖書館의 目的을 제시하는 가운데 "…끊임 없는 敎育과 文化의 成長을 권장하기 위해서 노력하고 있는 圖書館들…"[8]이라고 한 것은 이것을 가장 效果的으로 표현한 것이라고 생각된다. 또한 Lester E. Ascheim은 "圖書館은 끊임없이 事實(fact)에 對備하고 知識을 증진하고 智慧를 개발하고 이해를 深化시키는데 責任을 가져야만 한다"고 力說하였다.[9] 그러므로 일체의 圖書館業務의

---

6) 韓國圖書館協會編. 圖書館用語集. 서울, 同協會, 1966.

7) 中華書局編輯部. 圖書館學要旨. 臺北, 中華書局, 1958. p. 5.

8) The American Association of School Librarians. *Standards of School Library Programs*. chicago, *ALA*. 1960. p. 9.

9) Ascheim Lester E. Professional Librarian Education and Personnel Exchange. *The Asia-Pacific Conference on Libraries and National Development*. May

종합적인 기능은 學術과 文化의 발전을 효과적으로 촉진시키는 것이라고 볼 수 있다. 이 점은 역시 上揭의 「學校圖書館基準」에서 "……(學習)은 충분한 수의 有資格職員에 의한 奉仕, 精選된 풍부한 印刷資料와 視聽覺資料 및 學校에 있어서 이 資料들을 쉽사리 접할 수 있게 하는 整理 등……일정한 條件이 효과적으로 갖추어짐으로써만이(only when certain conditions prevail) 비로소 成功的으로 수행될 수 있다"[10]고 한데서 명확히 알 수 있다. 더욱이 이 引用文 가운데 注視되는 점은 '精選된 豊富한 資料와 이 資料들을 쉽사리 접할 수 있게 하는 整理 등이 學習에 필요한 일정한 條件'이라고 한 점이다.

　이를 援用해서 말한다면, 圖書館이 일체의 information을 수집하고 整理, 조직하고 分析하고 調整하여 媒介하는 任務는 敎育과 조사연구를 위해서 일정한 條件을 造成하는 것이라고 할 수 있다. 이 점을 더욱 명확하게 설명해준 사람은 日本의 裏田武夫이다. 그는 「圖書館과 社會」라는 記事에서 "conditioning, 즉 일정한 目的을 달성하기 위한 條件을 造成하는 작용이라고 생각할 수 있을 것이다. 마치 무한의 外界에서 일정한 空間(室內)에 들어오는 空氣를 그 溫度, 細菌, 먼지, 汚染度 등을 制御하는 air-conditioning에 비유할 수 있을 것이다. 圖書館은 무한의 資料源에서 이용자에 이르는 사이에 一定量의 資料에 관해서 收集, 조직, 配布, 해석, 指導 등의 conditioning을 造成하는 작용이라고 말할 수 있을 것"[11]이라고 하였다.

　이와 같이 圖書館이 일체의 information을 수집하고 整理, 조직하고 分析하고 調整하여 媒介하는 任務는 敎育과 調査研究에 있어서 가장 효과적인 결과를 가져올 수 있도록 最善의 條件을 조성하기 위한 手段과 方法이며, 敎育과 調査研究의 대전제는 學術과 文化의 발

30, 1969. (sheet 4)

10) The American Association of School Librarians. *op. cit.* p. 9.

11) 裏田武夫. 圖書館と社會. 日本圖書館協會編・圖書館ハンドブツク. 増訂版. 東京, 同協會, 1963. p. 27.

전에 있는 것이다.

　그러므로 筆者는 圖書館은 '學術과 文化의 효과적인 발전을 위한 最善의 條件造成에 奉仕하는 기관'이라고 定義한다.12)

4. 圖書館의 一般的機能

　일반적으로 圖書館을 情報傳達機關이라고 보는 見解가 많으나, 위에서 설명한 바와 같이 記錄情報 또는 情報資料의 特性과 그 傳達構造를 分析해 볼 때, 圖書館은 직접 情報를 전달하는 기관이라기보다는 情報傳達에 대비해서 情報資料를 統轄하는 기관이라고 보는 것이 타당할 것이다.

　여기에서 圖書館이란 圖書室이나 資料室 또는 資料센터 등을 포함하기로 한다. 현대에는 도서관의 종류가 많고 그 기능과 規模에 따라서 그 名稱도 다양하기 때문이다. 圖書館의 규모가 작은 것은 圖書室 또는 資料室이라고 하며, 보다 특정한 기능을 가지고 있는 것은 情報센터, 또는 敎育資料센터 등으로 불리고 있다. 그리하여 여기에서는 그 名稱에는 구애됨이 없이 이들을 모두 圖書館의 범주에 포함시키기로 한다.

　情報資料의 生産者와 그 전달기관에 의해서 生産되고 전달되는 情報資料는 점차 증대하여 洪水처럼 범람하고 있다. 현대와 같이 情報가 범람하기 이전에도 人間은 情報의 流通社會에서 生存하고 있기 때문에 각각 필요한 情報를 파악하고, 그것을 生活에 보람되게 하려고 강구했던 것이다. 다시 말하면, 人間은 일찍이 情報資料를 蒐集·조직·管理하는 施設을 國家나 公共團體에서 또는 私的으로 설치하고 여기에서 각각 필요한 情報資料를 수집하고, 그것을 檢索하기에

---

12) 鄭駜謨. 文化暢達을 위한 條件造成論·도협월보. 서울, 韓國圖書館協會, 1967, vol. 8. no. 3. p. 2~3.

용이하도록 조직하여 利用의 편의를 제공하는 기관을 개발했던 것이다. 그것이 현대의 圖書館 또는 情報센터인 것이다. 따라서 圖書館은 사회에 있어서의 情報의 統轄裝置로서의 기능을 하고 있는 것이다.

그러나 圖書館의 기능은 모든 館種에 공통하는 기본적인 기능이 있는 한편, 각 館種에 따라서 機能發揮의 범위, 對象, 方法 등이 다른 점이 있다. 그리하여 여기에서는 圖書館의 기본적인 一般的 機能을 설명하고자 한다.

1. 圖書館은 情報資料의 生産源과 流通構造(出版社, 印刷所, 學術機關 등)를 항상 조사하고, 資料에 대한 情報(出版案內, 目錄, 書誌, 索引 등)를 조사하여 그 도서관의 특수한 기능과 目的에 따라 이를 수집한다.

2. 蒐集된 資料가 편리하게 이용될 수 있도록 이를 체계적으로 조직하기 위해서 이를 分類 排列하고, 目錄 索引 등을 작성한다.

3. 利用者들이 신속하고 정확하고 편리하게 이용할 수 있도록 圖書館 및 文獻利用法을 지도하고 안내한다.

4. 利用者의 요구에 따라 資料를 複寫하거나 번역하거나 註解한다.

5. 情報資料의 交換, 寄贈, 相互貸借 등을 실시한다.

이상의 기능을 발휘하기 위해서 중요한 것은 圖書館이라고 하는 기구가 있어야 하고, 資料를 運營管理해야 하며, 圖書館 전 직원이 헌신적으로 奉仕해야 하는 것이다.

圖書館이 社會의 公的인 기관이기 때문에 公正하고 合理的으로 운영하기 위해서 管理가 필요한 것이다. 그리하여 최근의 運營 또는 經營은 철저한 管理가 이루어져야만 하기 때문에 管理의 槪念이 脚光을 받게 된 것이다.

관리란 말은 사무를 企劃하고 管掌한다는 의미로서 支配, 指揮, 監督主宰 등의 개념을 가지는 말이다. 최근 經營學의 발전으로 인하여 管理란 말은 經營學上 중요한 의미를 가지게 되었다.

한편, 圖書館이 이상에서 설명한 기능을 발휘하기 위해서 運營管理하는데 있어서 가장 중요한 것은 이용자에 대한 奉仕精神이다.

奉仕란 말은 英語 service의 譯語로서 聖神이나 權力者에 대해서 몸과 마음을 바치는 것을 의미한다. 그리하여 圖書館의 奉仕活動은 이용자가 필요한 情報를 신속하고 정확하고 편리하게 얻을 수 있도록 誠心誠意를 다하여 協助하는 것을 의미한다. 다시 말하면, 圖書館의 奉仕는 어떤 利害關係나 보수를 받기 위해서가 아니라 人道主義的 次元에서 獻身하는 것을 의미한다.

圖書館이 이와 같은 奉仕機關이라고 하는 것을 인식하게 된 것은 近代社會에 이르러서 비롯한 것이다. 과거의 도서관은 그 이용이 특수계급에 한정되었을 뿐만 아니라 이용자에 대한 應對도 극히 사무적이었다. 그리고 自由民主社會에 이르러서도 특히 미국에서는 도서관 이용에 있어서도 人種差別이 심했던 것이다. 그러나 그 후에 Melvil Dewey를 비롯한 先驅者들이 社會奉仕의 理念을 확대하여 도서관에 적용시키고 이를 실천하고자 했던 것이다.13) 이러한 指導理念에 따라 圖書館의 奉仕活動은 도서관원 고유의 職能으로 인식하게 되었다. 圖書館奉仕는 對人關係에 있어서 넓은 의미의 人道主義나 宗敎的인 信念을 가지지 못하면 利用者의 支持를 받을 수 없고 도서관 이용이 원활하게 이루어질 수 없는 것이다.

그리하여 圖書館職員은 이용자가 求하는 모든 情報資料를 自由로 선택하여 효과적으로 目的을 달성할 수 있도록 獻身的으로 모든 편의를 제공해야만 하게 되었다.

그러나 여기에서 주의해야 할 것은 奉仕의 精神을 誤認하여 過剩奉仕를 해서는 아니 된다. 圖書館奉仕는 利用者가 당연히 해야 할 일까지도 職員이 代行한다는 것을 의미하는 것은 아니다. 이것은 民主的 自主的으로 문제를 해결하는 현대사회의 人間形成을 해치는 것

---

13) Dizion, Sidney. *Arsenal of Democratic Culture*. chicago, 1947, p. 100~109.

이 된다. 이러한 일은 學校圖書館이나 公共圖書館에서 발생하기 쉬운 문제이다.

올바른 圖書館奉仕는 이용자의 自主性을 존중하고, 자유스럽고 快適하게 이용될 수 있는 態勢를 확립하고, 원활하게 利用目的을 달성할 수 있도록 環境과 설비를 갖추고, 資料를 풍부하게 保有하고, 필요한 職員을 배치하고, 언제나 이용될 수 있도록 이용자에게 편의를 제공하는 것이다.

그 반면에, 圖書館의 規則을 문란 시키는 일은 排除해야만 한다. 資料의 이용에 있어서 自由와 權利를 보장하는 동시에 公共施設의 질서를 지키고 資料를 애호하는 의무를 요구해야만 한다. 이것이 民主的인 社會를 형성하는 原則인 것이다.

5. 館種別 機能

1) 國立中央圖書館의 기능

國立中央圖書館은 국가에 따라서 그 성격과 기능이 다소 다르다. 예를 들면, 우리나라의 경우는 國立中央圖書館이 있고 國立國會圖書館이 따로 있어서 이 兩者가 거의 같은 기능을 가지고 있으며, 다만 國會圖書館은 國會에 대하여 立法資料圖書館으로서의 기능을 한 가지 더 발휘한다는 것뿐이다. 그리고 美國이나 日本의 경우는 國會圖書館이 국립중앙도서관의 기능을 가지며, 프랑스·自由中國의 경우는 國立中央圖書館이 있고, 英國의 경우는 大英博物館圖書館이 국가중앙도서관의 기능을 가지고 있다. 그리하여 여기서는 국가의 中央圖書館으로서의 보편적인 기능을 설명하기로 한다.

國家 中央圖書館의 기본적인 기능은 ① 立法, 司法 및 각 行政機關의 직무수행을 위한 資料를 蒐集·조직·保存하여 그 이용에 奉仕

하는 것이며, ② 일반국민들이 情報資料를 효과적으로 이용할 수 있도록 奉仕하는 것이다.

우선 立法部에 대해서 말하자면, 國會議員이 立法의 직무를 수행하는데 있어서 政府의 각 部處에서 제출한 議案을 심의할 경우 충분한 參考資料를 가지고 심의하는 것이 당연한 일이다. 물론 行政府에서 제출한 議案도 각 部處에 소장하고 있는 資料를 참고로 하여 立案되지만, 立法部는 行政府의 독선적 경향을 견제하는 입장에 있기 때문에 많은 參考資料를 분석하고 검토할 필요가 있는 것이다.

그리하여 이에 대처하기 위해서 立法調査資料를 對備해야 하며, 또한 議員이 自主的으로 立法하는 경우에도 필요한 立法調査資料 또는 議案을 起草하기 위한 調査資料로서 참고하도록 하는 것이다. 따라서 國立圖書館은 納本制度에 의해서 국내에서 생산되는 資料를 전부 보존하는 동시에 外國의 資料를 購入・交換・複寫 등에 의해서 축적하는 것이다.

司法部와 각 行政部處에 대한 奉仕에 관해 말하자면, 각 部處에는 각기 부속도서관이 있어서 이것은 원칙적으로 국가중앙도서관의 支部圖書館으로서의 관계를 가지게 되는데, 本館은 각 支部圖書館의 綜合目錄이나 一覽表類의 作成, 運用方法 및 制度의 規定, 기술지도나 연락조정 등을 실시한다. 따라서 각 支部圖書館은 資料를 자유로 相互貸出하고 교환하고, 또한 그 資料는 本館을 통하여 국민에게 널리 이용하게 할 수 있다. 이와 같이 本館의 支部館과의 交流를 통해서 國會議員이나 국민이나 각 支部館에서 요구하는 reference 또는 각 支部相互間의 reference를 신속하고 원활하게 수행할 수 있기 때문에 資料의 이용상 획기적인 效果와 能率을 올릴 수 있게 되는 것이다.

국민에 대한 奉仕에 관해서 말하자면, 국민은 누구나 직접 이용할 수 있도록 奉仕하며, 간접적으로는 公共圖書館이나 大學圖書館이나 기타의 도서관을 통해서 議員이나 官吏의 이용에 지장을 주지 않는

한, 최대한으로 이용할 수 있도록 資料의 공급이나 制度的인 면에서 奉仕하게 되는 것이다. 또한 國內外의 도서관이나 學術機關과의 相互貸借, 複寫등의 奉仕는 물론 資料調査(reference service)를 실시한다. 기타에도 出版物의 有料 또는 無料의 配布, 국내출판물의 綜合目錄이나 索引 등을 작성하여 情報資料를 편리하게 찾을 수 있도록 奉仕하고 있는 것이다. 기타에도 국가의 中央圖書館은 다음과 같은 세 가지의 독자적인 기능을 가지고 있다.

① 國內의 모든 資料를 수집하여 이를 국가의 文化財로서 영원히 保存하는 기능을 가지고 있다.

② 국가의 代表圖書館으로서 國內의 모든 圖書館이나 世界各國의 도서관 및 문화기관과의 긴밀한 연락과 協力에 노력하는 기능을 가진다.

③ 현대의 圖書館學의 선진적인 理論을 실천하는 동시에 그 실천을 통해서 도서관의 水準을 향상시키는 기능을 가지고 있다.

2) 公共圖書館의 기능

公共圖書館이란 "公衆의 敎養과 調査硏究 및 레크리에이션 등 그 이용에 奉仕함을 目的으로 하는 사실"을 말한다.14) 우리나라의 경우 공공도서관은 市立, 道立·郡立 및 私立의 도서관이 있으며, 그 기능은 대체로 동일하다,

公共圖書館은 첫째, 公衆의 敎養을 위해서 지역사회의 社會敎育機關 또는 平生敎育機關으로서의 기능을 가진다. 현대는 知識社會로서 敎育이 學校敎育으로 끝나는 것이 아니라 平生 동안 書籍을 통한 자율적인 自己敎育으로서 敎養을 넓히고 새로운 知識을 얻어서 文化市民으로서의 資質을 갖추도록 奉仕하는 것이다.

---

14) 圖書館法(法律 第1424號. 1963年 10月 8日 公布) 第3條

둘째는, 調査研究機關으로서 그 지역사회의 발전과 學術의 발전에 기여하도록 學術的인 資料를 수집하고 조직하여 調査硏究에 奉仕하는 것이다.

셋째는, 지역사회에 있어서 文化센터 또는 情報센터로서의 기능을 가진다. 娛樂的인 도서나 音樂鑑賞室 또는 영화감상실 등을 구비하여 지역사회의 市民에게 오락적 奉仕를 하는 동시에 새로운 生活情報나 시사적 및 學術的인 情報를 제공하게 된다.

이상과 같은 公共圖書館의 기능에서 문제가 되고 있는 것은 學校敎育과의 관계다. 공공도서관은 일반적으로 學校敎育에 協助하게 되어 있으나, 현재 공공도서관 이용자 가운데 學生들이 80% 이상을 차지하고 있기 때문에 공공도서관이 學校圖書館과 같은 인상을 가진다. 그러나 이 學生利用者도 그 지역사회주민의 家族이기 때문에 入館을 不許할 수는 없다. 그러므로 이에 대한 어떤 解決策을 강구해야 할 것이다.

또한 우리나라에 있어서의 공공도서관은 制度上에 몇 가지 문제가 있다. 그 첫째는 行政體系의 一元化問題와, 둘째는 공공도서관의 設置와 運營에 있어서의 財政問題이다. 우리나라의 공공도서관은 그 行政體系가 어떤 것은 市나 道의 敎育委員會 傘下에 있으며, 어떤 것은 內務部 傘下에 속해 있어서, 그 運營과 管理가 一元化되지 못하고 있다. 또한 공공도서관은 그 設置와 운영에 있어서 豫算을 확보할 法的인 근거가 없기 때문에 발전을 기대할 수가 없다.

3) 學校圖書館의 기능

學校圖書館은 현대의 學校敎育에 있어서 불가결한 必須的인 시설로서 校內의 資料센터, 校內의 指導研究機關, 지역사회의 成人讀書센터로서의 기능을 가진다.

(1) 校內의 資料센터

學校圖書館도 물론 情報資料를 수집, 조직, 保存하여 이용에 奉仕하는 기본적 기능을 가진다. 그러나 학교도서관의 資料는 敎育目的을 달성하기 위하여 圖書類 뿐만 아니라 視聽覺資料, 標本, 模型과 같은 立體的 資料와 포스터, 圖表, 拔萃資料와 같은 단편적이고 평면적인 資料에 이르기까지 보존되어 있다. 資料로서 전달되는 情報는 學生들이 직접적으로 접근하는 경우보다 대개는 敎師의 교육계획에 따라 學生에게 전달되는 경우가 많다. 따라서 학교도서관은 資料센터 또는 敎材센터라 고 볼 수 있다.

學校의 모든 敎材는 情報資料이며, 그 蒐集·蓄積·保管이 학교도서관의 업무라면 모든 資料, 예를 들면 圖書資料나 視聽覺資料를 종합적으로 일원화하여 도서관에 축적하고 상호관련적으로 처리해야 할 것이다. 또한 資料를 이용할 경우도 모든 資料를 종합적으로 제공될 수 있도록 준비하여 이용의 효과를 높여야 할 것이다.

(2) 校內의 指導硏究機關

學校圖書館은 學生들에게 情報資料와 도서관을 이용하는 방법을 지도하는 것이 중요한 기능의 하나라고 볼 수 있다. 이것은 또한 學生이 進學하여 上級學校의 도서관과 그 資料를 이용하는 방법과 기본적인 姿勢를 育成하는 것이며, 또는 社會人이 되어서는 공공도서관과 資料의 이용, 職業人 되어서는 專門圖書館과 資料의 이용, 또한 全生涯의 讀書의 習慣을 몸에 익히는 것이 된다. 일상적인 도서관이용은 어떠한 의미에서는 有形無形의 指導下에서 이루어지지만, 특히 指導의 樣態는 대체로 다음과 같이 두 가지로 구분될 수 있다.

첫째는, 問題解決을 위한 調査硏究로서 敎科學習을 위해서 문제를 해결하도록 하는 이용지도이며, 둘째는 人間으로서의 自己 人格形成을 위한 敎養讀書를 하도록 지도하는 것이다. 이러한 교양독서는 충실한 계획하에 각자 自己의 능력에 알맞게 단계적으로 그리고 효과적으로 교양을 얻을 수 있도록 지도해야 한다.

(3) 地域社會의 成人讀書施設

學校圖書館은 학교교육에 지장이 없는 한 일반대중에게 公開하는 것이 通例이며 바람직한 일이다. 外國의 경우는 學生들을 통해서 學父母나 지역사회의 住民들에게 資料를 대출하고 閱覽을 권장한다고 한다.15) 이 活動은 지역사회의 住民에게 도서관의 중요성을 인식시키고 學校敎育을 이해시키는데 효과가 있을 뿐만 아니라 社會敎育이나 成人의 平生敎育에 공헌하는 것이다

4) 大學圖書館의 기능

大學의 주요한 기능과 目的은 人的 資源을 개발하는 것이며, 知識을 保存하고 해석하고 발전시키는 것이다. 大學圖書館은 大學의 이러한 기능과 목적을 수행하기 위한 知的 資源으로서 이를 供給하고 支援하는 必須不可缺한 기관인 것이다.

그리하여 大學圖書館은 첫째, 교육적 기능을 가지며, 둘째는 조사연구를 위한 보조기능을 가지며, 셋째는 최신정보의 周知기능을 가진다고 말할 수 있다.

(1) 敎育的 機能

대학도서관은 우선 學生들에게 그들의 교양과 專攻에 필요한 文獻을 선택하여 최대한으로 수집해서, 언제나 편리하게 이용할 수 있도록 대비하고, 圖書館이 가장 기본적인 학습과 學術의 광장이 되도록 유도하고 봉사해야만 한다.

이와 같이 大學圖書館 이용은 재래식 강의방법과는 다른 하나의

---

15) 椎名六郎. 新圖書館學槪論. 東京, 學藝圖書株式會社, 1973. p. 185.

새로운 教育方法으로서의 의의를 가지는 것이다. 따라서 도서관의 司書는 教員으로서 오리엔테이션이나「도서관 편람」또는 강의 등을 통해서 학생들의 도서관 이용법과 文獻 조사법을 지도하고, 教授들에게는 강의에 필요한 새로운 자료를 안내하고 지원해 주어야 한다.

그러나 학생들이 도서관을 효과적으로 이용할 수 있도록 하기 위해서는, 教授들이 해당 강의에 관련된 자료를 事前에 조사하여 학생들로 하여금 圖書館資料를 이용해서 學問을 스스로 터득할 수 있도록 과제를 줌으로서 도서관이용의 동기를 제공해야만 한다.

가르치는 방법과는 상관없이 최종적인 성과는 學生들로 하여금 文獻을 통해서 學問에 도전하는 마음을 불러일으키게 하고, 비판적인 능력을 기르게 하여 배우고자 하는 욕망을 일깨우게 하는 것이 중요하기 때문이다.

(2) 調査研究의 補助機能

조사연구의 보조기능은 주로 교수진과 大學院生들의 문헌조사와 研究에 보조하는 기능을 의미한다. 본래 教授들은 교육하고 조사연구하고 사회에 봉사하는 사명을 가지고 있다. 그 중에서도 특히 교수들이 끊임없이 새로운 文獻을 조사하고 새로이 연구개발하지 못하면 나날이 발전하는 學問에 대처할 수 없을 뿐만 아니라 教育도 충실하게 수행할 수 없으며, 사회에 대한 봉사도 쇠약해지게 마련이다.

그러나 教授들이 教育과 조사연구에 주력하다 보면 세계 각국에서 생산되는 자기분야의 학술적인 文獻을 빠짐없이 涉獵할 수 없을 뿐만 아니라, 어떠한 문헌이 자기의 연구에 꼭 필요한 것인지 선별하기도 어렵게 된다. 그러므로 大學圖書館은 전문분야의 문헌을 가능한 최대한으로 수집하고 이를 체계적으로 정리하여 教授들이나 대학원 학생들의 조사연구에 이용되도록 대비해야만 한다.

(3) 最新情報의 周知機能

최신정보의 주지기능은 엄격히 말하자면 위에서 설명한 교육적 기능과 조사연구보조기능의 일환이라고도 볼 수 있다. 여하간 圖書館은 새로이 입수되는 최신자료를 학생이나 교수들에게 광고나 게시를 통해서 주지시켜야 한다. 특히 敎授陣에게는 전문적인 學術誌가 입수되는 즉시 이에 수록된 내용목차를 복사하여 해당 전공분야의 敎授들에게 알려주어야 한다.

현대에 있어서는 學術의 발전 속도가 너무나 빠르고 새로이 연구개발되는 결과는 주로 이러한 專門學術誌나 國際特許誌, 팜프렛 또는 뉴스레터 등에 수록되는데 이러한 학술정보를 가장 신속하게 입수하여 이를 자기의 연구에 참고하지 않으면, 자기의 연구가 이미 타인이 연구한 결과와 중복되어 헛된 노력과 경비로 낭비만을 가져오며, 학문적으로 항상 뒤질 가능성이 많기 때문이다.

5) 專門圖書館의 기능

專門圖書館은 특정한 전문분야에 한정된 主題의 情報資料를 수집·조직·축적하여 각각의 主題事項에 관한 專門家에게 봉사하는 기관이다. 특정한 研究所나 試驗所, 學會를 비롯해서 각 企業體나 會社, 銀行, 病院, 新聞社, 放送局 등에 부설된 도서실 또는 官公廳에 부속된 도서관 등이 專門圖書館에 속한다. 社會의 모든 활동이 分化되고 專門化됨에 따라 이러한 전문도서관은 더욱 증가되고 비약적으로 발전될 것이다.

專門圖書館은 각각의 전문분야의 情報資料를 수집·조직·축적하여 당해 專門家들에게 그러한 資料가 신속하고 정확하게 이용될 수 있도록 奉仕하는 기능을 가진다. 그러나 이러한 도서관은 모두가 각각 다른 目的을 가지고 그 활동도 千差萬別하며, 도서관마다 主題가 다른 資料를 수집하여 축적하고 있다.

이러한 專門圖書館은 情報센터로서 情報資料를 제공하는데 있어서 여타의 도서관에 비하여 더욱 迅速性과 正確性을 요한다. 특히 國·公·私立의 조사연구기관에서는 情報를 신속하고 정확히 입수하는 것이 生命이 되고 있는 것이다. 시시각각으로 변화하는 社會의 動向이나 科學技術의 발전, 이러한 급진적인 時代의 流動 속에서 발생하는 情報를 신속하고 정확하게 파악하여 새로운 調査硏究에 이용되도록 奉仕하는 것이 專門圖書館의 기능인 동시에 목적이므로, 이러한 情報를 신속히 수집하고 처리하여 이를 專門家나 硏究者들에게 배포하고 제공하는 것이 요망된다.

따라서 이미 설명한 바와 같은 情報센터로서의 기능을 전면적으로 發揮해야만 한다. 그리하여 어떤 部門에서는 각종의 情報處理機械를 사용하여 그 能率을 높이고 있는 것이다. 이러한 의미에서 전문도서관이 情報資料의 처리기술에 있어서 가장 발전하고 있다고 말할 수 있다.

6) 特殊圖書館의 기능

特殊圖書館이란 특수한 환경에 처해 있는 市民에게 奉仕하는 도서관을 의미한다. 전문도서관도 어떤 특수한 主題를 중심으로 資料를 축적하고, 그것이 설치된 기관에 속해 있는 특수한 사람들에게 情報資料를 제공하는 도서관이므로, 特殊圖書館의 領域에 속한다고 볼 수 있다. 그러나 전문도서관은 主題가 한정된 專門家나 硏究者들에게 奉仕하는 것이며, 特殊圖書館은 일반시민으로서 다만 특정한 條件이나 환경에 처해있는 市民을 奉仕의 대상으로 한다는 점에서 뚜렷한 차이가 있는 것이다. 따라서 特殊圖書館의 기능은 공공도서관의 기능과 대체로 동일하다고 볼 수 있다.

特殊圖書館은 敎會圖書館, 盲人들을 위한 點字圖書館(libraries for the blind), 患者들을 위한 病院圖書館(hospital libraries), 罪囚들을

위한 刑務所圖書館(prison libraries) 등이 이에 속한다. 그러나 우리
나라에는 이러한 특수 도서관이 거의 없는 실정이다.

이상에서 설명한 바와 같이 圖書館의 봉사활동은 특정한 지역사
회, 學校, 團體 및 기타의 기관을 單位로 하여 이루어지고 있으며,
현대에는 國家中央圖書館을 中樞로 하여 專門, 大學, 公共, 學校, 特
殊 등의 각종 도서관이 각기 독자적인 기능을 발휘하면서 全國의 도
서관이 유기적인 圖書館網을 형성하여 발전하고 있는 것이다. 그리
하여 이러한 도서관의 발전과 奉仕活動은 결과적으로 學術과 文化의
효과적인 발전에 기여하고 있는 것이다.

Ⅳ. 圖書館의 自動化

前章에서 설명한 圖書館의 기능을 수행하는데 있어서 종래에는 거의 모든 업무가 手作業에 의한 人力으로 처리되어 왔다. 그러나 이제는 컴퓨터의 登場과 더불어 도서관은 그 업무가 점차 自動化되어 가고 있다. 그리하여 圖書館 自動化는 컴퓨터 技術의 발전과 밀접한 관계가 있으므로 本章에서는 우선 '컴퓨터技術의 發展'과정을 설명하고, 다음에 '圖書館自動化의 意義,' 그리고 끝으로 '圖書館自動化의 發展段階'를 설명하고자 한다.

1. 컴퓨터技術의 發展

人間은 항상 生活을 보다 편리하게 영위할 수 있는 方法을 모색하고 개발해 왔다. 현대의 컴퓨터가 등장한 것도 人間의 이러한 모색과 개발의 所産인 것이다. 컴퓨터는 복잡한 數値를 신속 정확하게 처리할 수 있는 電子電算機로부터 비롯한다고 볼 수 있는데, 그 후에 그 性能을 다양하게 발전시켜서 이루어진 것이다.

최초로 生産된 컴퓨터는 '第1世代'라고 불리며, 1953년에 美國의 商業市場에 나왔고, 1960년까지 정부기관 및 몇몇 大企業에서 사용되었다. 이 컴퓨터는 眞空管과 繼電器로 작동되었고, 電壓, 습도조절, 열조절 등 條件이 까다롭고 크기가 거대했다. 그것은 速度가 느리고 값이 비싸며 정확하지도 못했다. 그러나 그 후 機械 디자인을 새로이 하고, 性能을 개발하여, 이전의 기계로서는 成就가 불가능했던 數學的 計算과 資料處理가 가능하게 되었다. 따라서 그 성공은 政府 및 産業指導者들의 관심을 끌어 계속 연구개발 할 수 있도록 財政을 지원해 주었다.

한편 1950年代 후반에 트랜지스터, diodes 및 磁氣記錄이 발전하여 컴퓨터製造業者는 속도가 빠르고, 융통성이 있고, 보다 신용할 수 있는 '第2世代' 컴퓨터를 생산할 수 있었다. 그것은 값이 더 싸고, 크기가 작아졌고, 作動이 더욱 經濟的이었다. '第2世代' 컴퓨터는 大衆으로 하여금 敎育 및 情報處理 뿐만 아니라 實業, 産業 및 行政管理의 효과적인 도구로서 인정받게 되었다. 따라서 그 이용이 급격히 증가되고 컴퓨터는 美國人의 生活에 크게 영향을 끼치게 되었다.

광범한 연구개발이 지속되어 技術의 변혁과 改善이 급속적으로 이루어져서 1965년경에는 '第3世代' 컴퓨터가 등장하였다. 이 컴퓨터는 單一回路를 사용하며, 性能이 우수하고, 作動速度가 증가되고, 價格과 에너지 소비는 줄어들었다. 商標와 모델이 각기 다른 컴퓨터라 할지라도 서로 겸용할 수 있고, 프로그래밍 技術도 개선되었다.

컴퓨터에 관련된 技術은 더욱 발전하여 1970年代 중반에 개발된 컴퓨터는 그 性能이 더욱 우수하나 아직 '第4世代'라고 불리워지지는 않는다. 그 이름이 무엇이든 간에 圖書館人에게 중요한 것은 지난 10여 년간의 많은 발전이 圖書館業務에 직접 유용하게 되어 있다는 사실이다.

現代의 컴퓨터 system은 컴퓨터와 이에 부수된 入力, 出力, 축적, 傳達裝置 등 그 구조와 作動이 몹시 복잡하다. 또한 작은 micro 또는 minicomputer로부터 記憶容量이 巨大한 컴퓨터에 이르기까지 그 모델의 크기, 性能, 價格 등 그 종류가 다양하다. 이들은 獨立的으로 사용되기도 하지만 서로 연결하여 協同的으로도 사용된다. 원거리에 있는 이용자가 電話線이나 기타 다른 遠距離通信器機를 통해서 다른

computer system에 직접 연결시킬 수 있고, 많은 system들이 수백 명의 이용자들의 일을 동시에 처리할 수 있다.

현재의 2, 3平方 피트의 面積 밖에 안 되는 minicomputer는 第1世代나 第2世代의 컴퓨터보다 더 신속하고 정확하며 多角度로 사용되고 있다. 速度가 가장 느린 모델이라 하더라도 內部의 處理速度를 100만분의 I秒로 재며, 어떤 모델은 10억분의 1秒로 나타난다. 그리하여 컴퓨터는 1秒 동안에 100만 가지의 加算도 가능하며, 컴퓨터로 1分間에 계산한 것은 手動으로는 적어도 50年이 걸린다.

여기에서는 性格上 컴퓨터 기술에 대한 상세한 설명은 할 수도 없거니와 새로운 발전이 계속되고 있으므로 어느 누구도 완전한 설명을 다 할 수는 없을 것이다. 그러나 여기에서는 컴퓨터의 基本構造와 컴퓨터에 쓰이는 몇 가지 基本用語만을 간단히 소개하고자 한다.

우선 컴퓨터는 analogy와 digital의 두 가지로 구분되며, digital은 다시 科學的(數學的)인 것과 一般用(상업, 자료처리)으로 구분된다. 그러나 오늘날의 컴퓨터에는 이 모든 것이 종합적인 것도 있다. 이들 가운데 圖書館에서 유용한 성능을 가지는 것은 digital 一般用의 컴퓨터이다.

어느 컴퓨터이든 기본적으로 資料를 system 안에 기록하는 input 장치, 入力되는 資料를 처리하여 축적하는 '기억장치'(storage), 축적된 結果를 指令에 따라 밀어내는 output 장치로 구성되어 있다.

한편 computer system을 말할 때 hard ware, soft ware로 구분하는데, hardware는 computer의 物理的 機械自體와 그 製造 開發技術을 의미하며, software 는 프로그램을 포함하는 computer 利用技術을 의미한다. 따라서 컴퓨터는 프로그램이 각 부분에 命令을 하지 않으면 稼動되지 않으며, 컴퓨터는 다양한 업무를 처리할 수 있으므로 이에 따른 다양한 프로그램이 필요한 것이다.

2. 圖書館自動化의 意義

18세기 이후의 産業革命은 기계로 하여금 人間의 힘든 肉體勞動을 덜어주고 人間肉體의 能力을 신장시키는 것이 目標였다. 그러나 최근의 컴퓨터를 중심으로 한 많은 技術의 발전은 주로 人間의 精神能力을 신장시키기 위한 것이다. 컴퓨터와 이에 관련된 기계들은 오늘날 人間의 精神的 作業을 돕는 주요한 道具가 되고 있다. 이와 같은 기계로 인해서 人間은 과거 어느 때 보다도 용이하게 원거리간의 相互通信 및 協助活動이 가능하게 되었다. 이러한 형태의 技術이 도서관의 운용관리에 급속도로 응용되게 된 것이다. 그러하여 도서관을 운영·관리하는데 돕기 위해서 컴퓨터 및 이에 관련된 道具를 이용하는 것을 일반적으로 '圖書館自動化' 또는 '圖書館機械化'라고 한다.

圖書館自動化의 의미를 좀더 구체적으로 말하자면 '圖書館資料의 수집, 정리, 축적, 藏書管理, 貸出, 參考奉仕, 도서관 간의 相互貸借 및 원거리 통신(telecommunication)을 통해서 이용자에게 도서관 자료를 제공하는데 있어서 電子 data 處理器機 및 부수기술을 이용하는 것'을 의미한다.

圖書館業務는 도서관마다 세세한 내용에 있어서는 다르기는 하나 크게 세부분으로 구분할 수 있다.

① 情報資料의 選定 및 受書

② 情報資料의 준비 처리 및 관리, 각 文獻에 대한 書誌統整(分類 目錄記錄)

③ 情報의 配布 및 奉仕를 통한 資料의 이용(資料의 貸出, 參考奉仕業務, 相互貸借, 원거리 통신에 의한 타도서관 및 情報管理機關의 資料利用) 이와 같은 범주의 奉仕活動은 도서관에 공통된 것이며, 또한 圖書館 특유의 활동이다. 다시 말하면 이러한 活動은 모든 도서관에 일반적인 것이고, 다른 기관에서는 찾아 볼 수 없는 것이다.

그러나 이상에서 설명한 圖書館의 주요 업무의 실제 내용을 크게 행정적 관리 업무와 書誌活動業務로 구분할 수도 있다. 行政的 管理業務는 人事管理, 經理會計, 注文 및 受書의 管理, 貸出記錄管理, 藏書 및 書庫管理 등이 이에 속하며, 서지활동업무는 文獻의 分類, 目錄, 索引 등의 작성, 參考奉仕, 相互貸借, 원거리 통신에 의한 타 도서관 및 情報管理機關의 자료이용 등이 이에 속한다.

일반적 行政管理業務는 어느 기관이고 중요한 것이며, 그 실제는 매우 다양하지만 도서관의 管理業務의 많은 부분이 도서관에만 국한 된 것은 아니다. 또한 行政機關, 銀行, 企業體 등의 모든 관리업무에 있어서 여러 가지 電子機械에 의한 自動化가 이루어지고 있고, 도서 관도 일반관리업무에는 이러한 技術이 이용되고 있기 때문에 여기에 서는 일반관리업무의 自動化에 대해서는 論外로 하고, 다음 項에서 는 주로 도서관 고유의 活動에 있어서의 自動化의 발전단계와 현재 의 상황 및 앞으로의 展望을 논급하고자 한다.

3. 圖書館自動化의 段階

초기의 컴퓨터 製造業者들은 도서관에서 사용할 수 있는 컴퓨터는 염두에 두지 않았다. 그러나 겨우 10年 내지 15年 사이에 그들은 情報産業이 주요한 고객이 될 수 있음을 인식하기 시작했다. 이 같은 컴퓨터製造業者 측의 무관심에도 불구하고 美國의 도서관에서는 40年前에 資料處理機械를 사용하기 시작하였다.

Texas 大學校는 1936年에 펀치카아드 貸出制를 장치하였다. 1940年代와 1950年代를 통해서 20여개의 도서관에서 貸出, 受書, 도서카 아드, 登錄, 連續刊行物所藏目錄, 도서목록, 會計處理 및 統計에 펀치카아드 기계 혹은 종이테이프 打字機를 사용하였다.

이러한 도서관들은 매일 매일의 작업에서 단조롭고, 반복적이고, 시간이 소비되는 手作業을 없애거나 줄이기 위해서 勞動節約의 方法을 모색하였다. 현재의 기준에서 볼 때 이와 같은 機械的 作業은 매우 기초적이긴 하나, 도서관은 그 당시의 技術을 받아들이기 시작했다.

1960年代 초기에 美國의 大學, 정부기관 및 상업기관에서 第2世代컴퓨터를 사들이기 시작했다. 이들의 부속도서관에서는 이것을 사용하도록 자극을 받아서 많은 도서관이 이들을 사용하기 시작했다. 초기의 unit record를 사용하던 사람들은 그들의 업무를 간단히 새로운 컴퓨터로 옮겼고, 혹은 手動의 일상적인 作業을 컴퓨터 처리를 위해서 機械可讀形態로 바꾸었다.

대개 초기의 과정은 개개의 도서관이 기껏해야 두세 가지 업무를 自動化하고자 독자적으로 노력한데 불과하지만, 1963년까지 50개 내지 75개의 圖書館에서 이러한 自動化를 시도하였다. 많은 도서관에서 '試行錯誤'를 겪고 他圖書館과의 協助도 없이 각 도서관은 처음부터 무작정 시작하는 경향이었다. 따라서 도서관을 自動化하는데 있어서는 誤謬와 좌절도 많았고 비난도 많았다. 이러한 실패에는 여러 가지 理由가 있지만 우선 '第2世代' 컴퓨터가 기본적인 圖書館의 요구를 효과적으로 經濟的으로 담당해낼 能力이 없었던 사실이 가장 큰 理由라고 볼 수 있다.

그러나 다행히도 1965년경에 '第3世代' 컴퓨터가 등장하였다. '第3世代'의 컴퓨터는 '第2世代'의 것에 비하여 hardware와 software가 改善되어 융통성과 受容力, 正確度가 커지고 값이 싸졌다. 한편 美國議會圖書館이 도서관자동화에 적극 참여하여 그 源動力이 되었다.

議會圖書館은 1958년부터 自動化委員會를 두었으나 1963년까지도 業績은 없었고, 1963년도에 外部의 연구팀이 자세한 調査와 가능성을 연구했다. 이 研究팀은 議會圖書館內의 주요 업무를 自動化하는 것이 바람직하며, 광범한 프로그램을 마련하도록 즉각적인 행동을 취할 것을 제안하였다. 여기에서 自動化의 첫째 목적은 大型研究圖書館의 큰 문제, 즉 目錄의 문제를 해결해야 한다는 제안이었다. 이

研究팀의 結論 및 提案이 1964년에 *Automation and the Library of Congress*[16]라는 출판물에 발표됨으로서 自動化에 무관심했던 도서관들도 적극적으로 관심을 가지기 시작했다.

議會圖書館이 目錄을 自動化해야 한다고 제안함으로서 기타의 도서관들은 의회도서관으로부터 自動化된 目錄을 奉仕 받을 수 있기 때문에 적극적으로 관심을 가졌던 것이다. 議會圖書館이 1901년부터 印刷카아드판매를 개시한 이래 美國內의 대개의 도서관들은 目錄의 대부분을 印刷카아드에 의존해 왔기 때문이다.

LC(Library of Congress)가 제안한대로 書誌組織 및 統整業務를 시작한다는 사실은 美國 뿐만 아니라 全世界의 도서관계에 필요한 일종의 組織과 基準을 제시해 주었고, 도서관자동화운동의 중심이 되었다. 이 때부터 개선된 技術과 의회도서관의 참여로 圖書館自動化는 전보다 生産的인 方向으로 촉진되었다.

이때부터 의회도서관 내에는 圖書館自動化委員會가 조직되었고, 첫 번째로 MARC(Machine Readable Cataloging)를 그 주요 사업으로 시작하게 되었다.

MARC는 現行 書誌情報를 機械可讀形態로 바꾸어 자기 tape에 보존하는 운용체계이다. 여기에서 生産되는 MARC tape는 加入者에게 판매하여 그들이 自身의 컴퓨터로 처리하도록 한다. MARC에 관해서는 길고 재미있는 歷史를 지니고 있으나 여기에서는 주요한 몇 가지만 소개하고자 한다.

MARC에 있어서는 우선 單行本圖書에 대한 書誌的 記錄을 처리하기로 결정되었다. MARC에는 入力要素(data element)로서 磁場(field)과 磁場의 부분에 內容 表示記號(content designators) 등을 포함하고, 出版事項은 출판지, 出版者, 출판년의 각기 다른 data element로 구분하기로 결정하였다. 이것이 單行本을 위한 MARCI 의 형식이다.

---

16) King, Gilbert W. *et al. Automation and the Library of Congress.* Washington, D. C. Library of Congress, 1963.

MARCI은 16개의 선정된 도서관에 의해서 MARC pilot project 로서 1年 이상 시험을 거친 뒤, 司書들과의 협의를 거쳐서 그 形式 이 크게 改訂되고 확장되었다. 이것이 MARCⅡ로서 오늘날 사용되 고 있는 形式이다. MARCⅡ의 기록은 印刷目錄카아드에 기입된 全 要素 및 각 field와 入力要素를 위한 적절한 표시기호와 統制, 檢索 을 위한 補助情報까지 포함하고 있다.

이 MARCⅡ의 format은 圖書館界의 인정을 받아, 1969年 3月부 터, MARC 배포사업이 시작되었다. 會員으로 加入된 도서관은 年會 費를 내고 每週 그 전주에 LC에서 目錄이 작성된 資料의 자기 tape 를 받는다. 초기의 MARC tape의 記錄은 1968年初 이후에 LC에서 目錄된 英語書籍에 국한되어 있었다. 그러나 그 후 佛語, 獨語, 스페 인어, 포르투갈어의 文獻에 대해서 새로 目錄한 것을 추가하였다. 곧 여타의 로마字 알파벳 言語가 포함될 것이며, 非로마字 言語의 도서 에까지 확대될 것이다. 連續刊行物, 지도 및 映畵資料에 대한 MARC 形式 및 별도의 배포업무가 실시되고 있으며, 筆寫本 및 音樂資料에 대한 format도 완성되었다. 이와 같은 여러 형태의 資料에 대한 format의 개발 및 배포는 전 세계에 영향을 주고 있다.

이 MARCⅡ의 형태는 미국내 도서관간의 書誌情報 交換을 위해 서뿐만 아니라 國際的으로도 인정되고 있다. 각 記錄內容의 순서와 標識가 約定形態를 따르므로 수취인은 그 내용을 정확하게 알 수 있 다. 이와 같이 함으로서 불가능하리라고 생각되었던 標準化를 이룰 수 있었다.

英國과 캐나다는 모두 英語使用 國家로서 그들의 書誌記錄을 MARC format에 맞출 수 있음을 알고 BNB MARC와 Canada MARC를 개발하였다. 사실상 英國 國立圖書館과 캐나다 국립도서관 은 정기적으로 議會圖書館과 각국의 출판물에 대한 MARC tape를 교환하고 있다. 이제 LC는 英國이나 캐나다의 資料에 대해서 自家 目錄을 작성할 필요가 없게 되었고, 타 도서관에서도 美國의 출판물에 대해서는 自家目錄을 작성하지 않고, LC의 目錄을 받아들이고 있다. 각국의 도서관은 그 自體內部의 운영상 MARC에 變形을 가할 수도 있고, 그 自身의 배포사업에서 變形을 포함시킬 수도 있다.

이와 같은 制度가 궁극적으로는 非英語使用國家에까지 확장될 수 있기를 바라고 있으나, 言語의 차이 때문에 數年은 더 걸릴 것이고, 훨씬 더 어려운 문제가 따를 것이다. LC藏書 가운데 많은 부분이 英語 이외의 言語로 된 文獻이다. LC는 수백 종의 言語와 方言으로 쓰여진 資料를 정리하며, 30종의 알파벳으로 쓰여진 약 70가지의 言語로 대강 구별한다. LC는 이와 같은 資料에 대해서 거의 自家目錄을 작성해 왔다.

각국의 국립도서관이 서로 約定된 format에 따라서 自國出版物에 대한 目錄을 작성한다면 이 世界의 쓸데없이 중복되는 目錄作成의 노력을 크게 감소시킬 수 있을 것이며, 그 결과 世界의 記錄情報의 보다 용이하고 신속한 交換이 이루어질 것이다.

예를 들면, 韓國의 국립중앙도서관이 書誌記錄의 국제교환을 위해서 韓國에서 출판되는 모든 資料에 대한 目錄作成의 책임을 질 것이다. 현재 KIET에서 컴퓨터에 축적될 한글과 漢字의 入力 프로그램이 개발되어 적용되고 있으며, 1978년도의 국내의 '定期刊行物記事索引'이 이에 따라 컴퓨터에 의해서 편찬된 바 있고, 국립중앙도서관과 국회도서관 自動化計劃을 이미 수립하고 있으므로, 이 사업이 불원간 성취될 것이다. 따라서 국립중앙도서관이 目錄作成에 있어서 國際標準 format을 사용한다면 美國議會圖書館과 같은 다른 나라의 도서관은 크게 修正함이 없이 그 目錄을 받아들일 것이다. 그리고 國內의 각 도서관도 컴퓨터나 터미널(terminal)만 설치된다면 自家目錄을 별도로 작성하여 入力하지 않고 국립도서관에서 배포되는 MARC tape를 활용할 수 있을 것이다.

한편 數年前 IFLA의 여러 分科委員會에서 單行本과 連續刊行物을 위한 國際標準書誌記述法을 개발했는데, 그것들은 각각 ISBD(M),

ISBD(S), ISBD(G)라고 알려지고 있다. ISBD는 書誌記錄의 記述에 있어서의 國際的 標準을 제시한 것이다. 單行本과 연속간행물에 대한 書誌記述의 標準은 각각 다르지만 基本原則은 동일하다.

이 두 가지다 情報記錄의 field와 field 내의 入力要素를 구분하는 標準句讀點을 사용하고 있다. 이와 같은 계획은 言語나 알파벳文字를 모르는 사람이 書誌記錄의 각기 다른 부분을 알아 볼 수 있도록 한 것이다. ISBD는 MARC의 발전과도 관련이 있는 것으로 ISBD 句讀點은 1975년도의 MARC tape의 記錄과 이 tape에서 생산된 印刷카아드에 나타나기 시작했다.

여하간 圖書館自動化는 점차 세계적으로 무르익어가고 있다. 美國의 경우는 이미 1,000여개의 大圖書館에 컴퓨터가 설치되어 自動化되어 가고 있다. 우리나라에서도 KAIST와 KIET 및 國立中央圖書館이 이미 부분적으로 自動化되고 있다. 앞으로 국제간의 書誌資料의 교환, 도서관자료의 共有, 國家 및 國際綜合目錄과 network의 형성 등 自動化事業에 참가하는 도서관간의 많은 사업들이 추진될 것이다.

Ⅴ. 圖書館學과 情報學

1. 圖書館學의 定義

圖書館學은 前章의 D項과 E項에서 설명한 도서관의 전문적인 기능을 수행하기 위해서 발단된 것으로 19세기 초에 獨逸의 Schrettinger에 의해서 唱導되었고, 19세기 말기에 美國의 Dewey와 獨逸의 Dziatzko에 의해서 현대의 大學敎育에 있어서의 制度的인 독립된 學問으로 급속히 발전하였다.

ALA의 「圖書館用語集」에 의하면 "圖書館學이란 印刷 또는 書寫된 記錄類의 인식, 蒐集, 조직, 이용에 관한 知識 및 技術"17)이라고 한다. 다시 말하면, '圖書館學은 도서관의 資料를 중심으로 한 그 認識, 鬼集, 조직, 이용에 관한 도서관에서의 실무 활동에 필요한 知識 및 技術'이라고 규정한 것이다.

한편, 우리나라에 있어서는 "圖書館學은 印刷 또는 手書된 文獻을 認識하고 蒐集, 정리, 조직, 運用하는 知識 및 技術18)이라고 정의하고 있다. 이것은 ALA의 정의를 그대로 답습한 것이다. 다만, ALA의 定義에서 '記錄類'라는 말을 '文獻'이라는 用語로 대용했고, '利用에 관한'이라는 말을 '運用하는'이라는 말로 대용했을 뿐이다.

---

17) *ALA Glossary of Library Terms*. Chicago, ALA. 1943.
18) 韓國圖書館協會編. 圖書館用語集. 서울, 韓國圖書館協會, 1966.

이상의 두 가지 定義에 있어서 '知識 및 技術'을 學問이라고 규정할 수 없는 한 論理的인 矛盾이며, 圖書館學이 체계적인 과학이 아니라는 것을 自處한 것이다. 그러나 日本의 草野正名은 "圖書館學은 도서관봉사의 체계에 대하여 研究하는 科學이다"19)라고 정의하고, "圖書館奉仕란 도서관원이 도서관에 集藏하는 모든 圖書館資料를 활용하여, 市民에게 널리 효과적 능률적인 이용에 提供하면서, 자유로운 文化的 敎育的인 service 活動을 행하는 것이다"20)라고 해설을 附記하였다. 그의 定義는 간단명료한 도서관학의 本質論이라고 볼 수 있다. 이를 다시 整理해보면 '圖書館學은 知的 文化財의 효과적 능률적인 이용을 위한 文化的 敎育的인 봉사활동의 體系를 연구하는 科學'이라고 할 수 있을 것이다.

그러면 여기에서 이러한 奉仕活動의 보다 구체적인 內容이 무엇인가? 圖書館의 봉사활동은 일체의 information을 蒐集하고, 정리 조직하고, 分析하고, 調整하여 매개하는 헌신적인 노력인 것이다. 이것은 敎育과 調査硏究에 있어서 가장 효과적인 結果를 가져오게 하는 것이다. 筆者는 이것을 '敎育과 調査硏究를 효과적으로 달성하기 위한 條件을 造成하는 作用'이라고 본다. 그리고 敎育과 조사연구의 大前提는 學術과 文化의 暢達에 있으므로 도서관학은 "學術과 文化의 暢達을 위한 條件 造成의 原理 및 그 체계와 方法을 연구하는 科學"이라고 定義한다.

---

19) 草野正明著. 圖書館學原論. 東京, 內田老鶴圃,1963, p. 23.
20) *Ibid.* p. 29.

2. 情 報 學

1) 情報學의 發端

美國의 數學者 William Goffman은 情報科學의 起元은 급증하는 科學文獻을 管制(contro1)하는데 있어서의 人間의 노력을 컴퓨터로 대치하기 위한 시도로서 제2차 세계대전과 그 餘波에서 비롯한 것으로 보고 있다.21)

컴퓨터는 1946年에 출현한 ENIAC(Electronic Numerical Integrator And Computer)으로부터 비롯하는데 그 후 약 40年 컴퓨터의 槪念도 상당히 변천되어 왔다. 우선 당초에는 計算處理가 주된 기능이었으나, 곧 이어서 大量의 사무데이터를 처리하는 統計處理的인 것으로서 발전하여 사무의 機械化를 위한 手段으로 사용되었다. 그리고 1950年代에는 生産管理 등의 管理機械的인 것으로부터 散在하는 情報集團을 유기적으로 統合하고 加工하고 分析하고 관련성의 발견이나 사회현상, 經濟現象의 시뮬레이션 등을 행하고, MIS(Management Information System)와 같은 經營管理的인 手段에도 사용하게 되었다.

美國의 圖書館學者 Jesse H. Shera에 의하면 1950年代와 1960年代 초기에 情報檢索시스템의 설계에 대한 새로운 方法을 探究하는데 科學文獻處理 專門家와 도서관 전문가가 공동으로 참여하여 이를 달성했다고 하며, 이것이 情報學이라고 하는 槪念을 導出하게 된 것이라고 한다.22)

이를 미루어 보면 컴퓨터가 발전하는 과정에서 그 能力이 다양해

---

21) Goffman, Willism. Information Science, Discipline or Disappearance? *ASLIB proceedings*. 22(1970) pp. 589~595.

22) Shera, Jesse H. *Introducation to Library Science*. Littileton, Libraries Unlimited, 1976. p. 110.

지자 文獻情報 專門家들이 '散在하는 情報集團을 유기적으로 統合하고 加工하고 分析하고 관련성을 발견'하여 효과적으로 이용할 수 있도록 情報檢索시스뎀을 설계하여 컴퓨터에 적용시켜서 그 기능을 더욱 발전시켰던 것으로 보인다.

　그리하여 情報學이 출현하는데 다음의 두 가지 영향이 컸다고 한다. 즉, 그 첫째는 이른 바 數學的 通信理論[23]이라고 하는 한 전화선의 情報 혹은 信號送信과 容量에 관한 Shannon과 Weaver의 著作이었다. 둘째는 이른바 Cybernetics[24]라고 하는 情報傳達에 관한 문제를 통일적인 입장에서 연구한 Nobert Wiener의 著作이었다고 한다.[25]

　Shannon은 數學的 通信理論에서 '情報는 일반적으로 어떤 決定을 하기 위해서 필요한 것'으로 생각하고 情報의 量을 확률적인 槪念을 기초로 하여 數學的으로 표현하였다. 그리고 그는 여기에서 情報傳達에 관한 理論을 체계화했던 것이다.

　Winer의 Cybernetics는 인공두뇌학이라고도 하는데, 이것은 人間과 기계에 있어서의 制御와 通信의 理論 및 그 技術을 연구 개발하는 것이다. Wiener는 Cybernetics에서 情報를 定量化하고자 하는 示唆와 雜音에 대한 統計學的인 理論을 수립하고, feedback 또는 合目的的 行動을 나타내는 기계에 관해서 고찰하고 있다. 그리하여 무릇 모든 조직이 활동하는 指令手段의 일체가 情報라고 생각하고 情報는 通信과 制御의 技術에 공통하는 것이라고 본 것이다. 그리하여 Shannon의 數學的 通信理論과 Wiener의 Cybernetics에 의하여 현대의 情報理論

---

23) Shannon, Claude E. and Weaver, Warren. *The Mathematical Theory of Comunication*. Urbana, Univ. of Illinois Press, 1949.

24) Wiener, Nobert. *Cybernetics*. New York, Wiley, 1948.

25) Shera, Jesse H. op. cit. p. 110.
　　Cybernetics의 語源은 희랍어 Kubernet(舵手)인데, 外部環境의 변화에 대응하면서 어떤 目的을 달성하기 위해서 최적의 動作을 취하고자 스스로 制御해 가는 데 관한 理論으로서, 이 理論은 제2차 大戰 중에 高射砲로 戰鬪機를 사격할 때 전투기의 미래의 位置를 예측해서 發射하는데서 힌트를 얻었다고 한다.

의 기초가 된 것이다.

그리하여 이 두 가지 研究는 文獻情報 研究者들로 하여금 情報檢索 分野에 있어서 그들의 作業(시스템 개발)을 진전시키는데 있어 가능한 한 有用性을 위한, 다른 分野 作業의 다양성을 探究하기 위한 想像力을 촉진시켰다.26) 이러한 모든 活動은 실질적으로 國立科學財團(National Science Foundation), 美國航空社(U. S. Air Force), 美國敎育省(U. S. Office of Education) 및 국립보건연구소(National Institutes of Health) 와 國立醫學圖書館 등의 정부기관으로부터의 先支援의 效力에 의해서 촉진되었다.27) 더욱이 당시는 스푸트니크(人工衛星) 시대로서 美國은 宇宙空間에 대한 소련과의 경쟁 때문에 政府次元에서 컴퓨터에 의한 科學的 通信의 발전에 관심을 집중시켰던 것이다.28)

그리하여 컴퓨터에 의한 情報의 蒐集, 축적, 처리 또는 情報檢索에 관한 한 초기에는 ‘文獻情報活動’(documentation)이라고 하고, 다음에는 情報檢索(information retrieval)이라고 하고, 그 후는 情報學(information science)이라고 한다.29) 현재는 情報檢索에 관한 다양한 프로그램(scheme)이 개발되었는데, 여기에서 모든 情報檢索에 통용될 수 있는 標準化問題가 대두되고 있다. 이것은 모두 코우딩(coding)문제이며, 言語學이나 數學이나 論理學이나 索引 등등의 문제라고 한다.30)

2) 情報學의 定義

情報學에 대한 定義는 다양하다. 美國의 情報學會 會長인 Robert S. Taylor에 의하면 “情報學은 情報의 本質(property)과 行態(beh-

---

26) Shera, Jesse H. *op. cit.* p. 110.

27) Shera, Jesse H. *Intraduction to Library Science*. Littleton, Libraries Unlimited, 1976.

28) *Loc. cit.*

29) *Loc. cit.*

30) *Loc. cit.*

avior), 情報의 流通을 制御하는 요인 및 최적의 接近性과 有用性을 가지도록 情報를 加工處理(processing)하는 수단을 연구하는 學問31)이라고 한다. 그리고 "情報學은 情報의 發生, 蒐集, 조직, 檢索, 해석, 傳達, 변환 및 이용에 관련된 知識의 總體를 다룬다"32)고 한다.

한편, 미국의 圖書館學者인 Phyllis A. Richmond에 의하면 "情報學은 모든 主題分野에 있어서 모든 종류의 情報의 蒐集, 처리, 축적, 操作 및 배포에 관한 知識의 總體"라고 한다.33)

그리고 역시 美國의 圖書館學者인 Jesse H. Shera는 "情報學은 커뮤니케이션 現象과 커뮤니케이션의 本質에 관한 研究"라고 한다.34)

또한, 北川敏男을 비롯한 日本의 情報學者들은 "情報學은 기계, 생체, 人間社會에 있어서의 情報의 發生, 전달, 蒐集, 축적, 처리에 관한 一般的 原理를 究明하는 새로운 學問分野"35)라고 한다.

기타에도 情報學에 대한 여러 가지 定義가 있으나 이와 같이 定義가 다양한 것으로 보아, 情報學은 그 범위가 넓고 역사가 짧으며, 아직 學問으로서의 체계가 定立되지 못했다고 볼 수 있다. 그러나 여기에서는 위에서 예시한 가운데 美國의 Taylor의 定義와 日本의

---

31) Taylor, R. S. Professional Aspects of Informatuin Science and Technology. in C. A. Cuanda (ed.) *Annual Review of Information Science and Technology.* vol. 1. New York, John Wiley & Sons, 1966.
(Informtion Science is that discipline that investigates the properties and behav ior of information, the forces governing the flow of information, and the means of processing information for optimum accesibillity and usability.)

32) *Loc. cit.*
(Information science is concerned with that body of knowledge relating to the origination, collection, organization, storage, retrieval, interpretation, transmission, transformation, and utilization of information.)

33) Shera, Jesse H. *Introduction to Library Science*, Littleton, Libraries Unlimited, 1976. p. 111.

34) *Loc. cit.*

35) 北川敏男. 情報科學の視座. 東京, 共立出版株式會社, 昭和 45(1970). p. 3~4.
大泉充郎. 情報科學の期待. 東京, 計測制御學會, 1965. 10(Vol. 4. no, 10) p. 653, 654.

北川 등의 定義를 검토하여 整理해 보고자 한다.

위의 예시에서 보는 바와 같이 이 兩者의 定義는 그 表現 方法이 다르다. 그리고 이 兩者의 定義는 근본적으로는 內容上의 차이점은 없으나 觀點에 있어서 약간 混沌하고 있다고 생각된다.

Taylor 등의 情報學의 定義를 검토해 보면 '情報의 本質'을 究明하기 위해서는 그 本質을 이룰 수 있는 屬性이 문제가 되며, '情報의 行態'를 究明하기 위해서는 情報 전반에 걸친 현상이 문제가 된다. 그리고 '최적의 接近性과 利用性을 가지도록 情報를 加工處理(processing)하는 手段을 연구'하는데 있어서, 그 구체적인 사항이 '情報의 蒐集·조직·檢索·해석·傳達·변환 및 이용에 관련된 문제'이며, 이러한 문제를 科學的으로 效果的으로 처리하는 것이 결국 '情報의 流通을 制御하는 手段'이 되는 것이다. 그러므로 이것은 중복된 표현이라고 볼 수 있다.

한편, 北川 등의 定義를 검토해 보면 '情報의 發生'문제, 즉 情報가 어떻게 발생하느냐 하는 문제를 究明하기 위해서는 情報의 屬性과 本質이 무엇이냐를 究明하는 것이 선행되어야 하며, '情報의 傳達'문제는 '情報 전반에 걸친 現象과 行態가 어떠한 것인가를 究明하는 것이 선행되어야 할 것이다.

그리고 情報學에서는 '情報의 蒐集·축적·처리에 관한 一般的 原理뿐만 아니라 Taylor 가 말한 바와 같이 조직·檢索·해석·傳達·변환 및 이용에 관한 모든 문제가 그 研究對象이 되며, 그 목적은 情報의 效果的인 이용을 위한 것이다. 그러므로 이들을 整理해 보면 '情報學은 情報의 屬性과 本質, 그 현상과 行態 및 情報의 流通을 制御하는 科學的인 手段을 연구하는 學問이다.' 그리고 궁극적으로 말하면 '情報學은 情報의 효과적인 生産과 傳達 및 그 효과적인 이용을 위한 制御 手段을 연구하는 學問인 것이다.'

情報學은 이러한 기술적 수단을 기반으로 하여 人間의 思考能力을 확대할 가능성을 추구하고자 하는 새로운 學問分野라고 볼 수 있다.

3) 情報學의 範圍

情報學의 研究對象은 광범한 分野에 걸쳐 있다. computer를 비롯한 각종의 通信器機, 自動制御機械 등의 발달과의 관련, 遺傳情報, 腦波, 大腦生理, 神經細胞, 꿀벌(蜜蜂)이나 철새(候鳥) 등의 方向感覺이나 歸巢本能, 혹은 生命의 人工合成에 관한 生物學的·生理學的 研究分野와의 관련, 人間社會에 있어서의 言語나 communication의 해명, 또한 心理現象, 記號行動, 性格形成, 集團에 있어서의 目標나 motivation의 문제, mass communication이나 mass culture의 문제, 知識社會學的 問題, 習慣, 風土的 條件 등을 포함하는 比較文化의 연구, 都市問題, 각종의 公式 혹은 非公式 組織이나 集團, 官僚制의 權限의 문제, 敎育에 있어서의 學習行動, 적응행동, 知識體系의 문제에까지 情報學的 approach의 영향을 받게 된다.36)

그리하여 美國의 情報學會 會長인 Robert S. Taylor에 의하면 "情報科學은 數學, 論理學, 言語學, 心理學, computer 工學, operations research, 도서관학, 인쇄술, 通信(communication), 經營學 및 기타의 유사분야에서 유래되었거나 또는 상호관련 된 綜合科學이라37)고 한다. 또한, Borko도 이 Taylor의 見解에 따르고 있다.

한편, Klaus Otten과 Anthony Debons는 情報學과 이에 관련된 주요한 學問을 아래와 같은 圖式으로 표시하고 있다.38)

---

36) Taylor, R. S. Professional Aspects of Information Science and Technology. in C. A. Canada (ed.) *Annual Review of Information Science and Technology* vol 1. no. 4. New York, John Wiley & Sons, 1966.

37) Borko, H. Information Science: What is it? in Arthur W. Elias (ed.) *key Papers Information Science.* Washington. D. C. ASIS. 1971. p.1~3
(Information science is an interdisciplinary science derived from and related touch fields as mathematics, logic, linguistics, psychology, computer technology, operations research, the graphic arts, communication, library science, management.)

38) Taylor, Professional Aspects of Information Science and Technology. *op. cit.* p. 6.

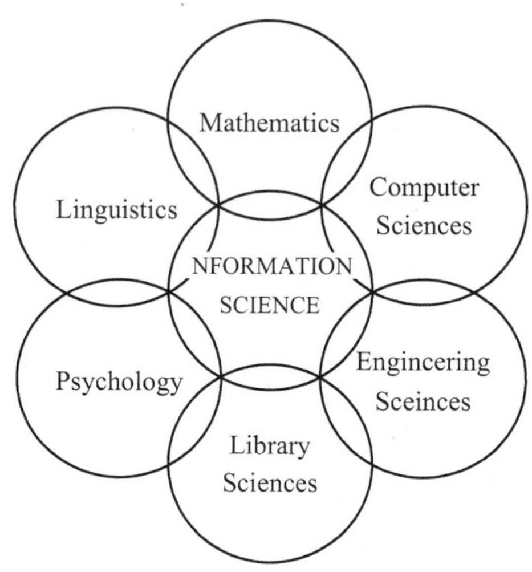

여기에서 Taylor가 열거한 諸學問分野와 Otten과 Debons가 열거한
諸學問分野를 대비해 보면, 이 兩者간에는 동일한 것이 많으나 Taylor
는 Otten과 Debons 보다 論理學, operations research. 印刷術, Commu-
nication, 經營學 등을 더 열거하고 있고, Otten과 Debons는 Taylor보
다 工學을 추가하고 있다.

3. 情報學과 文獻情報學

前章에서 밝힌 바와 같이 美國의 情報學會長인 Robert S. Taylor
는 文獻情報學이 情報學에 있어서의 한 個別科學이라는것을 示唆하
였다.39) 그리하여 Borko도 결국은 Taylor의 理論에 따르고 있으
며,40) Klous Otten 및 Anthony Debons도 이와 동일한 見解를 가지
고 있음을 보였다.41)

---

39) Borko, *op. cit.* p. 3.

40) Otten and Debons. Towards a Metascience ; Informatology. *op. cit.* p. 16.

그러나 Western Reserve University의 도서관학 교수 Jesse H. Shera와 University of California의 도서관학 교수 Raynard C. Swank는 이와는 判異한 見解를 가지고 있음을 볼 수 있다. Shera는 다음과 같이 말하고 있다.

> "情報學은 圖書館學(文獻情報學)에 대해서 對立되는 것이 아니다. 그와 는 반대로 이 兩者는 天生緣分이다."42)
> "情報學은 情報學이 기여하고 있는 여러 學問에서 理論的인 根據를 誘 導하려고 努力하고 있으며, 또한 이것은 圖書館學의 실제를 위한 理論 的 根據이기도하다."43)

이와 같이 Shera는 情報學과 文獻情報學을 두 개의 對等한 同位의 主題로서 불가분의 관계에 있다고 보고 있는 것이다. Shera의 이러 한 見解는 분명히 狹意의 情報學, 다시 말하면 computer를 중심으로 한 情報處理問題에 관한 연구분야를 전제로 한 것이라고 생각된다. 그 理由로서 Shera는 그의 동일의 論文에서 다음과 같이 말하고 있 기 때문이다.

> "情報學은 system 分析, 情報와 communication의 環境狀況, 情報 media

---

41) Shera, Jesse H. Of Librarianship, Documentation and Information Science, in *Unesco Bulletin for Libraries*. vol. 12. 1968. p. 65.
   (Information science is not antithetical to Iibrarianship ; on the contrary, the two are natural allies)
42) *Ibid.* p. 64.
   (Information science is striving to derive one a theoretical base from its contributory disciplines, and it is the theoretical base for the practice of librarianship.)
43) *Ibid.* p. 63.
   (Information science includes systemsanalysis, environmental aspects of - information and communication information media and language analysis, organization of information, man systems relationship, and the like.)

및 言語分析, 情報의 조직, 人間組織과의 관계 등등을 포함한다”

Shera가 여기에서 말한 情報學의 내용과 범위를 Taylor가 말한 情報學의 定義에 견주어 보면, Shera는 여기에서 “情報의 流通을 제어하는 要因 및 최적의 접근성과 이용성을 가지도록 情報를 加工處理하는 手段을 연구”하는 部門만을 念頭에 두고 “情報의 本質(property)과 行態(behavior)’에 관한 연구분야는 고려하지 아니 하였다. 다시 말하면, Shera는 綜合科學으로서의 情報學을 도서관학과 對等한 主題로 본 것이 아니라, 前項에서 논급한 이른바 computer 科學을 도서관학과 對等한 同位主題로 본 것이다.

한편 Swank씨는 다음과 같이 말하고 있다.

“……나는 情報學이 도서관학과 分離된 分野라고 생각하지 않는다. 情報學은 오히려 도서관학의 性格에 대한 새로운 洞察이다. 즉 더욱 광범한 槪念과 더욱 정확한 方法論과 다양한 응용에서 派生한 洞察이다. 그 내용은 도서관학의 전체적인 범위를 橫斷하고 있으며, 그 핵심적인 敎科課程을 貫通하고 있다. Documentation과 마찬가지로 情報學은 도서관학의 한 擴張이다”44)

이와 같이 Swank의 見解는 “情報學은 도서관학에 공통되는 철저한 理論과 學問 內容 및 정확한 方法을 지닌 것으로서, 도서관학의 또 하나의 擴張이며, 도서관학의 범위 안에서 다루어야 할 새로운

---

44) Swank, Raonard C. Documentation and information Science in the Core
   Library School Curriculum. in Special Libraries. January, 1967. p.41.
   (I do not believe that information science is a field separate from libraria-
   nship. It is rather a fresh into the nature of librarianship-an insight derived
   from broader concept, more exact methodologies, and more varied a-
   pplications. Its content cuts across the entire spectrum of librarianship and
   even penetrates the core curriculum. Like documentation, it is an extension of
   librarianship.)

分野"라고 생각하고 있는 것이다.

Swank씨의 論旨는 도서관학이 적용하는 도서관과 情報學이 적용하는 情報機構(information systems)를 대비해 볼 때 "藏書構成의 과정, 조직 및 效用은 모든 도서관과 情報機構에 共通"하는 것이다.45) 또한 記錄된 知識과 그 이용자, 그 知的인 機構 및 奉仕機關, 이 세 가지 점에서 도서관학과 情報學이 共通한다."46) 그러므로 情報學을 도서관학의 敎科課程에서 다루어야 한다는 것이다.

이와 같이 Swank의 주장은 非論理的인 측면이 있으며, 다분히 我田引水格이다. 情報學이 도서관학과 공통하는 국면이 있다고 해서 情報學을 도서관학에서 다루어야 할 새로운 分野이며 도서관학의 확장이라고 주장할 수는 없다. 그러나 筆者는 여기에서 도서관학의 敎科課程에서 情報學을 다루는 것이 不合理하다는 것은 결코 아니다. 우리가 도서관학의 敎科課程에서 情報學을 다루는 것은, 다만 Swank의 주장처럼 새로이 확장된 分野이기 때문에 다루는 것이 아니라는 점이다. 綜合科學으로서의 情報學은 그것이 形成된 歷史는 짧다 할지라도 도서관학의 上位의 主題로서 그 理論과 方法이 필요하기 때문에 이를 導入하는 것이다.

情報學이 문헌정보학의 上位主題라고 하는 論理는 Taylor, Borko, Otten 및 Debons의 理論을 빌리지 않는다 할지라도 Swank 自身이 말한바와 같이 '情報學의 理論과 內容이 도서관학과 공통하는 것'이라면 이 兩者가 각각 포괄하는 學問의 범위를 대비해 보아도 알 수 있을 것이다.

前項에서 밝힌 바와 같이 Taylor에 의하면, "情報學은 情報의 本質과 行態, 情報의 流通을 제어하는 要因 및 최적의 接近性과 利用性을 가지도록 情報를 加工處理하는 手段을 연구하는 學問이다."47)

---

45) *Loc. cit.*

46) *Loc. cit.*

47) Taylor. Professional Aspects of Information Science and Technology. *op. cit.*

또한 北川敏男에 의하면, "情報學은 기계, 생체, 人間社會에 있어서의 情報의 發生, 전달, 蒐集, 축적, 처리에 관한 一般的 原理를 구명하는 學問이다."48)

이에 대해서도 文獻情報學은 "文獻을 인식하고 蒐集, 정리조직, 運用하는 方法을 연구하는 科學이다."49) 여기에서 '文獻'을 '기록된 정보'라고 본다면, 文獻情報學은 '기록된 정보를 認識하고 蒐集, 정리조직, 運用하는 方法을 연구하는 科學이다.'

그리하여 文獻情報學의 범위를 Taylor의 情報學의 定義에 대비해 보면, 도서관학은 '情報의 流通을 제어하는 要因 및 최적의 접근성과 이용성을 가지도록 情報를 가공 처리하는 수단을 연구하는 學問 分野에 속한다. 그리고 '情報의 本質과 行態'에 관한 문제는 연구대상으로 삼았던 分野가 아니다.

圖書館學은 '情報의 流通을 제어하기 위해서 또는 최적의 接近性과 利用性을 가지도록' 하기 위해서, '기록된 정보를 인식하고 蒐集, 정리조직, 運用하는 方法'을 연구하는 것이다.

또한 北川의 情報學에 대한 定義에 대비해 보면, 도서관학은 情報學에 있어서의 '情報의 蒐集, 축적, 처리에 관한 研究'분야와 공통한다. 情報學에서의 '情報의 축적, 처리'는 圖書館學에서의 '文獻의 정리조직' 즉, 分類와 目錄編成에 의한 文獻의 처리에 해당하는 것이다. 그러므로 도서관학에서는 '情報의 發生과 行態'에 관한 문제는 연구대상이 아니었다.

그리하여 情報學을 情報의 발생(또는 屬性과 本質)에 관한 연구 분야, 情報의 傳達(또는 現象과 行態)에 관한 연구 분야 및 情報의 流通制御에 관한 연구 분야로 3대 구분한다면, 圖書館學은 情報學에

---

p. 6.

48) 北川敏男. 情報科學の視座. 東京, 共立出版株式會社, 1970. p. 3～4.

49) 鄭駜謨. 學問名稱으로서의 文獻科學에 대한 再考. 도협월보. 서울, 韓國圖書館協會, 1972. 9(vol. 13. no. 9) p. 16.

있어서의 情報의 流通制御 또는 蒐集, 축적, 처리에 관한 연구 분야였다고 보는 것이 타당할 것이다.

솔직히 말해서 이른바 도서관학은 원래 分類法과 目錄法 즉, 體系書誌學이 그 핵심이며, 여타는 도서관의 실무활동에서 당면하는 현실적인 문제들을 해결하기 위해서 필요하기 때문에 점차로 도입된 것이라고 볼 수 있다. 圖書館 管理法이라든가 운영법 등은 行政學이나 經營學에서 導入된 분야이다.

그리하여 圖書館의 실무활동에서 요구되는 數種의 學問을 종합하여 도서관학이라는 名稱이 주어졌기 때문에 '圖書館學이 學問 또는 科學으로서의 原理나 目的이 一貫하는 체계를 수립할 수 없었으며, 이로 인해서 원래부터 그 本質과 體系가 문제가 되어, 오랫동안 圖書館學이 學問이나 技術이나 知識이나 하는 論議와 批判이 계속되어 왔던 것이다.[50]

그리하여 圖書館學에서 情報學을 도입하는 것은 Swank의 주장처럼 새로이 확장되는 分野로 생각할 것이 아니라 情報學의 理論과 方法을 기초로 한 새로운 學問으로 體系化시켜야 할 필요성이 있기 때문이다. 따라서 현대의 도서관학의 敎科目 속에는 情報學的인 分野의 敎科目이 상당히 도입되고 있다. 예를 들면, 本書에 있어서 第1篇의 情報化社會, 第2篇 가운데 索引作成法, 自動化目錄法, 目動化索引法, 情報管理論, 情報檢索論, 등은 종래의 도서관학에는 포함되지 않았던 것으로서 近年에 情報學分野에서 導入된 敎科目이라고 볼 수 있다.

이와 같이 현대의 도서관학은 情報學의 要素가 상당히 導入되어있고 도서관학은 본래 그 名稱 자체도 非論理的이며, 더구나 情報學의 理論과 方法論에 따라 새로운 理論體系로 형성되는 學問名稱으로서는 더욱 不合理하기 때문에, 이를 "文獻情報學"이라고 命名하는 것

---

50) 稚名六郎. 圖書館學槪論 東京. 學藝圖書株式會社, 昭和 35(1960) p. 21~22.

이다. 그리고 위에서 보는 바와 같이 文獻情報學은 情報學에 속하는
그 下位主題라고 볼 수 있다.

Ⅵ 文獻情報學의 體系

　종래의 圖書館學의 體系에 대해서는 學者에 따라 見解를 달리 하고 있으나51) 筆者는 현재의 文獻情報學의 研究分野를 ① 歷史的研究, ② 理論的研究, ③ 情報資料源研究, ④ 情報處理研究, ⑤ 利用 및 傳達方法研究, ⑥ 運營管理研究등 크게 여섯 가지로 구분하고, 그 體系를 다음과 같은 圖式에 따라 설명하고자 한다.

文獻情報學의 體系

```
                         ┌ 情報傳達手段發展史 ┌ 文字史    印刷史
                         │                    └ 書寫史    情報技術史
A. 歷史的 研究           │
                         │ 圖書館史          ┌ 校勘學史  書誌學史
                         └ 文獻情報學史      │ 板本學史  圖書館學史
                                             └ 目錄學史  情報學史

                         ┌ 情報生産源調査論
                         │ 情報環境論
B. 理論的 研究           │ 學術情報流通論
                         └ 文獻情報學研究方法論

                         ┌ 情報傳達理論(communication)
C. 情報資料源研究        └ 情報資料選擇論
```

---

51) 鄭駍謨. 圖書館學의 새로운 體系·中央大學校論文集, 第14輯. 서울, 中央大學校 出版局, 1969, pp. 65～90. 참조

D. 情報處理研究 { 文獻分類法　目錄組織論　自動化目錄法
索引作成法　自動化索引法

E. 利用·傳達方法研究 { 讀書指遵論　參考文獻調査論
主題別文獻論　情報檢索論

F. 運營管理研究 { 圖書館運營論　業務組織管理論
情報管理論　情報政策論

1. 歷史的　研究分野

　文獻情報學의　歷史的　背景을　연구하는데　있어서는　理論上　종합적으로　연구하는　방법도　있을　수　있으나　이에　관련된　歷史가　너무나　長久하고　복잡하기　때문에　이를　① 情報傳達手段發展史　② 圖書館史　③ 文獻情報學史로　구분하여　연구되는　것이　바람직하며, 또한　그러한　경향이　관례가　되고　있다. 다음에　이　세　가지　分野에　대하여　간단히　설명하고자　한다.

1) 情報傳達手段의　發展史

　情報傳達手段은　다양하고　복잡하게　발전되어　왔다. 우선　人間의　情報傳達에　있어서　가장　기본적인　미디어는　言語와　文字·記號이다. 그리하여　이　言語와　文字·記號의　발전과정을　밝히는　研究가　필요하다. 이러한　研究는　文獻情報學的인　측면에서　보면　종래에　東洋에서는　前項에서　설명한　校勘學·板本學·目錄學에서, 그리고　西洋에서는　書誌學에서　부분적으로　다루어진　것으로　보이며, 기타에는　주로　文字史나　言語學史라는　主題로　다양하게　研究되어　왔다고　볼　수　있다. 本書에서는　第3篇「圖書館의　略史」에서　文字史가　散發的으로　논급되었다.

둘째는 이러한 文字나 記號 등으로써 情報를 記錄한 記錄資料의 발전과정과 記錄手段의 발전과정, 그리고 이러한 과정에서 發明된 印刷術과 그 발전과정을 밝히기 위한 연구가 필요하다. 이러한 研究는 역시 文獻情報學的인 측면에서 보면 종래에 東洋에서는 前章에서 설명한 바 있는 校勘學・板本學・目錄學, 그리고 西洋에서는 書誌學에서 부분적으로 다루어진 것으로 보이며, 기타에는 주로 書寫史, 圖書史, 또는 印刷史라는 主題로 다양하게 연구되어 왔다고 볼 수 있다. 本書에서는 第2篇 第Ⅷ章 「文獻情報學의 略史」와 第3篇 圖書館略史에서 散發的으로 논급되었다.

셋째는 제2차적인 情報傳達手段으로서 電信, 電話, 라디오, TV, 錄音, 錄畵, 無線通信, 테렉스, 컴퓨터 등에 의한 情報의 發信, 受信 및 蒐集 축적 처리 등에 관한 技術의 발전과정을 밝히기 위한 연구가 필요하다. 이러한 研究는 종래의 도서관학 분야에서는 볼 수 없고, 情報學分野에서 상당한 文獻이 나타나고 있다. 本書에서는 「文獻情報學의 略史」와 「圖書館의 略史」에서 산발적으로 설명되어 있다.

2) 圖書館史

圖書館은 東西洋을 막론하고 古代에도 그 名稱이 다양했고 현대에도 여러 가지 名稱이 나타나고 있으나, 여기에서 말하는 圖書館史는 文獻情報運營管理機關의 발전과 그 활동의 歷史라고도 말할 수 있다. 이러한 의미에서의 圖書館史는 각 시대의 文化的 樣相과 도서관의 施設規模, 그 활동 범위와 意義 등을 밝히는 것으로 그 연구 범위가 넓고 복잡하므로 古代부터 中世까지는 전반적으로 다룰 수 있으나 近世 이후부터는 文化圈 單位나 國家單位 또는 한 國家의 한 時代別로 연구하는 것이 바람직하다. 그리하여 현재까지는 예를 들면 東洋圖書館史, 中國圖書館史 또는 각 國家別 圖書館史에 관한 文獻이 상당히 나타나고 있다. 本書에서는 第3篇 「圖書館略史」가 이

分野의 개요를 밝힌 것이다.

3) 文獻情報學史

文獻情報學史는 물론 文獻情報學의 歷史的 발전과정을 밝히는 것이다. 그러나 文獻情報學은 그 歷史가 長久할 뿐만 아니라 연구대상의 범위도 時代에 따라 다소 다르다고 볼 수 있다. 그리하여 古代에는 주로 圖書나 記錄資料만을 연구대상으로 하였고, 近世 이후부터는 圖書나 記錄資料 이외에 도서관의 運營管理問題까지 그 대상이 되었으며, 현대의 文獻情報學에는 더욱 科學的인 要因이 적용되고 그 연구의 범위도 더욱 확대되었다고 볼 수 있다.

또한 다음章의 文獻情報學의 略史에서 보는 바와 같이 學問의 名稱도 東西洋을 막론하고 수차에 걸쳐서 변천되어 왔다. 따라서 文獻情報學史는 東洋의 경우는 古代부터 近世 이전까지는 校勘學史, 板本學史, 目錄學史라는 이름으로 불리울 수 있고, 西洋의 경우는 書誌學史로 불릴 수 있으며, 近世 이후부터는 東西洋 공히 圖書館學史 및 文獻情報學史로 呼稱되는 것이 바람직할 것이다. 다시 말하면 校勘學史, 目錄學史, 書誌學史, 圖書館學史는 모두 文獻情報學史에 포함되는 것이다.

中國圖書館學會의 「圖書館學」에서는 校讎學史, 目錄學史 등을 圖書學史라는 主題로 群別하여 이를 圖書館學史와 구분하고 있으나[52] 圖書學(校讎學, 目錄學 등을 포함하는)이 도서관학의 先祖로서의 連繫性을 가진다고 본다면 圖書學史와 圖書館學史를 굳이 구분할 필요가 없을 것이다.

이러한 要旨에서 本書에서는 第2篇 第Ⅷ章에서 文獻情報學의 略史를 설명하고자 시도하였다.

---

52) 中國圖書館學會編著. 圖書館學. 臺北, 臺灣學理書局, 中華民國 63 (1974) p. 61.

2. 理論的 研究分野

모든 學問에는 각각 그 學問의 기본적인 原理와 理論 또는 그 學問의 客觀的 安當性을 입증할 수 있는 理論體系가 있고, 각 學問의 分科學에도 각각 기본적인 理論이 있다. 따라서 文獻情報學의 경우도 예외가 될 수 없다. 그리하여 文獻情報學도 이 學問 전반에 걸친 기본적인 原理나 이 學問의 객관적 타당성을 論證할 수 있는 理論體系가 있고, 文獻情報學에 속하는 分類法이나 目錄組織論이나 索引作成法이나 參考文獻調査論 등 모든 敎科에 각각 그 기본적인 理論이 있다.

그러나 여기에서 말하는 理論的 研究는 文獻情報學 전반에 관계되는 기본적인 理論을 의미한다. 그리하여 이러한 理論은 情報理論, Communication論, 文獻情報環境論, 學術情報流通論, 文獻情報學研究方法論 등으로 구분해서 생각할 수 있으나 이러한 理論體系가 아직 定立된 것이 아니며, 이것은 오직 筆者의 鄙見일 뿐이다.

그리하여 앞으로 文獻情報學의 理論體系를 定立하기 위해서는 文獻情報學의 源流인 校讎學, 板本學, 目錄學, 書誌學, 圖書館學 등의 기본적인 理論들을 종합적으로 分析하고 현대의 情報學理論을 導入하여 이를 體系化하여야 할 것이다.

한편 현재까지의 이에 관련된 理論으로서는 Pierce Butler의 *Introduction to Library Science*[53]와 Ranganathan의 *The Five Law of Library Science*[54]가 古典的인 意義를 가질 것이다. 그리고 本書에서는 第 1篇 情報化社會 전체와 第 2篇의 1章. 文獻情報學의 意義, Ⅶ章 文獻情報學의 略史가 이러한 기본적인 理論이 될 것이다.

단, 여기에서 情報傳達理論에 관해서는 상당한 文獻이 있으나 이들은 거의 文獻情報學的인 입장과는 달리 매스컴理論的인 관점에서

---

53) Butler, Pierce. *An Introduction to Library Science*. Chicago, ALA, 1933.
54) Ranganathan, Shigali R. *The Five Law of Library* Science. Mad ras, 1931.

본 것이다. 그러나 이러한 文獻이 文獻情報學에서도 많은 참고가 될 것이다.

文獻情報學 研究方法論은 文獻情報學의 연구에만 한정된 고유한 것은 아니다. 그러므로 文獻情報學을 연구하는데 있어서는 모든 다른 分野의 研究方法이 적용될 수 있는 것이다.

본래 學問研究란 여러 가지 學問分野에서 아직 밝혀지지 않은 사실이나 知識 또는 어떤 問題의 解決策을 찾아내는 작업이라고 말할 수 있다. 이러한 研究는 막연한 추측만으로 이루어질 수 없으며, 우선 이러한 것들을 찾아낼 수 있는 실마리 즉, 端緒나 뚜렷한 사실이나 豫測이나 假定 등에 따라서 그 가능성을 事前에 檢討해야 한다. 따라서 어느 정도의 가능성만 있으면 이를 確認할 수 있는 根據資料를 빠짐없이 蒐集해서 이를 分析하고 評價하여 그것을 객관적으로 명확하게 立證할 수 있어야만 한다. 그리하여 이러한 證據資料를 조사하여 蒐集하고 이를 分析하고 評價하는 方法은 대단히 다양하다. 그러나 이러한 方法 가운데 傳統的인 方法을 크게 구분해 본다면 다음과 같다.

　　1) 文獻資料를 근거로 하는 研究方法(文獻的 研究方法)
　　2) 實態調査資料를 근거로 하는 研究方法(實態調査法)
　　3) 科學的 實驗結果의 資料를 근거로 하는 研究方法
　　4) 事例研究法(case study)

예를 들면 文獻的 研究方法은 文獻의 記錄을 分析하고 評價해서 얻은 어떤 結果를 근거로 하여 연구하는 方法이지만 어떤 研究이든 반드시 한 가지 研究方法만을 적응하는 것이 아니라, 필요에 따라서는 두 가지 이상의 研究方法이 적용될 수 있으며, 이상에 예시한 研究方法 이외에도 경우에 따라서 효과적인 다른 方法을 적용할 수도 있다.

이러한 硏究方法에 관해서는 현재 여러 가지 主題分野에 있어서의 다양한 文獻이 있다.55)

3. 情報資料源硏究

情報資料源에 관한 硏究는 ① 情報生産源調査論과 ② 情報資料選擇論 ③ 收書政策論(또는 藏書構成論) 등으로 구분해서 생각할 수 있다.

1) 情報生産源 調査論

도서관이나 情報管理機關에서 情報資料를 수집하기 위해서는 우선 情報資料生産源에 관한 조사와 연구가 필요하다. 이러한 조사와 硏究는 情報資料의 質과 量, 그리고 종류나 主題의 측면에서 國內外에 걸쳐서 조사하고 연구되어야만 한다.

그러므로 文獻情報學에 있어서 記錄情報의 生産에 관한 硏究分野로서 중요한 측면은 모든 記錄情報가 生産되고 流通되는 物量的인 狀況에 관한 調査硏究라고 볼 수 있다. 이러한 調査硏究는 近年에 이르러 頭角을 나타내고 있는 이른바 情報産業이나 知識産業이 그것이다. 다시 말하면, 記錄情報의 生産을 産業的인 측면에서 調査하고 연구하는 분야이다.

---

55) 學術論文作成法. 中央大學校學術論文作成法編纂委員會. 서울, 中央大學校, 1979. p. 278.
Downs, Robert. *Haw to do Library Research. Urbana*, University of Illinois press, 1966.
Hillway, Tyrus. *Introduction to Research.* 2d ed. Boston, Houghton Mifflin, 1964.
Morse, Grant W. *The Concise Guide to Library Research.* New York, Washington Square Press, 1966.
Ross, Robert. *Research: An Introduction.* New York, Harper & Raw, 1974.

그리하여 여기에서는 모든 主題分野에 있어서의 學者人口, 敎育機
關, 출판기관, 新聞社, 잡지사, 放送局, 통신망 등의 모든 社會文化活
動에 대한 과거나 현재의 狀況 및 미래의 展望 등을 조사연구하고
있는 것이다. 이것은 記錄情報를 統轄하는 手段과 方法을 연구하는
데 있어서 가장 기초가 되는 중요한 硏究分野라고 볼 수 있다. 이러
한 文獻도 稀貴한 편이나 몇 가지 文獻을 그 예로 들 수 있다.56)

2) 情報資料 選擇論

第1篇 第Ⅳ章 '情報의 價値와 效用'에서 설명한 바와 같이 情報資
料가운데에도 ① 有益하고 필요한 情報가 있는 반면에, ② 無意味하
고 無價値한 情報도 있으며, ③ 불필요하고 有害한 '情報도 있기 때
문에 記錄情報에 있어서도 '有益하고 필요한 情報'만을 선택하여 수
집한다고 하는 것이 중요한 문제가 된다.

그리고 도서관의 規模나 性格 또는 目的에 따라서 수집되는 記錄
情報의 量과 質, 그리고 종류의 면에서 각기 다르기 때문에 選擇과
수집의 문제는 多角度로 연구되어야만 한다. 예를 들면, 국가의 中央
圖書館과 같이 大規模의 종합적인 도서관에서는 豫算만 허용된다면
兒童들이 필요한 圖書에서부터 專門的인 學者들을 위한 高度의 學術
的인 文獻에 이르기까지, 모든 主題分野에 걸쳐서 記錄情報의 質的
인 선택만이 문제가 된다. 다시 말하면, 잠재적인 이용자 가운데 어
느 누구에게든 유익하고 필요한 記錄情報라면 선택하고 수집해야 한
다. 그러나 學校圖書館이나 兒童圖書館 또는 각 主題分野의 專門圖
書館은 각각 그 이용대상자가 다르고 또한 豫算規模가 다르기 때문

---

56) Machlup, Fritz. *The Production and Distribution of Knowledge in the United
States*. Princeton, Princeton University press, 1962.
　　島矢志郎. 情報産業. 東京, 日本經濟新聞社, 1970(システム産業, ハリンズ). 額田巖.
　　成田寅彦 共著. 知識産業社會. 東京, 産業能率短期大學出版部 1971.

에, 記錄情報의 質的인 문제와 主題의 범위에 관한 문제, 그리고 學術的인 水準의 문제 등이 중요한 연구과제로 제기되는 것이다.

현재까지 이 分野에 대한 연구의 敎科名은 ‘圖書選擇(Book Selection)’또는 ‘收書政策(Acquisition of Books)’ 등으로 呼稱되고 있으며, 이 分野의 文獻은 상당히 많다.57)

4. 情報處理 研究

情報資料가 수집되면 이를 신속히 檢索될 수 있도록 體系的으로 組織하고 축적하여야만 한다. 이러한 組織과 축적을 위한 手段과 方法은 多樣하나 이를 크게 두 가지로 구분해서 생각할 수 있다. 그 하나는 情報資料를 체계적으로 질서정연하게 排列하기 위한 分類方法이며, 다른 하나는 이렇게 분류 배열된 情報資料를 신속하게 효과적으로 檢索할 수 있는 媒介道具로서의 目錄이나 索引 등의 作成方法과 기계적으로 처리하는 自動化目錄法과 自動化索引法이다.

1) 分 類 法

情報資料의 生産量이 급진적으로 증대하고 도서관에서 수집·축적하는 情報資料가 대량으로 증가함으로써 이용자의 요구에 대응하는

---

57) Bonny, Harold V. *A. Manual of practial Book Selection for Public Libraries*. London, Grafton, 1939. 193p.
Haines, Helen E. *Living with Books*. 2nd ed. New York, Columbia University, Press, 1955. 610p.
Wellard, James H. *Book Selection, its Principlis and practices*. London, Grafton 1939. 205p.
彌吉光長. 新稿圖書の選擇. 東京, 理想社, 昭和 36(1961) 32. p.
出口一雄. 良書の選びかた. 東京, 河出書房, 昭和 31(1956). 250p. (現代敎養文庫)
竹林熊彦. 圖書の選擇. 東京, 蘭書房, 昭和 30 (1955). 280p.

情報제공이 곤란해지고 檢索에 있어서 시간을 요하게 된다. 그리하여 情報資料를 신속하게 檢索할 수 있도록 체계적으로 배열하기 위해서 分類하는 方法이 고안된 것이다. ALA의 定義에 의하면, 圖書館에 있어서의 資料의 分類는 "主題 또는 形式에 따라서 圖書 및 기타의 資料를 편성하기 위한 체계적인 조직"58)이라고 하며, 日本의「ドキュナンテーション用語集」에 의하면 "資料를 群(group)으로 구별하는 것," "관련된 主題群의 체계적인 구분" 또는 "文獻의 편성이나 조직에 대한 一覽表59)라고 定義하고 있다.

이상의 定義에서 보는 바와 같이 分類란 資料를 체계적인 조직에 따라서 分類하고, 동일한 主題와 동일한 內容의 것을 일정한 位置에 集結하여, 신속히 이용될 수 있도록 축적의 秩序를 정비하고 조직을 완비하는 것이다. 그리고 이러한 조직체계를 分類表라고 하며, 이에 따라서 資料를 처리하는 技術을 分類作業이라고 한다. 이러한 文獻分類의 發想은 古代로부터 발전하여 歷代로 많은 分類法이 考案된 것이다.

(1) 西洋의 分類法

Sayers에 의하면 도서관의 分類는 古代의 Assyria의 Assurbani-pal王 圖書館(BC 1640년경)에서 비롯한다고 한다. 이에 의하면 資料를 ① 歷史, ② 法律, ③ 科學, ④ 魔術, ⑤ 敎養, ⑥ 傳說 등 6區分으로 分類했다고 한다.60) 또한 Alexandria 圖書館의 Callimachus(BC 310~240)는 資料를 ① 詩, ② 歷史, ③ 哲學, ④ 修辭, ⑤ 雜錄의 5區分으로 分類하였다고 한다.61) 그 후 10세기에 Lorsch 修道

---

58) *ALA Glossary of Library of Library Terms*. Chicago, ALA, 1943. p. 30.

59) 日本圖書館協會. ドキュメンテーション用語集. 東京, 同協會, 1968.

60) Sayers, Barwich W. C. *An Introduction to Library Classification*. 8th ed London. 1950. p. 78.

61) Themson, Jarmes W. *Ancient Libraries*. Berkle, Univ. of California, 1940.p. 79.

院圖書館에서는 장서를 다음과 같이 5主題로 分類하였다. ① 祈禱書, ② 舊約·新約聖書, ③ 歷史·地理書, ④ 敎父의 著書, ⑤ 聖徒와 詩人의 生涯.

그 후 12세기경 中世의 도서관이 발전함에 따라 다음과 같이 7개의 類로 分類하는 방법이 標準化되었다

① Archives
② Scriptural Texts and Commentaries
③ Constitutions
④ Council and Synodal Proceedings
⑤ Homilies and Epistles of Fathers
⑥ Lectionaries
⑦ Legends and Martyrdom

이상의 두 가지 分類法은 주로 宗敎書籍의 分類이고, 일반적인 文獻의 分類法은 17세기에 France의 Gabriel Naudé의 分類法에서 비롯한다고 볼 수 있다. 그는 Mazarin Collection을 다음과 같이 12의 主題로 分類하였다.

① Theology
② Medicine
③ Bibliography
④ Chronology
⑤ Geography
⑥ History
⑦ Military Art
⑧ Jurispundence
⑨ Council and Canon Law
⑩ Philosophy
⑪ Politics
⑫ Literature

또한 16세기에 Gesner의 Bibtlioheca Universalis 分類法을 비롯해서, 19세기 초 T. H. Horne 의 British Museum 分類法과 Edward Edwards의 分類法, J. D. Brown의 분류법, Harries의 分類法, Bliss의 분류법 등 많은 分類法이 있으나 현대에 있어서는 주요한 5, 6종

의 分類法으로 집약될 수 있다.

(2) 東洋의 分類法

한편 中國에서는 BC 240년경 前漢의 劉歆이 七略을 편찬하였다. 이 「七略」은 당시의 文獻들을 각 주제분야로 分類하여 각각의 文獻을 약술한 目錄으로서 그 개요는 輯略, 六藝略, 諸子略, 詩賦略, 兵書略, 數術略, 方技略으로 分類되어 있다. 동양에 있어서는 이 「七略」이 현재까지 알려진 최초의 分類法 또는 目錄法으로서 후대에 많은 영향을 끼친 것이다.

그후 宋나라 시대(5세기)에 「七志」, 「七錄」 등의 目錄이 있었으나 中國의 分類法은 魏代(3세기)와 晋代(3, 4세기)에 考案된 甲乙丙丁의 四部分類法이 唐代(7세기)에 이르러 經·史·子·集의 四部分類法으로 발전되어, 이것이 근세에 이르기 까지 東洋의 전통적인 分類法으로 정착되었다.

(3) 現代의 主要分類法

현대의 주요한 分類法은 Cutter의 Expansive Classification(E.C), Brown의 Subject Classification(S.C), Ranganathan의 Colon Classifi cation(C.C), 美國議會圖書館의 L.C. Classification, Dewey의 Decimal Classification (D.D.C) 등으로 축약될 수 있다. 그리하여 여기에서는 이들 각각에 대하여 간단히 설명하고자 한다.

Expansive Classification (EC.=展開分類法)은 1891~3년에 Boston의 博物館長이었던 C. A Cutter에 의해서 創案된 것이다. Expansive란 知識의 전 분야를 포함하는 각각의 表가 第 1表로부터 점차로 展開하도록 구성되어 있다는 것을 표시하는 것으로, 第 1 部는 第 1表에서부터 第 6 表까지로 되어 있고, 第 2部는 第 7表로 되어 있다. 이 分類表의 記號는 本表인 第 6表까지는 알파벳의 文字로 표시되어 있고 第 7表는 아라비아수자로 表示되고 있다. 이 分類法은

4大分類法(DC. EC. LC. SC.)가운데 가장 論理的인 것이라는 評을 받고 있으나 널리 사용되지는 못하고 있다.

　Brown의 Subject Classification (SC.=主題分類法)은 英國의 J. D. Brown이 1906년에 편찬한 것으로, 主題의 배열이 論理的이며, 科學 技術分野를 上位에 배열한 점이 그 특징이라고 볼 수 있다. 이 表의 記號는 主類는 알파벳의 大文字로 되어 있고, 범주표 地方表 기타 세분표 등은 아라비아숫자로 표시되어 있다. 이 分類法은 英國 이외 에 널리 보급되지는 못하였으나 현대의 分類法에 있어서 중요한 位 置를 차지하고 있는 것이다.

　Colon Classification(CC.)은 印度의 도서관학자(大學의 전공은 數 學)Ranganathan이 1933년에 창안하여 1952년에 제4판까지 公刊된 分類法이다. 이 CC.는 知識의 전 분야를 34의 大主類로 분류하여 알파벳순과 β μ ν Σ 등의 大文字로 기호를 주어 배열한 主類表와 Time, Space, Energy, Mater, Personality 등 5종의 Fundamental Category, 그리고 공통구분, 지리구분, 국어구분, 연대구분 등의 補 助 區分表로 구성되는데 이들 각 單位表(Unit Schedules)의 기호를 組合하여 분류기호를 매기도록 되어 있다. 이 單位를 필요에 따라서 結合하는데 주로 Colon (:)기호를 사용하기 때문에 Colon分類法이 라고 命名한 것이다. 이 CC.는 在來의 분류법과는 달리 여러 가지 立場에서의 單位區分을 組合함으로서 文獻分類뿐만 아니라 모든 資 料를 論理的으로 분류할 수 있다. 이 表의 구성이나 그 설명에 사용 된 用語나 理論이 難解하기 때문에 그 실용이 곤란하다 할지라도, 在來의 分類法에 있어서의 矛盾點을 탈피하고, 전연 새로운 방법으 로 論理整然한 현대적인 체계를 세우려고 노력했다는데 큰 意義가 있다.

　LC. Classification은 美國議會圖書館의 장서를 분류하기 위하여 1901년에 初版이 완성된 이래 專門學者들에 의해서 끊임없이 改訂增 補되고있는 분류표로서 現存의 분류표 가운데 가장 상세하고 실제적이며 最新의 분류법이라고 말할 수 있다. 이 分類表는 모든 知識을 대략 20개의 主類로 분류하여 이들을 A부터 Z까지(IOWXY는 유보)의 기호를 주고 이들을 세분하는데 있어서는 아라비아숫자를 사용하고 있다. 이 LC는 각 主類別로 다수의 專門學者들에 의해서 세분되고 이를 分冊으로(현재 약 33冊)하여 보급되고 있는데, 너무나 방대하여 간단히 설명될 수 없다. 다만 LC.는 본래 미국의회도서관의 장서를 분류하기 위하여 전문가에 의해서 편찬되었으나 表가 상세하고 실제적이며 議會圖書館에서 보급하고 있는 印刷 Card에 이 분류기호가 印刷되어 있기 때문에 많은 도서관에서 사용되고 있다.

Dewey 十進分類法(DDC=혹은 DC)은 1876년 美國의 Amherst 大學圖書館의 장서를 분류하기 위하여 Melvil Dewey에 의해서 창안된 것이다. 이 DDC는 知識의 전 분야를 9大類로 나누고 여러 主題를 포괄하고 있는 資料들을 總記(Generalities)라 하여 앞세워서 0에서 9까지의 번호를 주고, 다음에 各類는 다시 9의 綱으로 나누고, 또한 各綱은 9의 目으로 구분하고, 그 以下도 역시 필요에 따라서 순차로 9로 세분전개 된다. 이와 같이 十進式(Decimal)으로 기호가 전개되기 때문에 「十進分類法」이란 이름이 주어진 것이다. 그리고 DDC는 類·綱·目 및 細目의 기본적인 分類展開表 이외에 부수적인 5종의 區分表, 즉 一般形式區分, 地理區分, 國語區分, 言語共通區分, 文學形式區分이 있는데, 이들을 助記性區分表라고도 하며, 이들은 이미 기본적인 分類表에 적용된 구분으로서 실제적인 分類作業에 있어서는 이미 分類表에 전개되지 않은 項目이라 할지라도 필요에 따라서 적용될 수 있도록 한 것이다. DDC의 初版은 總表 1000綱目에 序文 索引 등을 합하여 42p.에 불과한 小冊子였으나 현재(1979) 19版까지 改訂增補되어 序文 總表 索引등 3冊으로 되어 있는 방대한 分類表로 성장 발전하였다. 이 DDC는 非論理的이고, 주제의 區分이 균등하지 않고, 歐美本位로 전개된 것이라는 등의 短點이 있다. 그러나 表가 단순하기 때문에 理解와 記憶에 용이하고, 助記性이 풍부하여 실제 사용에 편리하기 때문에 세계적으로 가장 많이 사용되고 있을 뿐만 아니라, UDC를 비롯해서 KDC, NDC 등 현재의 세계 각국의 十進分類表의 原典이 되고 있는 것이다.

文獻情報學의 주요한 敎科로서의 文獻分類法은 현재 실용되고 있는 주요한 分類法을 구체적으로 이해하고 실무에 적용할 수 있도록 연구할 뿐만 아니라 이상에서 약술한 이외에도 歷代의 分類法의 변천 및 각각의 分類理論과 原理 등을 연구하게 되는 것이다.

(4) 圖書記號, 文獻記號

한편, 情報資料를 분류한 다음 資料를 書架에 배열하는 경우 동일한 分類(同一主題)의 領域 내에서 資料를 어떠한 순서로 배열할 것인가 하는 것이 문제가 된다. 情報資料의 축적량이 增大함에 따라서 당연히 同一主題의 것이 동일한 장소에 集結하기 때문에, 이에 대한 秩序를 세우고 排架에 있어서의 혼란을 막고, 합리적으로 처리하기 위해서 분류기호 다음에 다시 이들을 개별화하여, 순차를 매기기 위한 記號를 붙여서 처리하는 것이다. 이러한 기호를 圖書記號 또는 文獻記號라고 한다.

그러나 이것도 無原則하게 記號를 작성하면 오히려 혼란이 생기게 되므로, 이에 대해서 합리적인 秩序를 세워서 記號를 체계적으로 조직하는 方法이 고안되었다. 이러한 方法은 18세기 이후부터 考案되어 여러 가지 研究가 발표되었으나 현재 주요한 것만을 예를 들면 ;

Cutter Sanborn Three-figure Author Table,
Author Notation in the Library of Congress,

李載喆교수의　東西著者記號表.
李春熙교수의　東書著者記號表.
張一世교수의　東洋著者記號表.

鄭馹謨의 韓國文獻記號表.
등이 있다.

2) 目錄組織論

前項에서 설명한 分類作業은 情報資料를 체계적으로 배열하기 위
한 것이다. 그러나 資料의 축적량이 방대해지면 이러한 情報資料 가
운데에서 필요한 情報를 신속히 檢索할 수 있도록 해야 한다. 그리
하여 이 방대한 容積을 차지하고 있는 資料의 實物 대신에 이를 간
단한 형태의 것으로 集約하여 다른 形式으로 표현해서, 편리하게 通
覽할 수 있는 道具를 고안한 것이다.

이러한 道具를 目錄이라고 한다. 다시 말하면 目錄은 이용자와 情
報資料를 매개하는 하나의 檢索用道具인 것이다. 따라서 目錄은 일
정한 形式과 規則에 따라서 각종의 필요한 事項을 기록하여 일정한
체계에 따라서 排列한 것으로서 이용자가 필요한 文獻을 그 著者名,
編者名, 譯者名, 書名, 副書名, 主題名 등 가능한 모든 事項을 통해
서 檢索의 端緖로 삼아서 檢索할 수 있도록 고안된 것이다.

이러한 目錄의 起源은 西洋의 경우는 B.C. 300년경 Alexandria 圖
書館의 Callimachus(B.C. 310~240)가 편찬한 Pinakes 目錄에서 비
롯한다고 하며, 東洋의 경우는 B.C. 240년경 前漢의 劉歆이 편찬한
「七略」에서 비롯한다고 한다. 그리하여 그 후 무한히 많은 目錄이 작
성되고 研究가 거듭되어 현재에 이르고 있는 것이다.

(1) 目錄의 種類

현대의 圖書館의 目錄은 우선 형태상으로 보면 Card式目錄, 冊子
式目錄, 加除式目錄, 電子式目錄 등으로 구별할 수 있으며, 利用目的
이나 기능상으로 보면 事務用目錄과 閱覽用目錄으로 區分할 수 있다.
Card 式目錄은 개개의 文獻에 대하여 Card 一枚의 單位로 독립적

으로 기록하여 일정한 規則에 따라서 배열한 目錄을 의미한다. 이 Card目錄은 每 Card마다 文獻에 대한 기록이 독립되어 있으므로 새로운 記錄 Card를 언제나 追加하여 필요한 位置에 배열할 수 있고, 불필요한 것은 언제나 손쉽게 제거할 수 있으므로 사무상 능률적이고 이용에 편리하기 때문에 現代圖書館의 주요한 目錄은 거의 다 Card式目錄을 사용하고 있다

冊子式 目錄은 그 형태상 주어진 名稱으로서 文獻에 대한 單位記錄이 한 紙面에 여러 개의 項目이 열거되어 冊子로 편찬된 目錄을 의미한다. 현대의 Card式 目錄이 사용되기 이전에는 圖書館의 目錄도 주로 冊子式이 사용되었으나 현대에는 閱覽用 目錄으로는 사용되지 않는다. 그러나 현대에도 한 도서관의 所藏資料를 널리 배포하여 알리기 위한 藏書 目錄이나, 한 出版社나 한 국가단위의 年間出版狀況을 널리 알리기 위한 出版 目錄 등은 印刷된 冊子式 目錄이다.

加除式目錄이란 종이의 1面 또는 兩面에 여러 項目의 著錄을 기입하여 假綴할 수 있도록 고안된 것으로, 名稱 그대로 필요에 따라서 각각의 낱장을 揷入할 수도 있고, 그것을 빼낼 수도 있다는 點에서 주어진 이름이다. 그러나 이러한 方法은 그것이 필요에 따라서 加除가 가능하다 할지라도 著錄의 標目을 일정한 순서에 따라서 배열할 수 없기 때문에 현대에는 閱覽用 目錄으로는 사용되지 않으며 圖書購入帳簿 또는 受書帳簿로 事務用으로 사용되는 경우가 많다.

電子式目錄은 目錄의 기록을 컴퓨터에 入力하여 터미널로 검색될 수도 있고, Hard Copy로 복제하여 사용할 수도 있도록 고안된 目錄을 말한다. 그러나 그 著錄內容은 Card式의 記入事項 등이 基本이 되고 있다.

事務用 目錄은 名稱 그대로 사무관리상 필요한 것으로 각각의 情報資料에 대한 記錄을 의미한다. 일반적으로 情報資料에 대한 目錄이라는 의미에서는 資料受入記錄이라고도 볼 수 있는 受書帳簿나 圖書原簿, 그리고 서가상의 情報資料의 點檢에 주로 사용되는 書架目

錄(shelf-list), 基本著錄의 標目의 통일을 기하기 위해서 편성되는 典據 file 등이 이에 포함된다. 그러나 目錄作成의 관리상의 기초가 되는 것은 基本目錄이다.

閱覽用 目錄은 주로 이용자의 資料檢索用道具로서 이것은 索引으로서의 기능이 중시된다. 閱覽目錄은 그 構成要素가 되는 著錄의 標目의 종류와 편성과 배열에 따라서 著者目錄, 書名目錄, 著者書名目錄, 主題名目錄, 辭典體目錄, 分類目錄 등이 있다.

(2) 目錄規則

한편 目錄은 그 作成 또는 編成에 있어서의 記載 內容과 形式 및 그 排列法이 體系化되고 一元化되어야 한다. 그러기 위해서는 일정한 形式과 規則이 필요하며, 이 規則에 따라서 目錄을 作成해야만 하는 것이다. 이러한 規則을 目錄規則 이라고 한다. 다시 말하면 目錄規則이란 目錄을 작성하고 編成하는데 필요한 規則을 의미한다.

目錄을 작성하는데 있어서 가장 基本的인 것은 ① 각 文獻에 대해서 무엇을 記載하여 그 文獻을 설명하고, ② 무엇을 端緒로 하여 檢索하게 하느냐 하는 것이 문제가 된다. 복잡한 內容과 形式으로 구성된 文獻에 대한 諸記錄을 Card라고 하는 일정한 面積에 記載하기 위해서는 가장 이해하기 쉽도록 해야 한다. Card 排列의 要目이 되는 標目은 어떻게 할 것인가. 書名이나 著者는 어떻게 기재할 것인가. 出版地나 出版者, page數나 크기 등은 어떻게 표시할 것인가. 이러한 문제에 대해서 目錄 作成者가 각각의 경우에 따라서 任意로 작성하게 되면 統一的인 정확한 目錄이 되지 못하며, 이용에 불편한 것이 되어 버릴 것이다. 그리하여目錄의 統一性과 正確性을 기하기 위해서 事前에 著錄의 작성이나 배열방법 등에 대해서 約束을 정할 필요가 있는 것이다. 그러므로 目錄 規則은 이러한 目錄 作成과 편성에 있어서의 約束이라고 볼 수 있다.

目錄 規則은 개개의 圖書館이 독자적으로 편찬하기 보다는 全國的

으로 通用될 수 있는 立場에서 편찬되는 것이 바람직하다. 全國的으로 어느 圖書館에서나 동일한 規則에 따라서 目錄이 작성되면 이용자에게 더욱 편리하며, 또한 冊子式 目錄을 작성하여 圖書館相互間에 교환하거나 綜合目錄(Union Catalog)을 계획하는 것도 全國的으로 공통하는 目錄 規則이 있음으로서 비로소 가능한 것이다. 또한 이것이 國際的으로 통용될 수 있는 것이라면 더욱 바람직한 것이다. 그리하여 이러한 국제적인 관점에서 편찬된 目錄 規則을 標準的 目錄 規則이라고 한다.

이러한 目錄 規則은 1841년 英國의 Anthony Panizzi로부터 비롯하는데 그 후 세계 각국에서는 각각 目錄 規則을 편찬하여 이에 따라 目錄의 통일성을 기해오던 바 이것이 점차 國際的으로 통일성을 요구하게 되었다. 그리하여 1974~76년 주로 IFLA(International Federation of Library Association)의 國際目錄專門家會議(International Meeting of Cataloging Expert=IMCE)에서 國際標準書誌記述法(Internatunal Standard Bibliographic Description=ISBD)이 편찬되어 이에 따라서 目錄記述法은 세계적으로 標準化될 수 있게 된 것이다.

目錄 組織論은 이상에서 설명한 모든 사항을 기초로 하여 圖書館에서의 실제적인 目錄을 작성할 수 있는 방법 및 主題名標目法 등을 연수하고, 目錄의 理論과 目錄 規則의 변천과정, 보다 새로운 과학적인 方法등을 연구하는 분야라고 말할 수 있다.

3) 自動化目錄法

自動化目錄法이란 目錄記錄을 컴퓨터에 入力(input)하여 필요에 따라서 자동적으로 檢索할 수 있도록 처리하는 방법을 의미한다. 이 自動化目錄은 흔히 機械可讀目錄(Machine Readable Catalog=MARC)이라고도 하는데, 다시 말하면 이것은 目錄記錄을 컴퓨터가 읽어서 入力하여 필요에 따라서 出力(output)될 수 있도록 처리된 目錄

을 의미한다.

　우리가 현재까지 사용하고 있는 圖書館의 카아드目錄은 그 標目이나 書誌的記述事項이나 기타의 要目들을 직접 눈으로 읽어서 식별할 수 있다. 그러나 컴퓨터는 目錄의 구체적인 細目 하나하나를 정확한 위치와, 정확한 절차와 형식에 따라서 기계가독형으로 변환되지 않으면 이를 식별하여 入力할 수가 없게 되어 있다. 그리하여 美國에서는 目錄레코드를 기계가독형으로 변환하는 標準的인 시스템을 개발한 것이다. 그것이 이른바 LC MARC format 이 다. 다시 말하면 MARC format이란 著錄레코드의 구체적인 要目을 일정한 체제에 따라서 식별하여 入力할 수 있도록 기계가독형 데이터로 변환하는 시스템을 의미한다.

　기계가독형목록(MARC)의 경우도 在來의 도서관의 카아드목록의 경우와 마찬가지로 개개의 도서관이 소장문헌이나 새로 收入되는 모든 文獻의 목록레코드를 모두 기계가독형으로 변환하여 自動化하는 목록시스템을 개발하기란 매우 곤란한 문제일 뿐만 아니라, 國內의 각도서관간의 目錄의 情報交流나 국제간의 情報交流를 위하여 MA-RC format를 標準化하지 않으면 안된다. 그리하여 美國의 경우는 LC MARC format을 標準的인 MARC로 하고 거의 모든 도서관이 미국의회도서관에서 생산하는 LC MARC 테이프를 활용하거나 on-line에 의한 목록네트웍을 통해서 목록업무를 電算化하고 있다.62)

　한편 기타 各國의 경우도 국가마다 각각 MARC format을 개발하기는 곤란할 뿐만 아니라, 국제적인 標準化를 위해서 美國의 LC MARC를 바탕으로 하여 英國, Franc, 독일, 호주, 캐나다, 일본 등 세계 각국에서 앞을 다투어 自己나라의 標準 MARC format을 제정하여 왔다.63)

　國內에서는 1979년 國立中央圖書館이 KOR MARC 실험용 format

---

62) 정영미. 도서관정보전사화론. 서울, 구미무역(주), 1982. p. 122.

63) Ibid. p. 123.

을 작성하였고,64) 1981년에는 標準用 KOR MARC format試案이 작성되어65) 현재 심의과정에 있다.

自動化目錄法에서는 이상에서 설명한 MARC의 原理와 그 구조체제 및 이에 따른 목록데이터의 入力방법 등을 다루어야 할 것이다.

현재까지 國內 각 大學·圖書館學科의 교과과정에는 「自動化目錄法」이라는 교과목이 개설되지 않고, 「도서관자동화론」 등의 교과목에서 개괄적으로 다루어지고 있으나 앞으로는 주요한 교과목으로 독립 개설되어야 할 것이다.

4) 索引作成法(Indexing)

前項에서 설명한 目錄은 이용자로 하여금 圖書를 單位로 하여 이를 檢索하도록 고안된 것이다. 그러므로 한 圖書나 論文集이나 定期刊行物속에 수록된 記事나 論文 등 단편적인 情報資料는 目錄에 의해서는 檢索될 수 없다. 그러므로 특히 大學圖書館이나 專門圖書館 등에서 調査硏究를 위한 高度의 학술적인 情報를 요구하고 이를 檢索하고자 할 경우는, 目錄이외에 이러한 專門的인 情報資料를 효과적으로 신속하게 檢索할 수 있는 道具가 필요한 것이다. 그리하여 이러한 단편적인 情報資料의 檢索道具로서 고안된 것이 索引이다.

다시 말하면, 索引은 圖書, 定期刊行物, 非定期連續刊行物 등에 수록된 記事의 論題, 人名, 地名, 要語 등을 「가나다順」 또는 「alphabet順」이나 「分類體系順」에 따라서 배열하고, 각각 그것이 게재된 刊行物과 그 位置(page數)를 지시해 주는 一覽表이다.

흔히 單行本圖書의 卷末에 人名, 地名, 事項, 主題名 등이 一覽表式으로 배열된 索引이 있다. 이 索引은 그 單行本 속에 수록된 內容의 項目을 신속히 檢索할 수 있도록 고안된 것이다.

---

64) 국립중앙도서관. 한국문헌자동화목록법 (단행본용) 실험용포멜. 1980.

65) 국립중앙도서관. 한국문헌자동화목록법 (단행본용) 표준용모멜, 제1판 1981.

　　이와 마찬가지로 現代와 같이 學術과 文化의 발전에 따라 單行本, 雜誌, 報告書, 公報 등이 대량으로 생산되면, 專門分野의 調査·研究者들은 이러한 대량의 情報資料 가운데 자기가 구하는 情報에 관계가 있는 標題, 主題, 內容의 項目 등을 신속히 通覽하여 이를 파악할 필요가 있는 것이다.

　　그리하여 이러한 要求에 따라서 다수의 刊行物에서 많은 卷冊(1年分이나 半年分)에 걸쳐서 수록된 論文이나 記事의 著者, 標題, 主題 등을 標目으로 하여, 이를 「가나다順」이나 「alphabet순」으로 배열하고, 각각 그것이 게재된 刊行物과 그 位置를 指示하여 이용자로 하여금 효과적으로 신속히 檢索할 수 있도록 하는 索引이 고안된 것이다. 예를 들면, 국회도서관에서 발행되고 있는 「定期刊行物記事索引」이 바로 그것이다. 이러한 索引은 현재 점차로 그 이용도가 높아져서 學術的인 情報를 조사 연구하는 大學圖書館이나 專門圖書館에서는 目錄 이상으로 이용되고 중요시하고 있는 것이다.

　　이러한 索引誌는 각 전문분야별로 계속적으로 발간하여 배포하는 기관이 상당히 많으나, 索引誌가 편집되고 발간 배포되는 시간적 갭이 많기 때문에 최신 資料는 당해 刊行物을 일일이 조사해야만 한다. 그리하여 각 도서관에서는 이용자의 시간을 절약하고 편의를 제공하기 위하여 새로이 入手되는 刊行物과 다른 索引誌에 수록되지 않는 刊行物의 記事에 대하여 일정한 카아드로 索引을 작성하여 신속한 이용에 대비해야만 한다.

　　한편 이러한 索引도 색인작성기관마다 任意로 작성하는 것이 아니라 각 도서관간이나 국제적 情報交流를 원활히 하기 위하여 標準化된 記述形式과 체제에 따라서 작성되어야만 한다. 그리하여 ISO (International Standard Organization)에서는 1969년에 索引作成의 標準化를 위한 권고안을 제시한 바 있다.66) 따라서 각 도서관은 이

---

66) ISO Recommendation. R. 999. Index of a publication. 1969.

러한 국제적 標準化基準에 따라서 索引을 작성해야만 한다.

종래의 도서관학에서는 索引作成法에 대한 연구가 소홀했으나 앞으로 文獻情報學에서는 중요한 敎科가 될 것이다.

5) 自動化索引法

前項에서 설명한 것은 종래의 手作業에 의한 索引作成法이다. 그러나 현대에는 도서관의 업무가 모두 自動化되어가고 있고, 또한 이러한 自動化가 人力과 시간과 경비 면에서 經濟的이고 신속 정확하여 편리하므로 索引作業도 自動化되지 않을 수 없다. 따라서 文獻情報學의 敎科에서도 自動化索引法을 다루지 않을 수 없게 된 것이다.

自動化索引도 역시 各索引項目의 記述要目이나 形式은 前項에 설명한 手作業에 의한 索引의 경우와 동일하다. 그리하여 ISO 권고사항에서도 "일반적으로 手作業에 의한 索引作成을 위해서 마련되었으나 그 기본원칙의 대부분은 기계에 의한 索引作成에도 똑같이 적용된다"고 규정하고 있다.67)

그러나 索引의 데이터를 기계가독형으로 변환하는 시스템, 다시 말하면, 아직은 공인된 名稱은 없으나 가칭 MARIN(Machine Readable Index)의 format에 따라야만 한다. 이와 같이 컴퓨터에 入力된 索引은 컴퓨터 터미널로 檢索하여 映像으로도 물론 볼 수 있으나, 이를 프린트하여 資料化할 수 있으므로, 이를 印刷된 冊子로도 용이하게 만들 수 있다. 예를 들면 國內에서도 국회도서관에서 季刊으로 발행하고 있는 「定期刊行物記事索引」이 1977년부터 계속 컴퓨터에 의해서 생산되고 있다.

自動化索引法도 종래의 「도서관학」에서는 독립적인 敎科로서 다루어지지 않고, 다만 최근 「도서관자동화론」에서 포괄적으로 논술되고

---

67) 鄭駜謨. 편역. 學術情報媒體의 標準化에 관한 指針. 서울, 한국도서관협회, 1978.
　　p. 54.

있으나,68) 앞으로는 自動化索引法이 독립적인 敎科로 다루거나 아니면 前項에서 설명한 索引作成法의 敎科目內에서 다루어야 할 것이다.

5. 利用 및 傳達方法 硏究

이 硏究分野는 C項의 情報資料源 연구분야, 그리고 D項의 情報處理 연구분야와 직접적으로 밀접한 관계를 가지며, 그것이 기초가 된다고 볼 수 있다. 그러나 이 분야의 실제적인 硏究敎科는 讀書指導論, 參考文獻調查法, 主題別文獻調查論, 情報檢索論으로 구분할 수 있는데, 이들은 모두 이용자들을 직접 대상으로 하는 奉仕活動의 方法을 연구하는 분야라고 볼 수 있다. 여기에서 讀書指導論과 參考文獻調查法은 종래부터 圖書館學의 한 敎科였으며, 情報檢索論은 近年에 도입된 새로운 敎科라고 볼 수 있다.

1) 讀書指導論

讀書指導論은 종래에 兒童圖書라는 敎科로서 다루어온 바 있다. 敎科目名에서 볼 수 있는 바와 같이, 이 분야는 주로 兒童들의 讀書指導를 위한 연구분야로서 兒童을 위한 圖書의 評價 및 선택 그리고 효과적인 指導方法 등을 연구하는 것이다.

兒童의 讀書는 현대의 知識社會에 入門하는 가장 기초적인 단계이기 때문에 여기에서 가장 바람직한 건전한 內容의 圖書를 선정하고 이를 각 兒童의 知的 水準과 趣向에 맞도록 단계적으로 讀書함으로써 스스로 情報를 입수하고, 자기의 知識을 형성하고 人格을 형성하게 하는데 目的이 있다고 볼 수 있다. 따라서 이것도 하나의 중요한

---

68) 장영미. 도서관정보전산화론. 서울, 구미무역(주), 1982. p. 163~182.

연구 분야라고 볼 수 있다.

2) 參考文獻 調査法

圖書館에서의 궁극적인 奉仕活動은 이용자의 요구에 대한 文獻에 의한 情報의 제공이라고 볼 수 있다. 參考文獻調査法은 바로 이러한 奉仕活動에 대비하기 위한 연구교과라고 볼 수 있다. 종래에는 이 분야의 敎科目名을 「參考奉仕」(reference service), 「參考業務」(reference work), 「參考調査」(reference research) 등 여러 가지로 指稱되어 왔다. 參考奉仕란 圖書館의 이용자가 어떤 情報를 얻고자 하거나 調査·研究를 위하여 圖書館資料를 이용하고자 할 경우, 그 이용자에게 협조하는 도서관업무의 일면을 말한다."[69] 이러한 圖書館 奉仕業務에 대비하기 위한 敎科名을 그대로 參考奉仕나 참고업무라고 한다는 것은 東洋에 있어서의 學問名稱의 관례로서는 부합되지 않는다. 따라서 최근 우리나라에 있어서는 「參考調査法」 또는 「文獻調査法」 등으로 지칭하고 있다. 그리하여 이를 좀 더 명확히 말한다면 參考文獻調査法이 될 것이다.

參考文獻調査法은 두 가지 측면으로 구분해서 생각할 수 있다. 그 하나는 참고봉사업무에 대비해서 參考文獻 자체를 認識하고 評價하고 調査하기 위한 敎科의 측면과, 다른 하나는 직접 참고봉사업무를 수행하는 方法論的 측면이다.

한편, 이 研究分野는 제1차적으로는 一般參考文獻의 조사분석과 主題別專門的 參考文獻의 조사분석으로 구분할 수 있다. 一般參考文獻은 모든 분야에 걸쳐서 일반적으로 이용되는 言語辭典類, 百科事典類, 便覽類, 年鑑類, 圖錄類, 書誌類, 人名事典類, 地名事典類 등을 조사분석하는 것이다.

---

69) *ALA* Glossary *of Library terms*. Chicago, ALA, 1948. p. 113.

主題別 參考文獻은 우선 人文科學分野, 社會科學分野, 科學技術分野로 구분하여, 이들 각 주제분야에서 필요로 하는 主題別辭(事)典類, 便覽類, 年鑑類, 圖錄類, 書誌類, 索引類, 抄錄類, 專門學術誌類 등을 조사분석 하는 것이다. 또한 이러한 主題들을 哲學, 宗敎, 藝術, 文學, 政治, 經濟, 法律, 社會, 敎育, 産業, 數學, 物理, 化學, 生物, 工學, 醫學, 藥學, 農業 등으로 다시 세분하여 이러한 각각의 주제분야에서 필요한 參考文獻을 조사연구 할 수 있으며, 이를 더욱 細分化할 수도 있다.

이러한 調査硏究는 記錄情報의 인식과 評價를 위한 연구인 동시에 記錄情報의 수집을 위한 연구이며, 또한 文獻의 효과적인 이용을 위한 연구라고도 볼 수 있는 것이다. 이것은 記錄情報의 인식과 評價 그 自體가 효과적인 이용의 전제가 되기 때문이다.

이러한 主題別 硏究分野에 대한 종래의 敎科名은 人文科學書誌(bbibliography in the humanities), 또는 人文科學情報資料(The source of information in the humanities), 社會科學書誌(Bibliography in the social science)또는 社會科學情報資料(The source of information in the social science), 科學技術書誌(Bibliography in the science and technology) 또는 科學技術情報資料(The source of information in the science and technology) 등으로 호칭되고 있다. 또한 古典에 관한 參考奉仕와 관련해서 東洋典籍 또는 이를 좀더 세분해서 中國典籍 韓國典籍 등의 교과목이 있다.

圖書館에서 참고봉사업무를 수행하게 된 것은 근대사회에 이르러서부터라고 볼 수 있다. 그리하여 參考奉仕業務를 수행하게 된 주요한 原因은 첫째 이용자의 확대, 둘째 資料의 大量生産, 셋째 資料의 변화, 넷째는 利用要求의 分化 등으로 구분해서 생각할 수 있다.

(1) 利用者의 擴大

과거의 利用者들은 거의 知識階級으로서 이용자 스스로가 敎養을 가진 엘리트였기 때문에 自己가 요구하는 情報가 어떠한 文獻 가운데 수록되어 있는지를 충분히 알고 있었다. 오히려 情報資料에 대해서는 圖書館員보다 상세히 알고 있는 이용자도 있었다. 이러한 이용자에 대해서 圖書館 側이 資料의 이용에 대해서 안내하거나 情報를 제공할 필요가 없었던 것이다. 그러나 근대사회에 이르러서 大衆社會로 개방됨으로써 거의 모든 大衆이 圖書館을 이용할 수 있게 되었다. 그러나 一般大衆은 대부분 自己가 요구하는 情報가 어떠한 文獻 속에 수록되어 있는지 인식하지 못하고 있다. 그리하여 이러한 이용자들에 대해서 이용의 效果를 높이기 위해서 안내하거나 相談에 응하거나 情報를 제공하거나 또는 이용자를 위해서 文獻을 調査하는 등 봉사활동을 하지 않으면 圖書館의 使命을 다할 수 없게 된 것이다.

(2) 資料의 大量生産

근대사회에 이르러 科學技術을 비롯해서 學術文化가 급진적으로 발달함으로써 情報資料의 생산도 驚異的으로 증가하게 되었다. 또한 情報資料도 새로운 것이 계속적으로 개발되고 資料도 역시 경이적인 大量生産時代가 된 것이다. 따라서 大衆의 이용은 점차 곤란하게 되었다. 이에 대해서 圖書館은 이용자가 효과적으로 이용할 수 있도록 措置를 강구할 필요가 있게 된 것이다.

(3) 資料의 變化

과거의 情報資料는 각종의 主題를 망라적으로 표현하고 전체를 通讀해야만 要求情報가 파악될 수 있는 記述이나 표현형식으로 이루어졌다.

그러나 근대에 이르러서는 하나의 主題에 대해서 치밀하게 內容을 표현하는 전문적인 資料가 출현함으로써 要求情報를 探索하고 이용하기가 곤란하게 되었다. 또한 資料의 형태도 圖書의 형태에서 단편적인 형태의 것이 많아졌고, 書誌·索引誌·抄錄誌 등의 2차 자료도 다양하게 增産되었다. 또한 입체적인 資料 즉, 機械를 이용해야만이 인식될 수 있는 資料, 예를 들면, microfilm 이나 microfiche 등이 출현하여 그 이용이 점차 복잡하게 되었다. 이러한 理由로 이용자와 資料와의 communication이 점차 단절되고 이용이 불완전한 사태에 이르게 된 것이다. 이러한 사태를 解決하고 이용자가 圖書館을 효과적으로 이용할 수 있는措置를 강구해야만 했던 것이다.

(4) 利用要求의 分化

종래의 文獻利用形態는 대부분 단적으로 資料를 요구하는 것이었으나 社會文化의 발전에 따라서 이용요구가 分化되었다. 어떤 主題에 대한 情報는 이미 인식하고 있기 때문에 그 이상의 高度의 전문적인 情報를 요구하거나 또는 그에 관련된 參考가 될만한 情報資料를 요구하거나, 資料의 所在, 전문적인 情報生産機關, 또는 資料의 단계적 이용방법에 대한 相談 등 이용요구가 分化하고 多極化 되었다. 圖書館은 이용자에 대하여 적절한 回答이나 調査硏究에 협력하지 않으면 결국 도서관은 단순한 資料의 倉庫에 불과하며, 大衆의 情報機關으로서의 意義를 상실하게 된다.

이러한 背景으로서 圖書館 側에서는 이용자의 요구에 응하는 어떠한 方策을 강구할 필요가 있게 된 것이다. 이러한 方策의 하나가 參考奉仕이며 情報 service인 것이다. 또한 다음에 설명할 情報檢索도 또한 이러한 方策이나 技術이라고 볼 수 있다.

3) 情報檢索論

圖書館이나 기타의 情報機關의 기능을 요약하면, 결국 情報를 제공하는데 있다. 閱覽·貸出도 이용자가 구하는 情報資料를 제공하는 것이다. 또한 情報奉仕도 마찬가지로 도서관직원이 이용자가 구하는 情報를 檢索하는 활동을 의미하는 것이다. 圖書館에 있어서 이용자

스스로가 情報를 구하기 위해서 많은 情報資料 가운데 探索하는 경우도 있으며, 또한 職員이 이용자를 대신해서 探索하여 얻은 情報를 이용자에게 제공하는 경우도 있다. 여하간 이 情報의 探索 또는 檢索이라고 하는 것이 圖書館으로서는 핵심적인 활동으로서 도서관의 근본적인 기능이며, 生命線인 것이다. 情報를 檢索하지 않고서는 情報提供을 생각할 수가 없기 때문에, 도서관에서는 情報를 구하기 위해서 檢索하고자 하는 이용자에 대해서 여러 가지 檢索用具를 작성하여 이를 이용해서 檢索하게 하는 것이다.

情報의 檢索이 사회의 각광을 받고 등장하게 된 것은 美國에서 電子計算機가 개발되고 情報學이 출현한 이후의 일이다. 이러한 事情을 背景으로 하여 情報라고 하는 것이 중대한 의미를 가지게 되었으며, 이에 대한 理論과 運用의 문제를 연구하게 된 것이다.

'情報檢索'이란 말은 英語의 'information retrieval'에 대한 말이다. 이것은 1966년에 日本의 喜安善市가 최초로 그렇게 번역하여 定着된 것이라고 한다.70)

情報檢索이란 "일반적으로 文獻(document)을 다시 발견하거나, 뽑아내거나, 照會 探索하거나, 확보하거나 하는 활동이다. 또한 資料에서 情報를 抽出하는 조작활동에 사용된다."71)고 定義하고 있다. 또한 藤川正信은 "情報檢索이란 記錄된 각각의 情報를 수집하고, 分析하고, file形式에 따라 배열하고, 索引을 작성하고, 이용에 奉仕하는 전과정을 말한다"72)고 설명하고 있다.

이상의 定義에서 볼 수 있는 바와 같이, 情報檢索이란 결국 情報를 索出해서 이용하는 技術이라고 볼 수 있다. 이러한 思想과 技術은 현재까지 전통적인 圖書館學에는 없었던 것이다. 그러나 이러한 思想과 技術은 이상의 定義와 일치되는 것은 아니라 할지라도, 과거

---

70) 椎名六郎. 新圖書館學槪論. 東京, 學藝園圖書株式會社, 1973. p. 330.

71) 日本圖書館協會編. ドキュメテーション用語集. 東京, 1960. p. 123.

72) 藤川正信 情報檢索の意義(情報管理實務講座 5). 東京, 日刊産業新聞社.1965. p. 8.

의 도서관학에도 실제의 運用業務에 있어서 그 一部分은 실행되었다고 볼 수 있다.

이 情報檢索이라고 하는 낱말에 대해서 情報探索(information searching)이라고 하는 말이 圖書館界에 통용되고 있다. 情報檢索은 檢索하는 대상이 확실히 判明된 경우를 말하며, 情報探索이란 檢索하는 대상이 判明되지 않은 경우를 말한다. 여하간 資料 가운데서 情報를 찾아내고 뽑아내서 이용하는 것이기 때문에 探索과 檢索과의 槪念의 차이는 거의 없다.

檢索의 대상인 情報資料는 형체상으로 본다면 여러 가지가 流通되고 있으나 일부분의 資料를 제외하고는 대부분 文字로서 기록한 것, 즉 記錄情報이다. 또한 그 기록된 言語는 대부분 自然語이다. 따라서 自然語, 즉 文字로 기록한 資料를 檢索하는 경우 역시 自然語를 「檢索語」로 사용하는 것이다. 이 檢索語에 대해서 索引語라는 말도 사용되고 있다. 그러나 資料의 축적량이 증가하여 방대한 量에 이르면 人力으로서는 도저히 檢索處理가 불가능하게 되므로 이러한 경우는 기계를 사용해서 檢索하는 수밖에 없다.

여기에서 檢索에 있어서 自然語에 의존하여 檢索하는 것을 「自然語系檢索」이라고 하며, 기계에 의존하는 檢索을 「機械語系檢索」이라고 한다. 自然語系檢素方法은 현재까지 主題語에 의한 檢索法, 主題分析法(category), key word, thesaurus 등이 개발되고 있고, 機械語系檢索에는 code化하는 方法이 있다.

主題語에 의한 檢索法은 어떤 資料의 內容이나 槪念을 정확하게 표현하는 語句 즉, 主題語를 標目으로 하여 그것을 檢索語 또는 索引語로 하는 방법이다. 따라서 主題檢索法에 있어서는 主題名標目表 또는 主題語辭典이 필요하다.

主題分析法은 복잡한 內容을 가지는 主題를 그 구성요소인 중요한 槪念으로 分析하여 처리하는 것이다.

Key word法은 文獻 가운데 要語를 뽑아내어 그것을 檢索의 端緖

로 하는 방법이다. 學術論文이나 著書를 구성하는 文脈 가운데에는 중요한 의미를 가지는 낱말이 상당수가 있다. 다시 말하면, '하나의 文獻 가운데 決定的인 意味를 가지는 문법상의 要素'가 있다. 이를 要語(key word)라고 하는데, 이러한 要語를 文脈에서 뽑아내어 頻度 數가 많은 單語를 순서대로 배열하면 대략 그 文獻의 내용이 이해될 수 있다는 입장에서 이를 list化하고, 이 key word에서 主題를 索引 하고 論文의 내용을 파악하여 이 情報檢索에 사용되도록 하는 방법 이다.

Thesaurus는 言語에 의한 情報檢索의 한 方法으로써 사용되는 資 料의 내용을 端的으로 표시한 標目語이다. 그리하여 一概念 一語主義 로 철저한 낱말을 골라서 목록화한 것이다. 그러므로 檢索語로 사용 하기 위한 기본적인 要語集이라고 볼 수 있다.

機械語系檢索에 있어서는 自然語를 機械語로 변환하여 사용하는 것으로, 실은 自然語를 符號化 또는 記號化하는 것이다. 그리하여 이 를 기계에 記憶시켜서 축적하고 情報檢索의 process에 있어서 어떤 部分을 기계에 의하여 檢索하고자 하는 것이다.

이러한 情報檢索에 관련해서 OCLC는 "Channel 2,000"이라는 실 험시스템을 가동하고 있는데 이용자는 家庭에 있는 케이블 TV를 통 해서 그 지역 공공도서관의 目錄데이터와 기계가독형으로 변환된 百 科事典의 本文을 檢索할 수 있다"고 한다.73) 그러므로 情報檢索論은 도서관에서의 參考奉仕의 自動化에 기여하는 教科目이 될 것이다.

6. 運營管理 研究

圖書館 또는 情報管理機關의 運營管理는 개개의 기관의 업무시스

---

73) Evans, Glyn T. Library Networks. In: *Annual Review of Information Science and Technology.* v.16. ASIS, 1981. p. 24.

템 管理와 情報管理로 구분하여 설명될 수 있으며, 현재 일반적으로
이러한 方向으로 敎科가 구분되어 있다.

1) 業務시스템 管理論

現代社會의 특징은 社會가 조직화되고 있다는 점이다. 圖書館은
이러한 社會에 대해서 발전적 奉仕의 기능을 발휘하는 기관이므로,
이러한 社會의 조직에 부응하도록 도서관도 組織化해야만 한다. 그
리하여 圖書館의 기능을 충분히 효과적으로 발휘하기 위해서는 도서
관을 組織化하고 이에 따라 합리적으로 科學的으로 經營해야만 한
다. 이것은 도서관업무의 시스템化를 의미하는 것이다.

이러한 시스템이란 공통의 目的(즉, 利用者에 대한 情報)을 위해서
각 部分의 구성에 따라서 形成되는 統一的인 pattern이라고도 볼 수
있다. 만약 과거의 圖書館의 경우처럼 system이 없이 設置者나 관리
책임자 임의로 무계획적으로 經營된다면 組織的 管理가 이루어질 수
없기 때문에 현대의 組織的 社會에 대처할 수가 없으며, 社會의 봉사
기관으로서의 의미가 없는 것이다. 따라서 圖書館은 사회조직의 구조
의 변화에 卽應하여 도서관조직의 구조도 更新해 나가야만 한다.

여기에서 組織이란 도서관시설 또는 設備의 조직화와 館內의 직원
의 組織化를 의미하는 것으로서, 필요한 部署 또는 位置에 적격한
직원을 배치하고 업무를 경비하게 하는 것이다. 圖書館의 시설이나
설비는 도서관의 規模에 따라서 庶務室이나 整理室, 貸出室, 書庫,
參考圖書閱覽室, 定期刊行物室 등의 위치, 크기 및 各室에 필요한 위
치에 적격한 직원을 배치하는 것은 현대사회에 있어서는 民主的인
圖書館法規로 표현되고 각각의 업무가 規定된다. 이러한 規程을 세
밀히 나타낸 것이 業務分掌 또는 업무편람(staff manual)이다. 이러
한 業務便覽을 효과적으로 制定하고, 이에 따라 업무를 執行함으로
써 圖書館의 경영은 합리적으로 이루어질 수 있으며, 圖書館의 기능

이 充分히 발휘될 수 있는 것이다.

이러한 業務는 사회조직의 구조가 변화함에 따라서 決定되는 것이므로 永久不變한 것이 아니다. 時代의 변천과 社會의 동향에 따라서, 또는 이용자의 요구의 변화에 따라서 항상 변화하는 것이다. 언제나 동일한 system에 따라 동일한 理念을 가지고 業務를 지속한다면 그 業務는 沈滯하게 된다. 이러한 의미에서 行政機構의 改革이 빈번히 이루어지는 것이다. 組織構造를 改革하는 것은 社會의 動向에 따라서 새로운 業務를 수행함으로써 새로운 기능을 발휘하기 위한 것이다. 業務시스템 管理論은 도서관의 이러한 효과적인 업무수행에 기여하기 위한 敎科라고 볼 수 있다.

2) 情報管理論

情報란 知識이나 科學의 요인으로서 人間이 사회조직의 基礎構造를 형성하고 있는 것이다. 情報는 또한 人間이나 사회의 目的確立과 意思決定의 문제를 해결하는 要因인 것이다. 따라서 人間이 생존하는 한 여러 가지의 形態로 전달되고 있는 情報를 가능한 한, 다량으로 수집하여 축적하고 그것이 필요할 경우는 언제든지 이용될 수 있는 組織體制를 정비해 둘 필요가 있는 것이다. 이러한 情報의 組織化를 관리하는 것을 情報管理라고 하며, 이 情報管理가 사회의 중대한 관심과 의의를 가짐으로써 人間의 조직으로서의 여러 가지 사회단체나 敎育 및 研究機關이 앞을 다투며 情報의 管理機構를 설치하게 된 것이다.

이러한 情報管理의 주요한 目的은 ; ① 急變하는 社會的 動向에 적응하여 生存競爭에 있어서 승리하기 위한 것이며, ② 急變하는 社會構造의 變革에 相應하여 체질을 개선하고 技術을 혁신하기 위한 것이여, ③ 모든 學問分野의 새로운 발전과 創造를 위한 것이다.

따라서 情報는 商品生産의 技術革新을 위한 企業에만 필요한 것이 아니라 人間 個人이나 특히 敎育機關, 연구기관, 그리고 이에 종사하는 敎育者, 硏究者에게도 필요한 것이다. 특히 企業에 있어서는 技術革新을 위한 情報가 그 生命線이라고 볼 수 있으며, 敎育機關이나 學術硏究機關에 있어서는 새로운 발전과 創造를 위한 情報가 그 生命線이라고 볼 수 있다. 적절하고 필요한 情報를 입수함으로써 人間과 人間社會에서 발생하는 문제를 해결하고, 人間社會에 필요한 利器를 개발할 수 있는 것이다. 그리하여 새로운 技術을 개발하지 못하면 다른 企業과의 競爭에서 敗北하게 되는 것이며, 學術에 있어서도 後進性을 면치 못하게 되는 것이다.

이러한 學術의 발전과 技術의 革新을 위해서는 방대한 量의 情報를 驅使해야만 하기 때문에, 國內外를 불문하고 각 敎育機關이나 학술연구기관이나 企業體는 情報管理機構를 완비하고자 노력하여, 情報의 수집과 조직 및 配布 活動에 있어서도 경쟁을 하게 되는 것이다. 이와 같이 "情報를 蒐集하고 조직하고 배포하는 일련의 業務를 어떤 機構下에서 制御(control)하는 것을 情報管理라고 한다.74)

情報管理라고 하는 槪念이 社會의 각광을 받고 비약적으로 등장하게 된 것은 電子計算機와 MIS(Management Information system)의 旋風 때문이다. 이것은 經營에 情報 system을 樹立하고, 電子計算機의 적용에 의하여 企業經營의 효율을 높이고, 다시 발전과 확대를 시도하는 企業經營戰略의 일종이다. MIS라고 하는 用語가 企業界에 있어서의 하나의 流行語가 되고, MIS가 進行됨에 따라서 情報處理 技術이 MIS에 있어서는 不可缺한 것이 된 것이다. 그리하여 經營情報시스템(MIS)은 스스로 어떤 機構下에서 情報의 수집, 조직, 배포를 制御하는 system을 설치하지 않을 수 없게 된 것이다. 따라서 이 system 전체를 일컬어 情報管理라고 하는 말로 표현하게 된 것이다.

經營情報시스템, 즉 MIS와 여기에서 다루고자 하는 情報管理와는

---

74) 椎名六郞. 新圖書館學槪論. 東京, 學藝圖書株式會社,1973. p. 313.

거의 동일한 것이다. 渡邊昭雄에 의하면, "MIS란 經營의 各層이 필요로 하는 資料를 정확하게 제공하기 위해서 객관성 있는 情報를 蒐集하고 加工하고 保管하는 人間과 機械로써 구성되는 組織體"75)라고 한다.

여기에서 말하는 "情報의 蒐集, 加工, 保管(蓄積)이라고 하는 것은 情報管理의 技術의 領域으로서, 이 技術을 사용하지 않으면 MIS는 이루어지지 않을 것이다. 이와 같이 본다면, 情報管理도 도서관이나 情報機關에서만 사용되는 專門的인 技術이 아니라 모든 단체나 기관에서 사용되는 技術이다. 情報管理의 技術이 社會에서 사용되고 普遍化했다는 것을 의미한다.

그러나 도서관에서의 情報管理 또는 文獻情報學에 있어서 情報管理論은 주로 收書業務의 自動化와 貸出業務의 自動化를 위한 기술적인 문제를 다루어야할 것이다. 왜냐하면 넓은 의미에서 보면 도서관 전체의 업무가 情報管理이며, 좁은 의미에서 보면 收書의 管理와 貸出의 管理가 가장 직접적인 情報管理이기 때문이다.

그리고 종래의 도서관학에서는 收書의 문제와 貸出의 문제만을 다루는 별도의 敎科目이 없었으나, 도서관의 효과적인 管理를 위해서는 收書業務와 貸出業務가 우선적으로 自動化되어야 하므로 文獻情報學에서는 情報管理論이라는 敎科名으로 이에 대한 自動化技術을 주로 다루는 것이 가장 合理的이라고 생각된다.

7. 情報政策 研究

현대의 民主主義社會에 있어서는 기본적 人權이 확립된 이래, 人間은 누구나 情報를 알고 배울 自由와 權利가 보장되어 있는 것이다. 이러한 保障이 없이는 情報傳達의 自由가 허용될 수 없는 것이다.

---

75) 渡邊照雄. MIS: その理解のために, 東京, 日刊工業新聞社.1968. p. 15.

封建時代의 도서관에 있어서는 平民은 自由로이 資料를 이용할 수가 없었다. 다만 限定된 선택된 人間만이 도서관을 이용할 수 있었던 것이다. 따라서 資料의 生産, 蒐集, 축적에 있어서도 自由가 없었다. 情報資料의 生産, 蒐集, 축적 및 이용은 權力者의 의도에 따라서 언제나 抑制될 수 있었던 것이다.

近代社會에 있어서 圖書館이 성립될 수 있었던 前提條件은 기본적 人權의 확립과 보장이었던 것이다. 이 기본적 人權의 保障은 민주적 憲法에 기초를 둔 것이다. 이 憲法을 規範으로 한 관계법률에 의해서 도서관설치의 기반이 확립되고 그 設置가 보장될 수 있는 것이다. 그 나라의 國民이 自由로운 意志에 따라서 代表者로서의 國會議員을 선출함으로써 그들의 意志를 反映하여 立法된 도서관에 관한 法律로서 圖書館의 安定性과 永續性이 보장되는 것이다. 이러한 圖書館關係法律이 확립됨으로서 圖書館行政이 이루어지는 것이다.

그러므로 圖書館法은 國家나 지방 공공단체 또는 個人이나 단체가 도서관을 설치하고 그 管理·運營을 실시하기 위한 法的인 근거가 되는 것이다. 다시 말하면, 圖書館行政은 어떤 權力 내지는 拘束力이나 規制力을 가지고 실시되는 것으로서 도서관의 目的·內容·업무 등을 立法이라고 하는 節次를 밟아서 成文化한 이른 바 각종의 圖書館法規로 표현되는 것이다. 따라서 圖書館法規는 도서관의 政策·理念·管理·운영·조직 및 奉仕 등이 규정되고 있는 것이다.

그러나 어느 하나의 圖書館法規에 이상의 모든 것이 규정될 수는 없다. 또한 國家에 따라서 法規의 조직이 다르기 때문에 圖書館法規의 표현이 일정하지 않다. 그러나 圖書館法規가 적용되는 도서관의 범위는 公費로써 經營되는 도서관이나 公益法人에 의해서 설치되는 圖書館과 같이 國家나 지방공공단체의 원조를 받는 것에 대해서 規制하는 것이다. 이러한 도서관은 公共福祉에 관계되는 것이며 사회에 영향을 주기 때문이다.

그러므로 個人이건 法人이건 누구나 圖書館法規에 관계없이 도서관을 설치할 수 있는 것이다. 만약 반드시 圖書館法規에 따르지 않으면, 도서관이 설치될 수 없다면 그것은 결국 기본적 人權을 侵害하는 것이며, 情報를 알고 배울 自由와 權利를 侵害하는 것이다. 그러나 도서관을 설치한다 하더라도 公開도 하지 않고 資料의 축적도 빈약하여 이용되지 않는 것이라면, 이것은 圖書館으로서의 價値나 存在의 의의도 없는 것이다.

한편, 圖書館政策은 國家 전반적인 입장에서 볼 때, 모든 國民에게 均等하게 圖書館奉仕의 惠澤이 미칠 수 있도록, 각 지역사회에 圖書館을 설치하고, 資料의 普及, 도서관운영관리의 指導, 연락, 調整 등을 시도하여 국가전체의 圖書館振興을 추진하는 施策을 의미한다.

물론 이러한 圖書館政策도 이에 대한 法律을 근거로 해야 하지만, 國家의 圖書館振興委員會와 같은 기구를 설치하여 行政的인 次元에서도 가능할 것이다. 여하간 圖書館政策은 국가전체적인 입장에서 각 도서관의 目的이나 기능을 발휘하기 위해서 각각의 圖書館의 性格을 존중하면서 圖書館의 奉仕活動을 원조하고, 圖書館網이나 협회 조직망 등을 계획하여 圖書館의 전반적인 발전을 시도하는 國家的인 施策의 確立(national plan)을 의미하는 것이다.

이러한 면에 있어서 美國은 白堊館 내에 도서관발전을 위한 諮問委員會를 두고 공공도서관에 대한 圖書館政策을 수립하여 이를 적극 추진하고 있다. 이 政策을 수행하는데 있어서 聯邦政府가 중대한 역할을 하고 議會圖書館이 그 支柱를 이루고 있다.

현재 우리나라에서 요청되는 圖書館政策을 수립하자면, 政府에서 적극적으로 노력하는 동시에 國會圖書館이 중심이 되어 추진해야 하며, 圖書館協會에서 적극적으로 노력해야 할 것이다.

현재까지 우리나라의 圖書館學科 敎科에는 이상에서 설명한 圖書館行政이나 政策에 관한 敎科가 거의 없었다. 그러나 앞으로는 주요한 敎科目으로서 다루어져야 할 것이며, 이에 대한 硏究가 수반되어야 할 것이다.

Ⅶ. 文獻情報學의 略史

종래의 圖書館學은 도서관의 실무를 효과적으로 수행하는데 필요
한 전문적인 知識과 技術을 연수하기 위해서 발생한 것이며, 文獻情
報學은 도서관학을 바탕으로 情報學의 理論과 方法論을 도입하여 새
로운 체계로 계승 발전시키는 學問이라는 것은 이미 논급한 바 있
다. 그런데 여기에서 초기의 圖書館의 실무수행에 필요한 전문적인
知識과 技術의 핵심은 書圖館資料의 檢索道具인 目錄을 작성하는데
필요한 知識과 技術이었다고 볼 수 있다.

따라서 文獻情報學은 원초적으로 圖書館의 발생과 圖書館資料의
檢索道具인 目錄의 발명에서 비롯하는 것으로 볼 수 있다.

. 圖書館이 형성되고 情報資料의 축적량이 증가하면 증가할수록 그
가운데 필요한 情報를 신속히 찾아낸다는 것이 중요한 문제가 된다.
그리하여 축적된 情報資料 가운데 필요한 情報를 효과적으로 檢索하
기 위한 수단으로서 目錄이 발명된 것이다. 그리고 文字의 발명이
최초의 情報革命이라고 본다면 目錄의 발명은 제 2단계의 情報革命
이라고도 볼 수 있다.

이상과 같은 관점에서 이 章에서는 文獻情報學의 발전과정을 東洋
과 西洋으로 구분하여 설명하고자 한다.

1. 東洋의 文獻情報學史

1) 中國의 古代

中國의 殷나라 시대(B.C. 1300~)의 圖書館에서는 축적된 情報資料의 檢索方法이 일찍이 발전했음이 명백하다. 근년에 中國의 中央研究所에서 殷나라 全代에 걸친 완전한 甲骨卜辭가 묻혀 있는 36坑의 遺物을 발굴했는데, 이 甲骨에서 殷代의 典籍을 소장하는데 法則이 있었음을 증명할 수 있는 증거를 찾았다. 董作賓이 새로 수집한 卜辭 중에는 一甲의 甲骨 末尾에 ⅢΛ(冊六)의 文字가 있고, 바로 그 위에 구멍(孔)이 있는데, 이 구멍은 가죽끈으로 甲骨을 엮은 듯하다고 한다. 또한 다른 甲骨의 末尾에 λℓΛ 혹은 κℓΛ(編六)의 文字가 있다.

또한 姚名達씨가 발견한 甲骨의 下端에는 SS≈(絲字의 小部分이 損傷된 것)의 文字가 있는데, 이것은 '絲三'으로서 세 타래의 數를 말하는 것 이라고 한다. 殷商時代에는 卜辭가 완성되면 龜甲을 冊으로 엮어서 每冊을 六甲으로 했는데, 이는 月日의 先後와 序列을 밝혀 典籍을 소장한 것으로서 檢索에 편리하게 쓰이도록 한 것이라 한다.[1] 이것이 目錄의 起原이며 文獻情報學의 起原이라고도 볼 수 있다.

2) 漢나라 時代

漢나라가 興하자 前漢의 成帝(B.C. 25~5)는 秦始皇帝의 梵書坑儒 이후 古典이 枯渴되어 가는 것을 개탄하고, 天下에서 遺書를 모아서 宮廷文庫였던 '秘府'에 소장하게 하였다. 그리고 그 整理作業은 당시의 光祿大夫였던 劉向으로 하여금 經典・諸子・詩賦의 정리를 담당하게 하고, 步兵將校인 任宏은 兵書, 太史令인・尹咸은 數術, 侍醫인

---

1) 姚名達著. 中國目錄學史・臺北, 壹灣商務印書館, 民國 60 (1971). p. 38.

李柱國은 方技를 담당하게 했는데, 이 때 劉向은 冊마다 校訂이 끝
나면 그 篇目을 적고 旨意를 撮錄하여 上秦하였다.2) 이것을 「叙錄」
이라고 하며, 이것을 토대로 후에 다시 書冊을 編冊하였는데, 그것을
「別錄」(20卷)이라 한다.3)

  劉向은 이 사업을 완성하지 못하고 別世(B.C. 6)하여, 哀帝는 劉
向의 아들 劉歆에게 命하여 이것을 완성시켰다. 劉歆은 아버지의 遺
稿를 類別로 구분하고 정리하여 「七略」(B.C. 5)이라고 標題하였다.
그러하여 七略은 六藝略・諸子略・詩賦略・兵書略・數術略・方技
略・輯略(六略 전반에 걸친 總說)으로 되어 있다.

  이상에서 말한 「別錄」은 各冊에서 誤謬가 있는 것은 이를 指摘하
여 校訂하고 各冊을 해제한 目錄 즉, 解題書誌라고 생각되며, 「七略」
은 이를 主題別로 分類하여 작성한 分類目錄이라고 볼 수 있다. 이
당시 「七略」을 편찬할 때까지 秘府에 소장되었던 資料를 정리하는데
있어서 資料의 내용 중에 脫誤를 訂正하고, 중복을 刪削하고, 書名을
訂正하고, 篇次를 識別하고, 內外篇을 分析하고, 佚文을 增補하는데
「校讎學」이라고 하는 學問이 그 바탕이 되었다.4)

  그리고 校讎學의 語源은 '校'는 한 사람이 校正하려는 底本과 對
比하려는 參考資料를 자신이 직접 校正하는 사실을 일컬음이요, '讎'
는 한사람이 對比하려는 參考文獻을 쥐고 그것을 읽어가면 다른 한
사람은 校正하려는 底本을 對比하되 정밀을 기하기 위하여 冊을 읽
어주는 사람과 怨讎처럼 따진다는 뜻에서 讎字를 붙였으니5) 본래는

---

2) 班固. 漢書藝文志. 香港, 平大書局, 1963. p. 2.
3) 別錄은 北宋까지 新唐書에 記載되었으나 그 후 亡失되어 不傳이다. 許世瑛著.
   中國目錄學史(臺北, 中華文化出版事業委員會. 民國 43)에 의하면 別錄은 劉向이
   各書의 叙錄을 마련하였던 당시 동시에 別寫하여 總集한 것이라고 하며, 한편,
   姚振宗編인 七略別錄에 의하면 別錄은 그 當時 이루어진 것이 아니라, 그 후 劉
   歆이 成書한 것이라고 主張하고 있다.
4) 蔣元卿著. 校讎學史, 臺北, 商務印書局, 民國 58(1969). p. 35.
5) 王叔岷著. 斠讎學. 臺北, 臺聯國風出版社, 民國 61(1972). P. 2a~b.

두 사람이 校正하는 것을 원칙으로 하다가 後世에 와서 한 사람으로도 가능하다는 뜻에서 '勘은 校'6)라는 同意語로 써서 校勘學으로 불러 왔다.

이와 같이 校讎와 校勘은 얼핏 생각하면 오늘날은 校正에 불과하다. 그러나 이것은 「叙錄」이나 「別錄」이나 「七略」 등의 국가적인 사업으로 정리된 文獻錄을 성취하기 위한 부분적인 절차였다고 볼 수 있다.

그리고 이 당시의 모든 冊이나 情報資料는 현재와 같은 종이에 記錄되었거나 印刷된 資料가 아니고, 龜甲이나 獸骨이나 木板, 竹簡, 竹帛 등에 筆寫되었거나 刻銘된 資料였던 것이다. 이와 같이 校讎學이나 校勘學은 특히 '訓詁를 통하고 故事를 考證'7)하는 學究的 立場에서 이미 과거에 이루어진 誤謬를 訂正하고 전반적인 情報資料를 分類·編目하고 整理하여 體系化하는 學問이었다. 따라서 현대적인 의미로 말한다면 보다 바람직한 情報資料를 신속 정확하게 檢索하여 효과적으로 이용하게 하는데 目的이 있었다고 볼 수 있으므로 이를 文獻情報學의 源流로 보는 것이다. 中國圖書館學會에서 編著한 「圖書館學」8)에서도 校讎學史를 圖書館學史에 포함시키고 있는 것도 이러한 의미에서 일 것이다.

3) 魏代와 晋代

魏나라 時代에는 鄭默이 「中經簿」라는 目錄을 편찬하였다. 「中經簿」란 國內書目이란 뜻이며 이것은 魏代의 藏書目錄으로서 이것이 四分法의 嚆矢9)이다. 「中經簿」는 14卷으로서 1886部 29845卷을 수록했다고 하는데 일찍이 散佚되어 그 內容은 未詳이나 그 槪要는 다

---

6) Ibid, p. 3a.

7) 蔣伯潛編著. 校讎目錄學纂要. 臺北, 正中書局, 民國 46(1957) p. 92.

8) 中國圖書館會編著. 圖書館學. 臺北. 臺灣學生書局, 中華民國 63(1974) p. 6.

9) 長孫無忌 等撰. 隋書, 卷三十三 經籍志一

음의 「新簿」에서 把握할 수 있다.

晋나라의 초기에는 荀勗이 「中經新簿」라는 目錄(40卷)을 편찬했다. 수록된 것은 역시 29945卷, 그 體裁도 꼭 「中經簿」에 따랐다[10]고 한다. 「中經新簿」의 分類法의 槪要는 다음과 같다.

甲部: 六藝及小學等書.

乙部: 古諸子家 近世子家 兵書 兵家 術數

丙部: 史記 舊事 皇覽簿 雜事

丁部: 詩賦 圖贊 汲冢書[11]

또한 「中經新簿」 이후에도 東晋初에 「晋元帝書目」이라는 目錄을 만들었는데, 이때 李充은 「中經新簿」의 分類方法을 그대로 따랐으나 다만 乙部와 丙部의 順序를 바꾸어 다음과 같이 하였다.

甲部: 五經等	丙部: 諸子等
乙部: 史記等	丁部: 詩賦等

4) 宋代와 梁代

宋나라의 後廢帝 元徽元年에는 秘書丞 王儉이 秘閣의 圖書를 整理하여 「四部官修目錄」을 편찬하였다.[12] 이 目錄을 흔히 「七志」라고 한다. 「七志」는 그 本志가 亡佚되어 자세히 밝힐 수 없으나 그 分類法의 內容은 다음과 같다.

一. 經典志: 六藝 小學 史記 雜傳	六. 術藝志: 方技.
二. 諸子志: 今古諸子.	七. 圖譜志: 地域及圖書.
三. 文翰志: 詩賦.	附. 道經錄

---

10) *loc. cit.*

11) 長孫無忌. *op. cit.*

12) *Ibid.*

四. 軍書志: 典書.　　　　　　　　　　附. 佛經錄

五. 陰陽志: 陰陽圖緯.

　위에서 보는 바와 같이 「七志」는 「七略」을 모방하여 志次와 名稱을 변경하고 圖譜志를 추가해서 名實共히 七分法으로 만들었으며 道·佛의 兩敎를 附錄하였음을 알 수 있다.

　「七志」 다음에 나타난 分類法은 「七錄」이다. 「七錄」은 梁나라때 阮孝緖가 편찬한 것으로, 宋으로부터 齊에 이르기까지 王公의 搢紳館에 축적된 噴籍을 조사하여 所藏目錄과 對照하는 한편 官修目錄과도 參考하여 遺漏된 것을 補充해서 새로 편찬한 目錄13)이라고 한다. 그 分類法의 槪要는 다음과 같다.

1) 經典錄　　　　　5) 術技錄
2) 紀傳錄　　　　　6) 佛法錄
3) 子兵錄　　　　　7) 仙道錄
4) 文集錄

　이 「七錄」의 分類法은 王儉의 「七志」와 劉歆의 「七略」 分類法을 참작하여 만든 것이므로 그 兩者에 比하면 크게 발전되었으며, 또한 名實相符하게 七分法으로 되어 있는 것이 특징이다.14)

5) 唐나라 時代

　唐나라 시대에는 太宗 貞觀 15年(641)에 勅命에 의해서 李淳風, 韋安仁, 李延壽 등이 「隋書經籍志」라는 目錄을 편찬하였다. 이 目錄의 類目의 設定에 있어서는 司馬遷의 史記, 班固의 漢書, 王儉의 「

---

13) 阮孝緒. 七錄序(廣弘明集 卷三 所收)
14) 千惠鳳著. 古書分類目錄法, 上. (韓國圖書館學叢書 14-1) 서울, 韓國圖書館協會, 1970. p. 20.

七志」, 阮孝緖의 「七錄」 등을 참고로 하여 편성한 것이다.15) 그 分類의 槪要는 다음과 같은 四部分類法이다.16)

經部: 史部: 子部: 集部: 附. 道經. 佛經.

그리하여 「隋志」이후 高儒가 撰한 「百川書志」, 朱睦㮮가 撰한 「萬卷堂書目」, 徐燉이 撰한 「紅雨樓書目」, 焦竑이 撰한 「國史經籍志」, 祁承㸁이 撰한 「澹生堂藏書目」 등을 비롯해서 正史17)의 藝文志, 經籍志는 이 四部分類를 따르고 있다. 다만 그 細目의 名稱과 배열의 精粗에서 다소의 差異가 있을 뿐이다

6) 淸나라 時代

唐나라의 「隋書經籍志」의 四部分類法은 淸代에 이르러 「四庫全書總目」(200卷)을 정리하는데 적용하게 됨으로써 더욱 발전을 보았다.

「四庫全書」는 淸나라 高宗의 命으로 乾隆 37年(1773)부터 同 47年(1782)까지 10年間에 걸쳐, 紀昀, 陸錫熊, 孫士毅등이 中國全域에서 수집된 善書總 10223部 172626卷을 繕寫 成書하여, 內廷四閣中의 하나인 文淵閣18)에 所藏한 一大叢書이다. 이 「四庫全書總目」에 적용된 分類法은 다음과 같다.

---

15) 隋書는 唐代에 魏徵등이 太宗의 命을 받아 지은 「隋의 正史이다. 紀傳은 顔師古 孔穎達, 志는 李廷壽 李淳風 韋安仁 등이 편찬한 것으로 581~618年間에 걸친 史實이 수록되어 있다. 隋書는 總 85卷으로 現在는 25史 가운데 收錄되어 있으며, 經籍志는 隋書가운데의 類別書目이다.

16) 長孫無忌 等撰. 隋書, 卷三十二 經籍志序.

17) 正史란 史記, 前漢書, 後漢書, 三國志, 晋書, 宋書, 南齊書, 梁書, 陳寶, 北魏書, 北齊書, 北周書, 隋書, 南史, 北史, 新唐書, 新五代史, 宋史, 遼史, 金史, 元史(以上 21史). 舊唐書, 舊五代史, 明史(以上 24史)? 新元史,(以上 25史), 淸史稿(以上 26史)인데, 그 가운데 藝文志와 經籍志에 있는 것은 漢書, 隋書, 舊唐書, 新唐書, 宋史, 明史, 淸史稿의 七部이다. 宋史 以前은 古今의 典籍을 通錄하고 明·淸史에 있어서는 各各 그 時代의 著述을 收錄하고 있다.

18) 文淵閣은 北京의 紫金城內 宮中大華殿의 뒤에 設置 되었으나 후에 上海로 옮겼으며 現在는 不明하다.

經部: 一易類. 書類. 詩類. 禮類. 春秋類. 孝經類. 五經總義類. 四書類. 樂
　　　類. 小學類.
史部: 一正史類. 編年類. 紀事本末類. 別史類. 雜史類. 詔令奏議類.
　　　傳記類. 史紗類. 載記類. 時令類. 地理類. 職官類. 政書類. 目錄類.
　　　史評類.
子部: 一儒家類. 兵家類. 法家類. 農家類. 醫家類. 天文算法類. 術數類.
　　　藝術類. 譜錄類. 雜家類. 類書類. 小說家類. 釋家類. 道家類.
集部: 一楚集類. 別集類. 總集類. 詩文評類. 詞曲類.

이 四部分類法은 清代에 있어서 錢謙益이 撰한 「絳雲樓書目」, 黃虞稷이 撰한 「千頃堂書目」, 金檀이 撰한 「文瑞樓藏書目錄」, 張之洞이 撰한 「書目答問」등에 적용되고 있다. 다만 그 細目의 名稱과 배열의 精粗에서 다소의 차이가 있을 뿐이다.

한편 清代에 있어서 특기할만한 歷史的 事實은 板本學의 출현이다. 清代 초기(1640년대)에는 元明刊本들이 너무나 惡劣해서 舊板을 鈔하려는 風潮가 盛行하였다.[19] 이를 틈타서 書籍商들은 神妙한 꾀로서, 冊의 首尾를 떼어 버리거나 書目을 바꾸거나 字劃을 떼어서 諱(名)로 썼고, 글字를 떼어서 이름을 바꾸고, 染色하여 옛날 것 같이 하고, 缺本이 있으면 다른 板本을 섞고, 冊이 完全히 없는 것은 他書로 代行하는 風潮가 있었다.[20] 그 중에서도 宋板書를 僞造하는 奸計가 더욱 심하여 그 眞僞를 가릴 수가 없었으므로 校讎家들은 부득이 板本의 源流와 刊刻의 年月, 人名, 紙墨, 款式[21], 前後序跋, 收藏圖印 등을 참고하여 俗刻僞造를 識別해내는 板本學이 싹튼 것이다.[22]

板本學은 古書中에 匿名의 著作이나 書名이 未詳한 것, 出版地가

---

19) 蔣元卿著. 校讎學史. 臺北, 商務印書局, 民國 58(1969), p.181.
20) *Loc. cit.*
21) 行款의 形式=邊欄(板匡), 板心(板口) 中縫, 象鼻, 魚尾, 書耳, 耳題, 欄外題, 木記, 墨等, 墨蓋子, 白匡, 墨圍, 陰文, 書眉, 眉批, 書腦, 畫背, 畫根 등의 形式을 말함
22) *Ibid.* p. 182.

애매한 것, 出版處의 표시가 없는 것, 刊年이 未詳한 것 등을 조사하고 검토하여 板本을 식별하는 것이다. 그 중에서도 板本學의 실제적인 방법은 古書의 表紙의 紋樣, 題簽, 裝幀, 大小, 外形, 紙數, 序, 跋, 筆者, 刊記, 作者(撰者), 編者, 所在, 所有者, 諸本, 古筆, 註釋, 研究, 刊行所, 書寫의 日附, 紙質, 藏書人, 識語, 符箋,23) 字體, 活字24) 등을 통하여 刊行年代와 板本을 鑑定하는 것이다.

이와 같이 板本學은 간단히 말하면 淸代에 僞書가 너무나 盛行했기 때문에 이러한 僞書를 識別해 내기 위한 방편으로서 出發한 것이라고 볼수 있으나, 이것은 결국 당시의 情報資料의 淨化를 위한 學問으로서 보다 바람직한 情報資料를 당대나 후세에 傳達하고 傳承하는데 큰 意義가 있었다고 볼 수 있다. 이러한 관점에서 板本學도 東洋에 있어서 校讎學의 뒤를 이은 文獻情報學의 한 흐름이었다고 보는 것이다.

中國의 蔣元卿에 의하면 "校讎學에서 目錄學, 板本學, 校勘學으로 分立된 것이 明白하다"25)고 하니 前章에서 말한 바와 같이 校讎學이 圖書館學의 源流라고 본다면 板本學도 圖書館學의 한 源流라고 말할 수 있을 것이다. 또한, 中國圖書館學會의 「圖書館學」24)26)에서 板本學史를 圖書館學史에 포함시키지 아니하였으나 이 板本學史는 "印刷史, 裝璜史, 書影史"로 나누어진 것으로 생각된다.

또한 淸代末期에 특기할 歷史的인 사실은 目錄學의 출현이다. 目錄學은 淸代의 乾隆 末年(1790년대)에 王鳴盛이 지은 「十七史商榷」속에 나타난 "目錄之學"27)이라는 語句가 비로서 나타났으니 이는 淸代에 이르러 校讎學에서 目錄學으로 분립된 것이다.28) 中國의 許世

---

23) 山岸德平著. 書誌學序說. 東京, 岩波書店, 1978, p. 7~8.

24) 屈萬里, 昌皮得合著. *op. cit.* 74~77.

25) 蔣元卿著. 校讎學史. *op. cit.* p.182.

26) 中國圖書館學會編著. 圖書館學. *op. cit.* p. 61.

27) 蔣元卿著 *op. cit.* p. 178.

瑛에 의하면 "目錄學은 여러 冊을 분류하고 異同을 구분하며, 大意를 밝히고, 同類를 疏通시키며, 學術을 分析하고 源流를 探究해서, 사람들로 하여금 冊을 용이하게 얻어 볼 수 있게 하는 專門學術이다.29)

　한편 目錄의 語源은 '目'은 篇目을 가리키며 '錄'은 序를 말하는 것이다. 이 말은 「漢書藝文志」에 수록된 것으로서 劉向이 秘府의 書冊을 整理할 때 '條其篇目 撮其旨意'란 말에서 그 뜻을 잘 나타내고 있다. 즉 이 말은 目은 篇次와 要目을 分析하는 것이요, 錄은 그 冊의 要旨를 拔萃해 냄을 뜻하고 있다.30)

　이와 같이 '目錄學은 校讎學에서 分立된 것'이라고 하지만 板本學 다음에 발생한 것으로서 역시 情報資料를 효과적으로 이용하게 하기 위한 專門的인 學問으로서 현대의 圖書館學 또는 文獻情報學의 흐름이었다고 볼 수 있다. 그리하여 中國圖書館學會에서 編著한 「圖書館學」31)에서 目錄學史를 圖書館學史에 포함시키고 있는 것도 이러한 의미에서이다.

2. 西洋의 文獻情報學史

1) 古代

　현재까지 最古의 도서관이라고 알려지고 있는 Sumeria의 Tello의 圖書館(B.C. 2700년경)이나, B.C. 2500년경의 Egypt의 Gizeh에 있었던 圖書館 및 B.C. 1250년경 Egypt의 Thebes에 있었던 圖書館 등에서의 資料의 蓄積方法은 알 수 없으며, B.C. 1900년경의 Babilonia Dorsippa 圖書館에는 Ibnissaru 라고 하는 專門職員이 圖書館 資料를

---

28) *Ibid.* p. 178~180.
29) 許世瑛編著. 中國目錄學史. 臺北, 中華文化出版事業委員會, 民國 43(1954) p. 4.
30) 許世瑛編著. 中國目錄學史. 壹北, 商務印書館, 民國 58(1969) p. 1.
31) 中國圖書館學會編著. 圖書館學. 壹北, 臺灣學生書局, 中華民國 63(1974) p. 61.

정리했다고 하나32) 그 내용은 未詳이다.

또한 B.C. 800년경 Assyria의 Nineveh에 있었던 Assurbanipal 王 圖書館의 藏書는 粘土版이 主題나 혹은 형태에 따라서 배열되어 있었으며, 이에 대한 目錄이 있었다.33) 이것이 우리가 알 수 있는 최초의 情報資料의 檢索道具라고 볼 수 있다.

2) Greece 時代

BC 4세기 경 Greece에는 상당한 規模의 圖書館이 있었으며, 이러한 圖書館을 중심으로 Aristoteles는 文獻全般에 걸쳐 그 수집의 완전을 기하려고 努力하는 한편, 知識 全分野에 대한 확고한 기초를 세우는데 注力하였고, 특히 文獻과 文獻史의 原則을 세운 元祖가 되었다.34) 이것이 文獻學의 始原이라고 볼 수 있을 것이다.

그 후 Aristoteles의 弟子인 Alexander 大王이 이룩한 Alexandria 는 Hellenism 學問의 中心地로서 신속한 발전을 이룩했으며, 특히 圖書館을 중심으로 Greece의 文獻에 대한 체계적인 研究가 시작되었다. 權威 있는 原典들은 文獻學的인 또는 歷史學的인 批判과 著作上의 諸問題, 眞僞의 與否, 각 著作의 범위와 구분 등을 調査・決定하여 蒐集・整理하였다. 동시에 Alexandria學派는 圖書製作分野에 있어서도 획기적인 結果를 가져오게 하였다.35)

Alexandria 圖書館에 있어서 文獻情報學上 특기할 것은 Callimachus (B.C. 310~240)의 分類法이다. 그가 Alexandria 圖書館을 위

---

32) Norris, Dorothey May. *A History of Cataloguing and Cataloguing Methods.* Lomdon, 1939. p. 34.

33) Gates, Jean Key. *Guide to the Use of Books and Libries.* New York, McGraw Hill, 1962. p. 6.

34) Hessel, Alfred. *History of Libraries.* tr. with supplementary material by Reuben Peiss. 李春熙譯, 西洋圖書館史. 서울, 韓國圖書館協會, 1968. p. 12.

35) *Ibid.* p. 13.

해서 고안한 分類法에 의해서 이루어진 Pinakes 目錄은 이 圖書館의 筆寫本目錄으로서 藏書 全資料를 詩部와 散文部로 나누고, 각 부를 다시 ① 叙事詩 ② 戱曲 ③ 法律 ④ 哲學 ⑤ 歷史 ⑥ 修辭學 ⑦ 醫學 ⑧ 數學 ⑨ 自然科學 ⑩ 雜件 등 主題別로 10구분하였으며,36) 각 主題部門에 있어서는 著者名의 alphabet순으로 배열하고, 각 著者에 대해서는 간단한 傳記와 그들의 著作을 열거하였다. 그리고 각 著作에 대해서는 書名과 그 著作의 첫 句節과 行數를 기입하였다. 이 Pinakes 目錄은 오랫동안 標準書目으로서의 評價를 받아 왔고, 그 후 모든 古文獻書誌의 기초가 되었으며,37) 동시에 西洋의 書誌學(B-ibliography)의 기초가 되었다.

3) Rome 時代

4世紀 초에 首都 Rome에는 28개나 되는 많은 수의 公共圖書館이 있었다. 그 가운데 가장 有名한 것은 Ulpian 圖書館이었다. 이러한 圖書館의 資料들은 Greece 語部와 Latin 語部로 나뉘어져 있었으며, 圖書館은 또한 國家의 중요한 文書保管所로서의 역할도 했다는 정도의 기록밖에는 없으며, 몇 개의 단편적인 目錄만이 남아 있으므로 당시의 藏書排列法이나 情報資料의 檢索手段에 대해서는 정확한 사실을 파악하기 어렵다.

4) 中世

中世의 초기에 있어서는 당시에 남아있던 대부분의 文獻을 轉寫하는 일이 盛行하였으며, 한 文獻에서 동일한 文獻을 여러 벌 複寫해냈다. 原文書誌學的 考察을 통하여 이루어진 이 轉寫는 현대의 文獻

---

36) 椎名六郎. 新圖書館學槪論. 東京, 學藝圖書株式會社, 昭和 48(1973) p. 73.

37) Hessel. Alfred. *op. cit.* p. 13.

學上 중요한 의의를 차지하는 것이다. 이것은 축적된 情報의 檢索手段이 아니라 情報의 정확한 傳授手段 또는 情報의 生産手段이라고 볼 수 있다. 또한 이 시대에 들어와서 羊皮紙가 papyrus를 대신함에 따라서 圖書의 形態上에도 많은 변화를 가져 왔다. 즉 그것은 두루마리形態인 papyrus 卷子本 대신 두꺼운 表紙를 낸 羊皮紙寫本이 나오기 시작한 것이다.

中世 초기의 修道院圖書館에 있어서도 文獻資料를 정리하는 方法은 그 前代와 다름이 없었으나 目錄에 있어서 어떤 統一性을 엿볼 수 있다. 中世의 修道院圖書館의 目錄들에는 거의 같은 종류의 筆寫本들이 포함되어 있으며, 또한 이를 主題別로 구분하는 方法에 있어서도 각 目錄이 거의 통일되어 있음을 볼 수 있다. 맨 처음에 聖書類, 다음에 初期 敎父와 後期 聖職者들의 著作順으로 하되, 이를 다시 著者名順으로 배열하고 기타 宗敎圖書와 古代異敎文獻을 포함한 非宗敎圖書를 일정한 主題에 따라서 구분하였다. 또한 각 文獻에는 所在記號의 표시가 있었다.38)

이와 같이 여러 圖書館의 藏書目錄에 수록된 文獻의 종류가 對等하고, 主題別 區分方法이 통일되어 있으며, 文獻에는 각각 所在記號의 표시가 있다고 하는 것은 분명히 이 時代에는 一元化된 分類法과 目錄을 작성하는 原則이 있었다는 것을 의미한다. 그러나 이 당시의 分類法이나 編目規則에 대한 기록은 아직 밝혀지지 않고 있다.

中世後期의 圖書館에 있어서의 情報資料의 整理方法을 一律的으로 기술하기는 어렵다. 그러나 대체로 圖書目錄은 일종의 書架目錄(shelflist)의 형식을 취하였고, 때때로 이에 alphabet순의 索引을 더 添附하기도 하였다. 各冊에 대한 目錄記述을 보면 완전할 경우 그 冊의 書名·章節·書架番號·出處 및 價格 등을 기입하고, 때로는 寫本의 書體라든가 또는 造本形態에 대해서도 상세히 附記하고 있다.

---

38) Hessle, Alfred, *op. cit.* p. 32.

Renaissance시대에 있어서도 情報資料의 整理技術 즉 書架排列이나 分類法, 目錄方法은 前代와 다름이 없었다. 古典과 더불어 人文主義者들의 많은 著作의 유입으로 藏書가 증가했다고는 하지만, 이것이 결코 재래의 圖書整理方法을 변경시킬 理由가 될 수는 없었다. 그리하여 英國·France·獨逸 등지의 圖書館들은 한 때 그들이 닦아 놓았던 옛 길을 그대로 따르고 있었을 따름이다.[39]

5) 16～17世紀

16世紀에 있어서 獨逸은 冊 속에 묻혀 있었으며, 당시의 國際 圖書交易 중심지였다. 그리하여 獨逸에서는 프랑크푸르트 圖書展示會 目錄(Frankfurter Messkatalog)을 작성하여 이로써 전 Europe의 文獻을 가장 완전히 公報하는 역할을 하였다.

(1) Gesner

16世紀에 있어서 資料處理技術을 확립하고 후세에 크게 영향을 준 學者는 獨逸의 Conard von Gesner(1516～1565)이다. 그는 Thülizch(츄리히) 大學의 教授로서 哲學·醫學·博物學에 있어서의 당시의 最高權威者의 한사람이었다. 그는 1545년에 「世界書誌」(Bibliotheca Universalis)를 編하였다. 이것은 모두 3部로 이루어진 것으로 당시에 流布되고 있던 Latin, Greek, Hebrew의 모든 資料를 수집하여 이러한 著作을 각각 註解하고 이를 著作者別로 集大成한 것이다. 그리하여 제1부는 國際的인 人名辭典으로서 著者名을 alphabet순으로 배열하고, 각 著者에 대한 간단한 傳記를 수록하고, 그 著者의 모든 著作을 註釋한 것이다. 제2부는 그 書名이 Pandectae(1548年刊)로서 제 1부에 수록된 資料를 21部門으로 分類하고, 이를 각 主題下에서 書名의

---

39) *Ibid.* p. 50.

alphabet순으로 배열한 것이다. 또한 제3부는 그 書名이 Partìiti-
ons(1549年刊)로서 제1부와 제2부에 수록된 資料를 主題名과 書名의
ABC順으로 배열한 索引이다. 이들 主題索引은 당해 人名에 관한 論
述이 수록되고 있는 제1부(Bibliotheca Universalis)로 相互參照가 되
어 있다.40)

이와 같이 그는 分類에 있어서도 獨自的인 21部門의 精密한 分類
法을 개발하여 歐州 各國에 크게 영향을 주어 France의 國立圖書
館에서는 1810년까지 이 Gesner의 分類法이 사용되었다.

이러한 資料處理方法으로 著者에 의해서나, 書名에 의해서나, 主題
名에 의해서나, 分類番號에 의해서나, 여러 가지 角度에서 資料를 檢
索할 수 있도록 한 것이다. 이러한 技術은 현재도 변함이 없으며,
그 당시나 현재에 있어서 學術文化의 硏究에 偉大한 貢獻을 하고 있
는 것이다. 이러한 技術은 현대의 資料檢索法의 기초를 개발한 것이
라고 볼 수 있다.

(2) Gabriel Naudé

France의 Gabriel Naudé(1600~1653)는 1627년에 「圖書館建設에
관한 助言」(Advis pour dresser une bibliothéque＝Advice on est-
ablishing a libar)이라고 하는 不朽의 名著를 著述하였다.41) Naudé
는 圖書館의 역사적 발전을 인식하고 圖書館設置의 理念, 운영, 資料
의 수집·축적의 姿勢, 資料處理技術, 圖書館 建築 등 圖書館의 모든
문제점 등을 총괄적으로 파악하여 독자적인 견해를 總論的으로 著述
한 것이다. 다시 말하면 이것은 圖書館史上 최초의 圖書館通論이며,
圖書館思想의 일반적인 原理를 확립한 것이다.

---

40) Taylor, Archer. *General Subject Index Since* 1548. Philadelphia. Univ. of
    Pennsylvania press, 1966, pp. 40~41.
41) Naudé, Gabriel. *Advice on Establishing a Library*. Noted by Archer Taylor.
    Los Angels, Univ. of California Press, 1950.

　　Naudé의 思想의 영향은 歐洲 뿐만 아니라 英國·美國에까지도 영향을 주어 현재의 文獻情報學의 源泉을 이루고 있는 것이다. 그 후의 圖書館學者는 거의 그의 영향을 받았다고 해도 過言이 아니다.

　　Naudé의 이 名著는 그가 27歲때 著述한 것으로 小冊子이지만, 그의 思想과 실현은 현재의 世界의 圖書館界에 생생하게 보급되고 있다. 本書는 1644년 Naudé 자신에 의하여 校閱되어 印刷되고, 1646년과 1668년에 간행되었다. 1668년에는 J. A. Schmid에 의해서 獨逸語로 번역되었고, 英國에서는 John Evelyn에 의해서 英語로 번역되었다. 이것은 Evelyn이 Paris에 駐在하고 있을 때 1646年版을 보고 이에 감탄하여, 1661년에 英國의 王立協會(Royal Society＝學士院)가 結成되었을 때 紀念紀要(「Philosophers」)에 이를 揭載한 것이다.

　　美國에서는 Archer Taylor가 註와 參考文獻 및 索引을 부록하여 1950년 California大學에서 간행하였다. 이로써, 世界의 圖書館界에 보급되었다.

　　Naudé의 圖書館論을 요약하면, 圖書館은 모든 民衆의 文化的인 世襲財産을 보존하는 全人類의 시설이다. 따라서 全人類의 知識의 寶庫라고 하는 普遍主義에 立脚한 것이다. 일부의 人間을 위한 書庫, 保管所로만 생각되었던 圖書館을 社會에 절대적으로 필요한 價値 있는 기관이라는 점을 강조함으로써, 社會的으로 圖書館의 지위를 향상시키고 종래의 圖書館思想을 變革시킨 것이다. 또한 Naudé는 政治家나 執權者는 人民에게 文化를 제공하기 위해서 많은 圖書館을 설치해야 한다고 제언하고 상당한 經費를 요하지만 결과적으로 民衆을 기쁘게 하고 賞贊을 받는 것이다. 이것이 善政인 것이다.

　　過去 Greece 神話에 있어서의 Demetrius의 巨大한 大砲, Alexander大王의 遠征, Egypt大王의 피라밋, So1omon의 神殿建設의 사업 등은 民衆에게 苦痛을 주고, 民衆에게 利益이 없는 불필요한 사업이었다. 그와는 반대로 民衆을 위해서 훌륭한 圖書館을 설치한 政治家나 執權者는 현재도 民衆의 기쁨을 사고, 그 德을 感謝받으며 賞讚

되고 있다. Greece의 Bessarion이라든가 英國의 Bodley 卿 등 많은 실례를 들고 있다. 또한 政治家나 執權者가 圖書館을 설치했을 경우, 學識 있는 優秀한 文獻士를 採用하여 管理시키는 것이 필요하다. 그리고 政治家나 執權者는 가능한 한 文獻士를 優待하고, 最大의 尊敬을 베풀고 最高의 地位를 부여해야 한다. 이러한 偉大한 管理者가 在職했던 圖書館은 그 당시의 社會와 民衆에게 절대적인 利益을 주었기 때문에 현재도 그 업적이 높이 評價되고 賞讚을 받고 있다. 그 예로써 Greece의 Demetrius, Aristoxenus, Callimachus 등 많은 人物을 열거하고 있다. 이러한 것은 현대의 政治家나 執權者로서도 傾聽해야 할 見解일 것이다.

Naudé는 圖書館의 思想과 理念에 있어서도 史上 최초의 제언을 했을 뿐만 아니라, 圖書館의 管理와 奉仕에 있어서도 탁월한 슬기로운 노력을 기울이고, 또한 技術面에서도 獨自的 分類法을 개발하였다. 그의 分類法은 ① 神學 ② 醫學 ③ 書誌學 ④ 年代學 ⑤ 地理學 ⑥ 歷史學 ⑦ 軍事技術 ⑧ 法理學 ⑨ 宗敎와 宗敎會議法 ⑩ 哲學 ⑪ 政治學 ⑫ 文學의 12門으로 分類하였다.

目錄은 Reference로서 일반적으로 이용될 수 있도록 配慮하고, 主題 目錄의 작성을 권장하고, 다시 主題에 관한 著者의 ABC順 一覽表를 작성하면 더욱 효과적이라고 論述하였다.

한편, 특수한 主題의 文獻은 單行本에만 局限할 것이 아니라 論文도 購入하도록 장려하고 있다. 또한, 論文은 그 후에 출간되는 單行本보다 最新의 情報를 수록하고 있기 때문에 더욱 價値가 있으며, 輕量의 論文이나 書寫本도 單行本과 동일하게 취급하여 축적하고, 이를 一括하여 保存해야 한다고 論하고 있다. 이것은 당시의 單行本 中心主義의 圖書館에 대해서 단편적인 資料의 重視를 권장한 것이다.

이러한 事例는 현재의 documentation의 萌芽라고 볼 수 있다. 기타에도 公開書架, 館外貸出, 利用者가 요구하는 知識이나 情報의 제공 등 현재 圖書館이 실천하고 있는 업무는 이미 Naudé가 실천한 것이다.

Naudé의 思想을 계승하여 발전시킨 사람들은 France의 Claude Clemant (1594~1660), 獨逸의 John Dury 및 Leibniz이다. 특히 Dury와 Leibniz는 많은 뚜렷한 業績을 남겼다.

(3) John Dury

Naudé의 思想과 圖書館의 운영은 그의 故國 France 뿐만 아니라 全 Europe의 圖書館界에 많은 영향을 주어 圖書館의 改善과 발전에 기여하였다. 그리하여 Naudé의 최초의 계승자는 John Dury(Durie 1596~1680)이다. Dury는 Scotland系의 胎生으로 宗敎家庭에서 태어 났다. 父親 Robert가 宗敎上의 理由로 英國에서 追放되어 Olanda로 移住해서 Dury는 여기에서 出生하였다. Dury는 France에서 留學하 고, 후에 Oxford 大學을 졸업하고, 1628년에 獨逸에서 敎師가 되었 다. 그는 宗敎運動 때문에 다시 英國에 돌아왔으나 數次에 걸쳐 大 陸에 往來하였다. 圖書館과 관계를 가지게 된 것은 1649年 英國王室 의 記念賞牌保存室 겸 文庫의 管理者가 되었을 때부터이다. 여기에 서 훌륭한 業績을 쌓았으나 政治上의 理由로 1654년 王室文庫를 떠 나서 다시 大陸에 건너가 宗敎活動을 하는 한편, 敎會의 附屬圖書館 과 기타의 圖書館을 지도하다가 獨逸에서 別世하였다.

John Dury는 1650年 王室文庫 在職 중에 「革新的 圖書館 管理者」 (The Reformed Library Keeper)라고 하는 論文을 발표하였다.[42] Dury는 이 論文에서 다음과 같은 要旨를 論述하고 있다.

"宗敎改革에 의하여 時代는 크게 變革되었다. 따라서 圖書館도 또 한 종래의 因襲을 打破하고, 圖書館은 民衆을 위해서 개방하고, 民衆 으로부터 사랑을 받는 圖書館이 되어야만 한다. 資料는 民衆의 精神 을 함양하고 學問을 향상시키기 위한 日用品이다. 管理者인 司書가

---

42) Durie, John. Reformed library keeper and its author's career as librarian, in *The Library*. 1892, no.4, p. 81~89.

冊을 지키고 배급하는 사람이어서는 아니 된다. 學問의 안내자, 文化
의 전달자와 圖書와의 仲介者이다. 따라서 王室文庫도 國民의 藏書
가 되어야 한다. 또한 司書는 專門職이어야만 한다. 그러기 위해서
崇高한 信念과 태도를 가지고 고도의 學問을 함양하는 훈련이 필요
하다. 그리하여 이러한 高級의 專門職인 司書에 대하여는 최고의 名
譽와 충분한 給與을 해야 한다. 이렇게 함으로써 民衆으로부터 信賴
를 받는 것이며, 그렇지 못하면 職員은 形體에 불과한 것이다. 優秀
한 司書로 인해서 圖書館은 普遍的 學問을 발전시키는 기관이 될 것
이다."43) 이러한 思想은 확실히 Naudé의 思想을 계승하고 있다고
볼 수 있을 것이다.

Dury는 또한 技術面에 있어서는 目錄의 필요성을 論하고, 특히
書名目錄을 권장하고 있다. 目錄은 學問의 분야와 表現國語를 고려
하여 主題別로 分類할 것을 제언하고 있다. 館內에 어떠한 目錄을
완비하더라도, 평범한 民衆은 館內의 資料에 대한 情報를 모른다. 그
러므로 印刷目錄을 작성하여 여러 場所에 비치하고, 民衆이 圖書館
의 資料를 언제나 알 수 있도록 해야 한다. 印刷目錄도 매년 追加目
錄을 작성하지 않으면 그 目錄의 의미가 없다. 이와 동시에 著者名
의 ABC순 배열의 一覽表를 작성하여 비치할 필요가 있다. 圖書의
배열도 館內用, 館外用, 參考用으로 別置하고 언제나 이용할 수 있게
해야 한다.

Naudé의 精神을 기반으로 하는 Dury의 實際指導는 英國을 비롯해
서 Europe 大陸에 널리 浸透하여 圖書館의 改善과 발전을 촉진시켰
다, 그가 別世한 후 당시의 有名한 古典學者었던 Richard Bent-
ly(1662~1724)에 의하여 그의 思想이 계승되어 英國에 있어서
Naudé와 Dury의 思想은 점차 보급되어 현재까지도 존속되고 있다.
후에 당시의 王立文庫의 司書官이었던 Bently의 노력에 의하여 현재

---

43) *Loc., cit.* pp. 81~89.

의　大英博物館圖書館(British Museum Library)의　建設의　기초가　이
루어진　것이다.

　　(4) Leibniz

　Gottfried　Wilhelm　Leibniz(1646~I710)는　Naudé의　精神을　具顯
하고　이를　실천한　사람이다.　그는　獨逸의　天才的인　學者로서　哲學,
形而上學,　數學,　言語學,　工學　등에　偉大한　업적을　남긴　萬能博士인
동시에　탁월한　外交家였다.　그리고　그　후에　圖書館界에　크게　영향을
준　偉大한　圖書館　管理者였다.　그의　學問　研究는　훌륭한　많은　업적
을　남겼으며,　그는　40년간이나　圖書館事業에　精進하였고　館長室에서
執務　중에　病을　얻어서　別世하였다.

　Leibniz의　圖書館도　역시　Naudé의　普遍主義와　동일한　입장에　있
었던　것이다.　그는　圖書館이　市民의　편의적인　教育機關이나　단순한
讀書施設.　娛樂이나　修養의　集會場이　아니라 '人間을　위한　百科事
典',　모든 '科學의　寶庫', '人類의　魂의　寶庫', '모든　時代의　偉人들과
의　對話場'이라고　주장하였다.44)　또한　圖書館을　특수한　계급의　所有
에서　民衆의　것으로　轉換시켜야　한다고　주장하였다.　그의　普遍主義
는　圖書館이　民衆을　위한　普遍　뿐만　아니라　國境을　초월한　普遍이라
고　제창하고　있다.　그는　또한　學術文化의　情報센터인　동시에　最高의
政策을　결정하는　學士院을　설치할　것을　제안하였다.　이　시대에는　英
國의　王立協會(Royal Society)와　Paris의　學士院만이　있었다.　그리하
여　Leibniz는　世界　各國에　學士院을　설치하는　運動을　主導하였다.　各
國에　圖書館이　설치되면　그　사업으로서　우선　百科事典을　편집　출판
하여　그것을　國民에게　제공한다.　그　編輯에　所要된　방대한　資料를
기초로　하여　圖書館을　설치하고,　그것으로서　全世界를　연결하는　世
界的인　圖書館網을　조직한다.　이로　인해서　學術文化를　交流하고　情
報를　교환함으로써　民衆에　의한　世界平和를　건설한다고　하는　것이

---

44) 椎名六郞. ライブニッツの圖書館活動. 圖書館界. 1960. vol. 12, no. 2, pp. 42~44.

그의 구상이었다.

Leibniz는 管理面에 있어서도 여러 가지 特色 있는 업적을 남기고 있다. 資料의 蒐集方針도 民衆에게 관심이 있는 資料는 보편적으로 수집할 것을 주장하고, 圖書館의 評價는 資料의 量보다도 質을 注視할 것을 제창하였다. 目錄은 主題目錄을 작성하여 主題下에서 書名·著者名을 記入하고, 한 冊 가운데 여러 가지 主題가 포함되어 있는 것은 主題가 있는 대로 여러 개의 目錄을 작성하며, 그 目錄을 ABC순으로 배열하였다. 이것은 현재의 分出目錄이라고 볼 수 있다. 그는 결국 書名·著者名·主題를 각각 ABC순으로 배열하는 3種의 目錄을 작성하였다.

한편 分類法도 독자적인 것을 연구했다. 즉 ① 神學 ② 法學 ③ 醫學 ④ 知識哲學 ⑤ 數學 ⑥ 物理學 ⑦ 言語學과 文學 ⑧ 民衆史 ⑨ 文獻史와 書誌 ⑩ 叢書와 雜誌로 分類하여, Naudé 의 12門分類를 10門으로 고침으로써 당시 이에 대해서는 論難이 있었다.

奉仕面에서는 長時間의 入館을 허가하고, 館外貸出을 자유롭게 하며, 冬期에는 暖房裝置를 하였다. 한편, 資料에 대한 情報를 알리기 위해서 半年間의 核心的인 「圖書目錄」을 발행하려고 계획하였다.

그러나 이것은 여러 가지 사정으로 실현되지는 못하였으나 Leibniz처럼 圖書館과 그 이용자를 아끼고 사랑한 사람은 없을 것이다. 多年間에 걸친 열성적인 運營에 대해서 당시의 民衆으로부터 존경을 받고, 그 名聲은 世界에 떨치게 되었으며, Wolffenbütte의 圖書館은 世界의 模範的인 圖書館이 되었다. Leibniz의 圖書館活動은 Naudé, Dury의 圖書館理念을 그대로 실현하고 全 Europe에 새로운 圖書館活動을 일으킨 것이다.

6) 18世紀의 書誌學

Stephen Gaselee에 의하면 書誌學(Bibliography)은 BC 300年 경

의 A1exandria 圖書館時代부터 비롯하는 것이라고 주장한다. Alex-
andria에는 거대한 圖書館이 많이 있었고 이를 운영한 司書들의 중
요한 기본적인 기능이 書誌的인 것이었기 때문이라는 것이다.45) 그
러나 Roy B. Stokes에 의하면 書誌學은 學問的으로는 18세기 말엽
부터 불란서에서 胎動했다고 한다.46) 여하간 書誌學은 學問的으로는
18세기에 비롯하는 것으로 보고 여기에서는 書誌學의 槪要를 간단
히 설명하고자 한다.

Bibliography라는 낱말은 본래 '冊을 쓰는 것'(writing of books)
이었는데 18세기 말엽부터 '冊에 관해서 쓰는 것'(writing about
books)으로 그 의미가 變換되었으며, 동시에 이에 대한 學問이 胎動
한 것이다.47)

Waler Greg에 의하면 "書誌學은 자료적인 대상으로서의 圖書에
대한 연구"48)라고 한다. 다시 말하면 書誌學은 圖書를 資料的인 측
면에서 연구하는 學問이라는 것이다.

書誌學의 方法은 합리적으로 두 가지로 구분되는데, 그 첫째는 分
析的 또는 批評的 書誌學이며, 둘째는 體系的(列舉的) 書誌學이다.49)
分析的 또는 批評的 書誌學은 "著者性, 版次, 出版年, 出版地 및 板
本의 완성 등이 충분히 확정될 수 있게 하는 연구"50)로서, "圖書에
대해서 活字와 裝幀 등의 측면에서 그(圖書) 生産의 세부 사항을 확
정하고 동시에 이를 기록하는 것"51)이라고 한다.

---

45) Stokes, Roy B. Bibliography, in *Encyclopedia of Library and Information
　　Science*. p. 408.
46) Stokes, Roy B. *The Function of Bibliography*. Londin, Ardre Deutsch, 1969.
　　p. 12.
47) Stokes, Roy B. *op. cit*. p. 12.
48) Edsdaile, Arundel1. revised by Stokes, Roy B. *A Studyents Manual of Bi-
　　bliography*. London, George Allen, 1954. p. 22 (Bibliography is the study of
　　books asmaterial objects)
49) *Ibid*. p. 23.
50) *Ibid*. p. 24.

體系書誌學은 參考와 硏究를 위해서 개개의 圖書에 대하여 그것이 요구되는 경우에 따라서 간단하거나 혹은 정교한, 結果的으로는 記述項目을 論理的인 유용한 배열로 편집하는 것이라고 한다.52) 다시 말하면 體系書誌學은 현대의 圖書館에서의 目錄編纂法과 같은 것이다.

기타에도 歷史書誌學이 있는데 이것은 批評書誌學과 아주 밀접한 관계를 가지고 있으며 圖書의 중요성과 그 發展, 그리고 文學史나 古代의 著者의 編纂物에 있어서 그 圖書가 作用하고 있는 그 변천에 관한 어떤 아이디어가 주어져야만 한다는 것이다. 그리하여 圖書에 대한 進化論的 연구라고 할 수 있다.53)

日本의 長澤規矩也에 의하면 "書誌學도 圖書를 硏究對象으로 하는 學問으로서 東洋 재래의 目錄學과 대등한 것"54)이라고 한다. 書誌學이라는 學問名稱은 19세기 말기에 日本에 導入되어 20세기 초기부터 그 硏究가 비롯하였으며, 우리나라에서도 書誌學이라는 이름으로 통용되고 있으나 中國에서는 아직도 書誌學이라는 用語가 사용되지 않고 있다.

目錄學이나 書誌學은 본래 敎育制度에 있어서의 독립된 敎科로서의 學問을 이루지 못하고 補助科學的인 성격을 띠고 있었으나 現代의 圖書館學 또는 文獻情報學에 포괄됨으로써 그것이 專門的인 敎科目이 되고 있는 것이다. 그러나 현대의 出版印刷術의 발전에 따른 情報資料의 폭발적 증가와 모든 學問의 細分化 또는 專門化로 인해서 目錄學이나 書誌學은 현대의 文獻에 대해서는 無氣力하게 되었다. 따라서 目錄學이나 書誌學은 그 硏究對象이 주로 近代 이전의 圖書에 한정된다고 볼 수 있다.

---

51) *Loc. cit.* (···to establish them for a book and to record at the same time the details of its production in typography, decoration, and so forth···)

52) *Ibid.* p. 33.

53) *Ibid.* p. 25.

54) 長澤規矩也. 書誌學序說. 東京, 吉川弘文館, 昭和 40(1965). p. 7.

7) 19世紀 - 圖書館學의 胎動

(1) Ebert

獨逸의 圖書館의 司書로 있었던 Dresden Friedrich Adolf Ebert(1791~1843)는 1811년 그의 나이 20歲에 「über öffentiche Bibliotheken beson ders Deutsche Universitäsbibliotheken」(公共圖書館, 특히 獨逸의 大學圖書館에 대하여)[55]라는 論文을 발표하였다. 이것은 그 당시 獨逸의 公共圖書館이나 大學圖書館의 현상을 비판한 것이다. 당시 獨逸의 公共圖書館은 시설 설비도 나쁘고 資料도 빈약했으며, 특히 大學圖書館은 더욱 貧弱하여 이용하는 사람도 극히 少數였다. 그것을 管理하고 있는 職員도 少數이며, 현재의 part time 形式으로 雇傭되고 있는 경우가 많고, 敎養과 資質이 低級한 사람들이었다. Ebert는 論文에서 이러한 현상은 급여가 낮기 때문에 優秀한 人才가 圖書館에 起用되지 못한다고 詰難하였다. 이것은 당시로서는 용감하고 대담한 비판이었다.

圖書館을 관리하는 職員은 우수한 才質과 奉仕精神을 갖지 않으면 그 기능을 충분히 발휘할 수가 없다. 圖書館 業務는 독자적인 것이기 때문에 副業이나 일반 업무로 해서는 안된다. 圖書館을 중시하면 學術文化活動이 바람직하게 된다. 그러기 위해서는 職員에 대한 급여를 충분히 保證해야 한다. 그리고 職員의 資質向上은 결국 專門的인 敎育을 통해서 이룩할 수 있다는 것이다. 이러한 思想은 이미 Naudé에 의해서 제창되었던 것이다.

Ebert가 Dresden 圖書館 在職 중 1820년에 著述한 제2의 論文은 「Bildung des Bibliothekars」(圖書館員의 敎育)이다.[56] 이것은 그의 先行論文의 續編으로서 職員의 敎育과 硏修를 강조한 것이다. 圖書

---

55) Milhaw, Frity. *Handbuch der Bibliothekwissenscheft.* 1952. vol.1, p. 1~117.

56) Piper, Cecil A. Training for librarians in Germany. in *The Library World.* 1914, vol. 5, no. 18. p. 208~209.

館 資料는 모든 學問分野에 걸친 것이기 때문에 이를 취급하는 圖書館 職員은 광범위한 知識을 가지고 各國語에 익숙할 필요가 있다. 또한 書誌學·文學史·古文書·書寫本 등에 대해서도 풍부한 知識이 있어야 한다. 그러기 위해서는 職員은 圖書館 業務에 필요한 敎育을 받아야 하며, 이로써 圖書館 독자의 專門職이 될 수 있다고 하였다. Ebert는 敎育에 의해서 圖書館의 바람직한 管理를 기대하고, 思想과 知識과 그 실천을 포함하는 일반적 체계를 構想할 것까지 생각하였다. 이것도 Naudé의 思想에서 이미 나타나 있는 것이다. 현재의 立場에서 보면 극히 일반적인 發想으로서 신기한 것은 아니다. 그러나 당시에 있어서는 卓越한 思想이며, 圖書館論으로서 現狀批判에서부터 그 대책에 이르는 呼訴로서 높이 評價되는 것이다.

(2) Schrettinger

19世紀에 있어서도 역시 獨逸이 圖書館 活動에 있어서 先導的인 위치에 있었다. 獨逸의 學者 Martin Schrettinger는 Ebert와 마찬가지로 圖書館員의 敎育을 강조하고, 圖書館學의 原理 追求를 시도하였다. 그는 1808년에 「圖書館敎育試論」(Versuch eines Vollständirgen Lehrbuches der Bibliothekswissenschaft)을 著述했으며, 1834年에는 그 簡略版이라고 할 수 있는 「圖書館學」(Handbuch der Bibliothekswissenschaft)을 著述하였다.57)

그는 이 著書를 통해서 圖書館學의 槪念에 대해서 圖書館活動에 普遍共通하는 原理를 探究하는 것이라고 論하고, 技術的 실천적인 面을 파헤쳐서 순수한 最高原理를 수립함으로써, 모든 圖書館 活動에 필요한 課題가 組織化되고, 學問이 성립할 수 있다고 했다. 그리하여 圖書館이 有效適切하게 설비되고, 또한 필요한 原理에 立却해서 체계

---

57) Milkau, Fritz. *Handbuch der Bibliothekswissenschaft.* 1932, vol.2. p. 24.~25.
　　小倉親雄. トインにねける圖書館學思想の形成とその起源. 圖書館界. 1971. vol. 23, no. 3, p. 84~100.

적으로 형성되어야만 한다는 것이다. 그러한 근본적인 原理를 추구하고 해명해감으로써 圖書館學이 발전할 것이라고 주장하였다.

또한 圖書館員 敎育論에 있어서는 대체로 Ebert와 대등한 意見으로서, 管理나 實務의 조직적인 知識과 技術을 교육하는 專門敎育의 필요성을 강조하고 있다. 그의 思想은 實踐을 존중하고 技術을 중시하는 사람들로부터 批判을 받았다. 그러나 圖書館學이라고 하는 理論의 확립을 주장한 그의 文獻情報學史上 특유한 存在라고 할 수 있다. 이러한 圖書館에 대한 理論的 추구는 많은 論議를 일으키고 그후에 文獻情報學에 크나큰 영향을 준 것이다.

(3) Rullman

Ebert 및 Schrettinger의 圖書館專門職員 養成論은 圖書館界에 큰 반향을 가져오게 하였다. 그러나 유감스럽게도 그들의 理論은 구체적인 方法論이 없는 觀念的인 것이었다. 이에 대해서 구체적인 curriculum을 제안한 사람이 獨逸의 Friburg 大學의 司書官 Friedrich Rullman(1846~1909)이다. Rullman은 1874年에 「圖書館 간의 기구에 공동하는 目的으로 편성된 圖書館 整備學 및 獨逸大學에 있어서의 圖書館의 專門的 研究에 대하여」라고 하는 論文을 발표하였다.58)

Rullman은 Schrettinger의 論說을 이어받아 구체적인 計劃을 수립하는 것이라고 스스로 인정하고 있다. 이 論文에서 그는 Schrettinger가 최초에 職員養成의 필요성을 주장했으나, 간단히 그 문제에만 言及하고있는 것으로, 이러한 敎育은 國家의 주요한 圖書館에서 실시할 것을 示唆하고 있다.

그러나 職員養成은 圖書館에서 실시하기 보다는 獨逸 各 州의 大學에서 研究하는 동시에 敎育해야 한다고 주장하고, 專門敎育을 받은 사람만을 圖書館 職員으로 채용하지 않으면 圖書館의 발전은 기

---

58) American Bureau of Education. *Public Libraries in the United States*. 1876. pp. 23~25.

대할 수 없다고 論及하고 있다.

　　Rullman은 人類의 知識은 확대되어 그 質과 量이 증대하고 있기 때문에 圖書館員도 科學部門에 있어서의 종합적인 知識이 요구되고 있으므로, 大學에서 敎育을 받을 필요가 있다고 주장하고 있다. 그리고 Rullman은 다음과 같은 curriculum을 제안하였다.

　　大學의 강의는 3年課程으로 하되 人文系中(高)學校(Gymnasium)를 졸업한 사람으로서 獨逸語 뿐만 아니라, France 語·Latin 語의 熟達이 요망되므로 다음과 같은 科目을 履修할 필요가 있다고 하였다.

1) 講義室 이외에서 硏究하는 것

　　獨逸語·佛語·Latin語 이외에 Hebrew語·ItaIy語·Spain語 등을 연구한다. 스스로 辭典을 가지고 공부하며, 圖書館의 技術的인 면에서 요망되는 知識을 가지고 그러한 나라의 原典을 읽을 수 있도록 노력한다.

2) 講義를 받는 科目
　　① 一般歷史와 그 附屬硏究(外交史)
　　② 科學의 硏究, 특히 科學이 체계적으로 표현된 百科事典硏究
　　③ 學術的으로 기술된 文獻生産의 歷史와 出版에 관한 硏究
　　④ 書寫本의 知識
　　⑤ 印刷技術史
　　⑥ 圖書去來의 歷史
　　⑦ 美術의 略史(彫刻·石版術·寫眞術의 價値를 알기 위한 知識)
　　⑧ 圖書館史(圖書館의 段階的 발전에 관한 入門)
　　⑨ 世界의 著名한 圖書館에 관한 가장 관심 있는 資料
　　⑩ 圖書館經營(管理·財政·行政)
　　⑪ 目錄作業과 分類作業
　　⑫ 文書館의 經營
　　이러한 課程을 修了하면 學生은 擔當敎授로 구성되는 特別委員會

에 의해서 시행되는 試驗에 응시해야 하며, 合格者는 圖書館職員의 公職으로서의 資格證을 받는다는 것이다.

　Rullman의 構想은 당시에 있어서는 획기적이며 進步的인 思想이었다. 이 대담한 構想은 그 후에 설치되는 大學의 圖書館學講座의 curriculum을 편성할 때 參考資料가 되었던 것이다. 그러나 당시에 Rullman이 제창한 바와 같은 curriculum을 실시하는 大學은 없었다.

　(4) Rullman 당시의 圖書館界

　Ru1lman이 제창한 curriculum은 본격적인 圖書館學의 研究와 養成을 시도하는 Vision이었으나, 이 당시 圖書館職員의 양성을 전연 실시하지 않은 것은 아니다. New York 公共圖書館의 圖書館學校의 校長이었던 Mary W. PIummer(1856~1916)에 의하면 獨逸에 있어서는 1861年이전부터 圖書館 職員은 書誌에 대한 正規의 訓練을 받지 않으면 취임될 수 없게 되었다.

　1861년부터 Born大學에서는 Friedrich Ritschl(1800~1876)이 大學 圖書館의 능률을 높이기 위해서 管理와 運用에 노력하는 한편, 그 一環으로 職員을 志望하는 사람을 모아 研究와 訓練을 실시했다고 한다.[59]

　그 門下의 한 사람이 Karl Dziatzko이며, 그는 여기에서 Breslau 大學으로 轉勤하고, 다시 1866年에 Göttingen 大學에 취임하여 여기에서 圖書館學講座를 개설하게 된 것이다. France에서는 1869년부터 古典學校(後出)가 圖書館關係의 研修를 시작하였다. 또한 Italy에서도 1865년에 王命에 의하여 圖書館關係의 훈련을 시작했다고 報告되고 있다. 그러나 이러한 것은 일종의 講習, 또는 徒弟의 양성이었다. Rullman은 이에 대해서 大學에 있어서의 專門課程으로서, 체계적인 curriculum을 편성한 것으로서, 단순히 技術者로서의 職工이 되지

---

59) Plummer, Mary W. *Training for Librarianship*. Chicago, 1923.

않도록 關聯科目을 많이 배정하고, 視野의 확대를 시도한 구상이라고 할 수 있다. Rullman의 構想이 실현되어 大學의 專門課程이 이루어진 것은 1887년 Göttingen 大學과 Columbia 大學의 講座開設이나 學校의 창설부터라고 볼 수 있다.

Rullman의 構想은 당시에 경이적인 것으로 圖書館職員養成을 위한 敎育의 指針으로서 전 Europe에 알려졌으며, 美國에서도 職員養成敎育을 計劃하는데 중대한 資料가 되었던 것이다. 美國聯邦政府敎育局은 일찍이 1876년, 이 論文의 全文을 번역하여 各方面에 배포하였다.

美國에서 이 報告書를 읽고 감격한 사람은 Melvil Dewey(1851~1931)였다. Dewey는 Rullman의 curriculum이 발표된 지 2년 후 즉, l876년에 美國圖書館協會 主催의 圖書館大會에서 職員養成의 緊急性을 역설하고, 그 敎育의 중대성과 필요성을 주장하였다. 그 결과 會員 全員의 찬성과 支持를 얻어서 圖書館學校 개설에 이바지하게 된 것이다. Dewey는 Rullman의 구상을 理想的인 것으로 받아들인 것이라고 생각된다.

英國에 있어서도 1877년 王室聯合圖書館協會의 圖書處理技術에 관한 會議에서 圖書館敎育이 문제가 되어 고도의 훈련을 위한 學校設置의 요망을 건의하였다.

이어서 英國 圖書館界의 巨頭인 Henry Richard Tedder(1850~1949)가 1882년에 「專門職으로서의 圖書館職」(Librarianshipas a profession)을 제창하였다.60) 그러나 Tedder의 주장은 圖書館職員의 獨立性과 硏修의 義務制를 강조한 것으로 curriculum 문제를 논한 것은 아니었다.

---

60) Thornton, John L. *Classics of Librarianship*. London, 1957. pp. 92~104.

(5) France의 古典學校

France의 古典學校(Ecole des Chartes)는 圖書館學 形成에 있어서 하나의 要素로서 看過할 수 없다. 이 學校는 1663년에 콜베르의 監督下에 창립되었으며, Louis X 世에 의해서 건립된 記念碑의 碑銘文을 작성하기 위해서 學士院에 부설되었다가 1821년경에 歷史硏究를 위해서 王立古文書館으로 이전되어 專門家의 양성을 위한 敎育을 시작하였다. 그 敎育年限은 3年으로서 ① 歷史 ② 歷史的 方法과 古文書學 ③ France哲學 ④ 書誌 ⑤ 外交文書 ⑥ 民間과 經典 ⑦ 書寫本 木版本의 總括的 解說 등을 敎授하는 것이었다. 이것은 圖書館職員을 양성하기 위한 것이 아니라 古文書學者의 양성을 目的으로 하는 것이었다. 그러나 圖書館職員檢定試驗에는 이 學校 修了者에게 優先的인 특권을 주었다. 1830년에는 다시 王立古文書館에서 王立圖書館으로 이전되고, 1846년에는 制度가 改革되어 이 때부터 學生을 모집해서 古文書學·公文書學·法律文·古文書 및 圖書의 分類·整理·考古學 등을 敎授하게 되었다. 1897년에는 制度가 改革되어 다시 王立古文書館으로 移管되고, 사무소는 Solbone 大學의 기구에 編入되어, 여기에서는 古文書學者를 양성하는 동시에 公立圖書館의 專門職員의 양성을 目的으로 하였다. 그 後 1932년에는 檢定制度가 改革되어 이 때부터는 ① 技術과 圖書의 歷史 ② 目錄法 ③ 書誌 ④ 圖書館管理 등의 科目을 敎授하였다.

이 學校는 資料處理技術에 있어서 일찍이 그 卓越性이 전 Europe에 알려지고 分類·目錄·書誌作成·資料의 保管 등 古典의 處理技術의 硏究에 있어서 전 Europe의 本營이었다. 그리하여 世界 各國에서 많은 留學生이 集結하여 연구가 성하였다. 그 留學生들이 故國에 돌아가 이러한 技術을 보급한 것이다. 이 學校는 圖書館職員을 양성하는 것을 目的으로 한 것은 아니었으나 資料의 處理技術, 圖書館學의 實踐部門에서 절대적으로 필요한 것이었기 때문에 世界의 資料處理센터의 역할을 하게 되었던 것이다. 그러므로 이 古典學校가 資料

處理技術의 보급과 향상에 世界的으로 공헌한 사실은 文獻情報學史
上 높이 評價되어야 할 것이다.

3. 現代圖書館學의 成立

1) Göttingen 大學의 圖書館學 講座開設

19세기 초기부터 Ebert · Schrettinger · Rullman 등이 圖書館 專門
職員養成을 위한 敎育論을 제창함으로써, 그 필요성과 중요성이 전
Europe에 浸透되었다. 또한 社會文化의 발전에 따른 資料生産의 증
대, 圖書館自體의 資料蓄積의 증대, 그 內容의 高度化, 이용의 증가
와 要求의 專門化 등의 현상이 일어남으로써 專門職員이 아니면 이
러한 문제를 처리할 수 없는 事例가 증대하여, 1850년 이후부터는
徒弟敎育形式으로 圖書館職員 養成이 시작된 것이다. 이러한 思潮가
고조되어 결국 1887년에 Göttingen大學에 圖書館學 講座가 개설되
고, Columbia大學에는 圖書館學校(School of Library Economy)가
창설된 것이다.

Göttingen大學은 Hanover 王國의 大學으로서 1737년 George Ⅱ
世가 創立한 것이다. George Ⅱ世는 英國의 國王을 겸하고 있었는데
Göttingen大學을 育成하기 위해서 스스로 大學總長이 되어 발전에
노력하였다. 이 大學은 圖書館의 創立 당초부터, 資料의 내용을 충실
히 하고 管理運用에 近代的 方法을 채용하여 資料의 보존보다도 이
용을 위주로 하며, 學問發展에 공헌하고자 신중한 계획 하에 시작되
었다. 圖書館長도 歷代로 유능한 館長이 歷任하여 Leibniz가 제창한
圖書館의 原則에 따라서 훌륭하게 발전시켰기 때문에 전 Europe에서
模範的인 大學圖書館이 되었다.

1886년 言語學 敎授 Karl Dziatzko가 Breslau大學에서 Göttingen

大學으로 招請되는 동시에 圖書館長에 취임하게 되었다. Dziatzko 는 Born大學 시절에 言語學 敎授 Ritschl에게서 圖書館學을 修學하고 Breslau 大學으로 전임했던 것이다. 그는 Breslau大學의 在任時에 종래의 帳簿式目錄과는 달리 alphabet순 card目錄에 대한 模範的인 指針書를 著述한 바 있다. 그는 여기에서 Göttingen大學으로 招請된 것이다.

당시 圖書館職員을 양성해야 한다는 社會的인 요청이 고조되어 이 大學에서 職員養成을 위한 圖書館學 講座가 개강된 것이다. 이 大學의 講座는 1903년 Dziatzko가 死亡할 때까지 17년간 계속되었고, 그가 死亡한후 Pietschman敎授가 계승했으나 1904년 Berlin大學에 吸收되어 歐洲에 있어서 名聲을 떨쳤던 최초의 圖書館學 講座도 Göttingen大學에서 사라지고 말았다. 제2차대전 후 몇 개의 科目이 개강되어 名門의 名稱만을 유지하고 있다.

Göttingen大學의 圖書館學 講座는 Dziatzko가 就任하자마자 1886년에 開講했으나 大學 當局으로부터 정식으로 認可된 것이 아니라 私的인 講習會와 같은 형식의 것이었다. 이것이 正式의 大學의 管理下에 실시된 것은 1887년이다. 그러나 이것도 Dziatzko 個人의 硏究 施設과 같은 것이었다. 이것이 1891년에 大學의 正規課程에 편입되어 圖書館學講座로 확립한 것이다.

Göttingen大學의 圖書館學 講座는 어떠한 curriculum으로 시작하고 각각 누가 강의했는지 하는 것은 圖書館學史上 중요한 課題이다. 그러나 현재 이것을 밝힐 資料는 전혀 없다. 1904년 Berlin大學에 吸收되었을 때 모든 資料와 기록은 Berlin大學에 移管되어, 현재 Göttingen大學에는 전혀 남아 있는 것이 없다. 다만 Dziatzko敎授時節에 매년 강의한 題目의 일람표만이 남아있다. 이에 의하면 Dz- iatzko가 圖書館學(Bibliothekswissenschaft)의 名稱으로 강의한 것은 1892년의 前期와 後期의 2回 뿐이다. 기타는 전부 「圖書館補助學」 (Bibliothekshülfswissenschaften)이라는 名稱으로 강의를 했다. 그 內

容에 대해서도 알 수 없으나 Schrettinger가 論及한 圖書館學의 내용이 아직 純粹科學으로서 형성되지 못했던 것이라고 볼 수 있다. 아마도 그것은 純粹史學과 그 補助學과 같은 의미로 書誌學·分類法·目錄法 등의 技術的인 것이었을 것이라고 생각된다. 그것은 그의 圖書館學의 系譜가 Ritschl을 계승하고 있기 때문이다.

講座開設 後 얼마 안 되어서 留學을 온 英國의 Cevil Piper[61]와 美國의 Seymour Thompson[62]의 報告에 의하면 다음과 같은 科目이 주요한 學科目이었다. ① 書誌學 ② 書寫 및 印刷史 ③ 古文書學 ④ 圖書館管理法 ⑤ 기타 關聯科目

이를 보면 France의 古代學校의 敎科目과 유사하다. 그 후 점차로 學科目이 증가한 것으로 생각된다.

2) Columbia 大學의 圖書館學校

Columbia大學은 本來 1754년 英國의 George Ⅱ世의 勅許에 의해서 創立된 New York의 King's College가 후에 Columbia大學으로 改稱된 것이다. Columbia 大學圖書館은 1763년에 英國의 Bristow의 寄贈書를 기반으로 하여 설치된 것으로, 후에 Oxford大學과 貴族들의 기증에 의해서 育成되었다. 여기에서 Melvil Dewey(1851~1931)가 圖書館學校를 개설함으로써 美國의 圖書館學이 시작된 것이라고 볼 수 있다. 그러나 이것은 突然히 출현한 것이 아니라 圖書館思想의 전통과 歷史的 발전에 따라서 출현한 것이다. 이에 대해서는 당시의 背景과 傳統을 살펴 볼 필요가 있다.

당시 美國의 敎育界나 思想界는 獨逸文化의 輸入이 극히 번성했던

---

61) Piper, Cevil. Training for librarians in Germany, in *The Licrary*. vol. 5, no. 18. 1914. pp. 208~209.

62) Thompson, Seymour. Library school requirment in Germany. in the *Library Journal*. 1911. vol.36, p. 349.

時代였다. 그 구체적인 현상으로서 美國의 각 大學은 獨逸의 大學制
度를 導入했던 것이다. 즉, 獨逸의 curriculum이나 敎授法을 채용하
였다. 예를 들면, Virginia大學에서는 1825년부터, Harvard大學에서
는 1830년부터, Michigan大學에서는 1871년부터 獨逸의 Seminar
제도를 채용하고, 또한 Harvard大學에서는 1873년부터 獨逸의
Doctor制度를 채용한 것이 그 현상이다.

이와 같이 美國 각 大學이 獨逸式으로 흐르게 됨으로써 당연히 필
요한 text는 獨逸의 文獻을 주로 사용하게 되었다. 그와 동시에 text
의 기초가 되는 獨逸의 學術文化의 資料가 대량으로 요구되어 방대
한 資料가 獨逸에서 輸入됨으로써 大陸에 購入機關을 설치할 정도였
다. 그 反面에 獨逸에서는 美國에 대한 不賣同盟・輸出禁止 등의 사
태까지 일어났다. 이에 따라서 美國에서는 이러한 資料를 管理하는
문제가 일어났다. 이로 인해서 獨逸의 大學圖書館이나 유명한 圖書
館의 管理法을 도입해야만 할 상태에 이르렀다.63)

한편 獨逸의 大學에 유학했던 사람들이 學界에서 활동하고 각각의
專門分野에 있어서의 指導者가 되었다. 특히 歐洲大陸에서 名聲이
높았던 Göttingen大學의 졸업생으로 美國圖書館界에서 활동한 사람
이 있다. 예를 들면 George Ticknor(1791~1871)64)는 Harvard 大學
의 敎授가 되었으며, Boston公共圖書館 설치에 努力하고 그 運營委
員으로 활동하였다. 또한 John Burges(1844~1931)65)는 Dewey의
母校 Amherst大學을 Dewey보다 3년 전에 卒業하고 Göttingen 大學
에 유학했으며, 1873년에 歸國해서 母校의 敎授가 되었다가 1876년
에 Columbia大學에 敎授로 초청되었다. 그는 여기에서 獨逸式 硏究
方法과 古典硏究를 강조하였다.

---

63) Waly, J. A, *Germann Influence in American Education and Culture*. Philadel
    Phia. 1936.
64) Hessel, Alfred. *A History of Libraries. op. cit.* p. 103.
65) Trautman, Ray. *A History of the School of Library Seruice*, New York,
    Columbia Univ. 1954. p. 1~7.

당시 Columbia大學圖書館은 Göttingen大學圖書館에 비하면 그 運營管理가 유치하고 빈약하였기 때문에 그는 이 圖書館을 改善하기 위해서 Burges 스스로 管理와 운영을 맡았다. 그러나 敎授와 몇 가지 일을 兼職했기 때문에 職務가 과중하여 專任者의 배치를 요구하였다. 1883년 그의 推薦에 의해서 專任者로서 임명된 사람이 Dewey였다. 이것이 그 후에 이 大學에서 Dewey가 圖書館學校를 개설하는 인연이 되었던 것이다.

한편 당초 美國에 있어서도 圖書館에 대한 상당한 연구 활동이 있었다. 예를 들면 1876년에 Charls Ammi Cutter가 「辭典體印刷目錄規則」(Rules for a printed Dictionary Catalogue)을 편찬하였으며, 같은 해에 Melvil Dewey는 그의 「十進分類表」(Dewey Decimal Classification)의 初版을 발행하였다. 그리하여 Cutter의 「目錄作成規則」은 현대의 編目規則의 발전에 至大한 영향을 주었으며, Dewey의 「十進分類表」는 현재까지 世界的으로 가장 유명하고 실용적인 分類表로 발전하였다.

美國에 있어서 일찍이 圖書館 專門敎育의 필요성을 제시한 사람은 Boston 公共圖書館長이었던 Justin Winsor이다. 그는 1869년의 年例 報告書에서 "美國은 迅速히 증가하고 있는 圖書館의 구성을 안내할 수 있고, 거기에서 管理를 담당할 수 있는 書誌的 또는 文獻學的(Bibliothecal) 敎育을 위한 學校가 없다"고 지적하였다.66) 그 후 1876년의 ALA大會에서 Dewey가 다시 圖書館專門職員養成을 호소하고, 1879년에 ALA機關誌인 「Library Journal」 5월호에서 圖書館學의 연구와 專門職員養成을 주장하였다.67) Rullman이 專門職員養成論을 발표한 것은 1874년이며, 美國聯邦政府敎育局이 Rullman의

---

66) Winsor, Justin. A World to Startes of Libraries. *The Library Journal*. September 30. 1876. p. 1.

67) Dewey, Melvil. School of library economy at Columbia College. in *Library Journl*. 1884. vol.9. no.7. p. 117~120.

報告書를 소개한 것은 1876년이므로, Dewey는 이 報告書에 의해서 감동하고 專門職員養成을 강조한 것이며, Rullman의 構想을 계승한 것이라고 볼 수 있다. Dewey가 최초에 設定한 curriculum은 Rullman의 구상보다 좀더 후퇴한 初步的인 것이다. 만약 Dewey가 Rullman의 구상을 그대로 실현시켰다면 美國의 圖書館學은 현재보다 다른 것이 되었을 것이다.

　Dewey의 思想이 Rullman의 思想을 이어 받은 것이라면, 이것을 遡及的으로 고찰해서 Rullman의 思想은 Schrettinger나 Ebert의 思想을 이어 받았고, 이들은 Leibniz를 이어 받았다. Leibniz는 Dury와 Naudé의 思想을 이어 받았으므로, Dewey도 또한 Dury와 Naudé에 소급한다고 볼 수 있을 것이다. 이러한 점에서 Dewey와 Göttingen大學의 Dziatzko는 兩者의 國籍이 다르다 할지라도 그들의 思想의 底流에는 동일한, 思潮가 흐르고 있었다고 볼 수 있을 것이다.

　Dewey의 圖書館學校 開設은 간단히 이루어진 것이 아니다. Dziatzko와 마찬가지로 開拓者나 先驅者에게서 볼 수 있는 격렬한 情熱과 강경한 姿勢로 大學 당국에 推進을 建議한 그의 열의에 의해서 結實된 것이다. 따라서 學校 당국과 이로 인한 摩擦과 衝突이 있었던 것도 사실이다. 이 때문에 Dewey는 1889년 New York 州立圖書館에 옮기지 않을 수 없는 사태가 되었으며, 일단 州立大學의 管轄에 들어가게 되었다. 그러나 Dewey는 여기에서 성공을 이루고 名聲을 떨쳤다. 이것이 因緣이 되어 1925년에 다시 Columbia大學으로 歸任하게 되었던 것이다.

　Dewey가 창설한 圖書館學校에서는 어떠한 curriculum으로 각 科目을 어떠한 사람이 가르쳤느냐 하는 것은 圖書館學史上 중요한 과제이다. 그러나 Dewey 個人의 文獻이나 Columbia大學 圖書館學校 등의 文獻에는 모호하여 정확한 科目과 講義者의 性格을 알 수 없다. 1890년 Library Journal[68]에 의하면 다음과 같은 科目으로 밝혀져 있다. 이것은 New York州立大學 時代의 curriculum으로서 開校

13년 후의 것이나, 가장 原型에 가까운 것이라고 볼 수 있다.

① 圖書館經營　② 保管　　③ 書誌　　　④ 分類法
⑤ 講讀, 討議　⑥ 一般討議　⑦ 地方圖書館　⑧ 編目法
⑨ Reference　⑩ 語學

　이를 Rullman이 제시한 curriculum과 비교해 보면 상당한 차이가 있다. Columbia大學은 Dewey와 더불어 오늘날 圖書館界의 名門大學으로 世界的으로 널리 알려져 있다.

3) Göttingen, Columbia 兩大學 圖書館學 講座의 評價

　Göttingen大學이나 Columbia大學의 圖書館學의 강좌내용을 보면 어느 편이나 圖書館職員이 圖書館에서의 실천 활동에 필요한 知識과 技術을 가르치는 것을 目的으로 하고 있다. 그리하여 圖書館職員 養成에 필요한 科目을 총칭하여 圖書館學이라고 하는 槪念을 설정한 것이라고 생각된다. 또한 그 내용도 職員養成에 필요한 科目을 任意로 배열하고 있다. 따라서 이 兩者의 敎科課程은 다 같이 실천적·기술적인 要素가 강하다. 이를 다른 純粹한 科學과 비교해 보면 일관된 原理나 體系가 없으며, 스스로 '學'의 地位를 요구하는 의도는 없었던 것으로 생각된다.

　Dziatzko는 圖書館學 講座라고 호칭했으나 '學'이라고 指稱하기에는 內容과 객관적인 理論이 없다는 것을 알았음인지 圖書館學의 명칭으로 강의한 것은 최초의 겨우 1年間 뿐이며, 그 후로는 전부 圖書館補助學이라는 名稱으로 강의했다. 그 내용은 技術的인 것이었으리라고 생각된다. 또한 Columbia大學에서도 '學'의 地位를 요구하고자 하는 것은 아니었던 것 같다. 그 名稱도 최초에는 圖書館經營學

---

68) *Library Journal*. 1890. vol. 19, no. 11, p. 308.

校(The School of Library Economy)로서 圖書館學(Libraty Science)이라고는 하지 않았다. 후에 Columbia大學에 復歸해서도 圖書館奉仕學校(The School of Library Service)라고 개칭하여 현재에 이르고 있다. 兩大學 모두 그 출발은 圖書館에서 활동할 職員養成을 目的으로 發足했기 때문이다. 英國에서 1919년에 創立된 London大學에 있어서도 London大學 圖書館學校(The University of London, School of Library)로 호칭하고, Science라는 말을 사용하지 않았다. 이것이 名實共히 圖書館學으로서 Schrettinger 가 理想으로 한 순수한 '科學'으로서의 地位를 차지하기에는 새로운 理論의 확립과 그 體系化가 요구되는 것이다.

4) 圖書館學의 科目擴大

初創期에는 현장의 要求, 실천 활동에 필요한 知識과 技術이 圖書館學이라고 하는 槪念으로 표현된 것이다. 그러므로 현실의 要求 때문에 얼마든지 科目을 증가시킬 수가 있었을 것이다. 최초의 Göttingen, Columbia 兩大學의 科目을 보아도 현실적으로 만족하는 知識技能으로서는 만족할 수가 없었던 것이다. 圖書館의 발전에 적응하기 위하여서는 아직 貧弱한 것이었다. 이 때문에 兩大學에서는 점차로 科目을 증가시켰다. 이와 같이 學科目을 증가시킬 수 있는 점이 圖書館學의 특이한 性格이있다. 他의 諸學科目에서는 발전하면 그 科學의 내용이 深化하고, 거기에서 分化하며, 새로운 學問이 성장하는 것이 보통이다.

그러나 圖書館學에서는 內容의 발전이라는 것이 學科目의 증가라고 생각하게 되었다. 이것이 圖書館學의 출현 당시의 現狀이다. 그리고 圖書館 自體의 발전에 수반하여 館種의 分化, service범위의 확대로 인해서, 실천에 있어서의 變化와 발전의 영향을 反映하여 현실적인 요구와 실천 활동에 필요한 知識과 技術에 관한 學科目을 증가시키고 확대시킨 것이다. 이러한 현상은 후일에 창설한 圖書館學科가 있는 大學에서도 마찬가지였다.

예를 들면, New York 公共圖書館의 圖書館學校의 校長인 May W. P1ummer(1856~196)는 다음과 같은 學科目을 요구하였다.[69]

1. 管理
   A. 圖書館管理　　　　　　　　B. 圖書館建築
   C. 圖書館法規　　　　　　　　D. 圖書館會計
   E. 圖書購入　　　　　　　　　F. 兒童에 대한 活動
   G. 學校에 대한 活動　　　　　H. 特殊圖書館에 있어서의 方法
2. 技術
   A. 目錄　　　　　　　　　　　B. 分類
   C. 主題名 標目　　　　　　　　D. 製本
   E. 圖書館經營　　　　　　　　F. 校正과 印刷
3. 書誌
   A. Reference(政府圖書館 포함) B.圖書館史
   C.印刷史　　　　　　　　　　　D.書誌業務
   E. 國家的 書誌　　　　　　　　F. 主題書誌
4. 批判
   A. 圖書選擇과 評價와 註釋　　　B. 定期刊行物
5. 其他
   A. 時事題目　　　　　　　　　B. 圖書館 分野의 調査
   C. Typewriter　　　　　　　　D. 圖書館訪問
   E. 割當된 實踐活動

이것을 보면, P1ummer 가 생각한 圖書館學은 管理·技術·書誌·選擇이 四大支柱를 이루고 있다.

---

69) Plummer, Mary W. *Training for Librarianship.* Chicago, 1923.

英國의 國家試驗의 最終試驗을 종합해 보면 ① 文獻史 ② 書誌 ③ 選擇 ④ 管理의 四部門이 大支柱를 이루고 있다. 이러한 學科目의 배열에 대하여 체계적인 배열을 고려하게 되어, 學問으로서의 價値를 살리려고 하는 시도가 나타났다. 예를 들면, 獨逸의 Kirchner가 1931년에 著述한 「圖書館學」에는 다음과 같은 체계적인 圖式이 나와 있다.70)

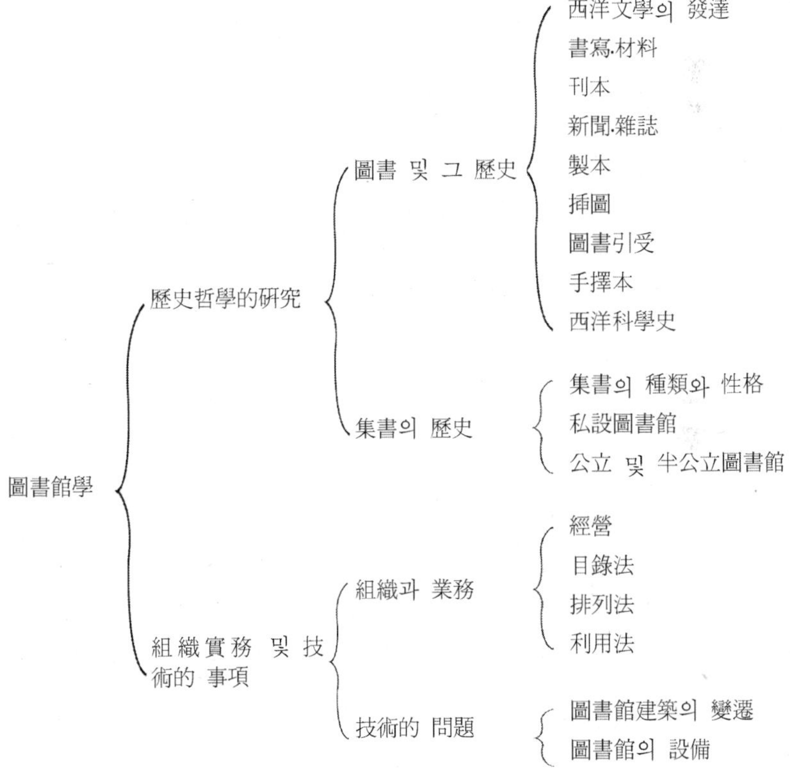

그러나 이러한 科目은 관련 있는 것을 배열하고, 어느 하나의 槪念으로 일괄해서 그것을 포함한 것으로, 배열한 科目은 관련 있는 것도

---

70) Kirchner, Joachim. *Bibliothekswissenschaft*. Heidelberg, 1951.

있으나 전연 異質的인 것도 있다. 이와 같이 해서 다시 歷史哲學的 研究와 實務 및 技術의 두 槪念으로 일괄하여 그것이 圖書館學을 包括한다고 보고 있으나 이것은 學의 체계가 아니며, 체계가 될 수 있는 필연적인 原理가 一貫되어 있지 않다. 또한 科目과 科目 사이에는 內面的으로 必然的인 관련성을 가지는 紐帶的인 理論이 통해 있지 않다. 따라서 이것은 진실한 學의 체계가 아니다. 편의상 科目의 배열을 통일하기 위하여 考案된 組立에 지나지 않는다. 그런 의미에서 이것은 圖書館學의 체계가 아니다. 圖書館經營에 필요한 知識과 技術이 圖書館學이라고 생각한 傳統的인 觀念이 발생한 것이 아니다. 그래서 그가 말하는 圖書館學은 資料의 歷史的 研究와 書誌의 연구, 經營組織의 연구로서 圖書館의 本質은 究明되어 있지 않다. 그것은 진실한 의미에서 科學으로서의 圖書館學이라고는 말할 수 없는 것이다. 우리 나라에서도 이러한 科目의 배열을 圖書館學이라고 생각한 일이 있으나, 이것은 學問으로서의 의의를 가질 수가 없다. 소련이나 中國도 이와 마찬가지로 과거에 다음과 같은 教科目을 教授한바 있다.

① 圖書館事業史
② 圖書館建築의 原理
③ 讀書指導와 圖書館宣傳
④ 藏書의 補充과 組織
⑤ 藏書의 編目과 分類
⑥ 圖書館建築과 施設

이와 같이 六大支柱를 배열하고, 關聯學科의 연구교과목을 規定하고 있다. 다만 종래의 이러한 종류의 體系的 排列에 대해서 다른 것은 이들 科目 중에 하나의 ideology가 一貫하고 있다는 것이다. 그것은 Marx · Lenin 主義의 哲學 즉, 辯證法的 唯物主義와 歷史的 唯物主義가 圖書館의 方法論의 기초라고 하는 것이다.

다만 辯證法的 唯物主義의 관점에 서서 정확한 圖書館의 객관적

規律을 反映하고, 도서관사업에 대해서 科學的 分析을 창안하여 정
확한 結論을 얻어서 실천의 指針으로 한다고 規定하며, 활발한 실천
활동을 요구하고 있다. 이것은 圖書館學의 方法論의 기초를 辨證法
的 唯物論에서 얻으려고 한 것으로 너무나 政治的이며, 圖書館을 사
회생활 가운데서 또한 人間과의 관계에서 圖書館의 작용을 정확히
諒解할 것을 요청하고 있다. 이러한 立場에 서 있는 한 圖書館學은
도서관의 실천활동을 指導하는 方法論이며, 圖書館學 그 자체는 教
授할 수 없는 것이다.

5) 圖書館學에 대한 批判과 反省

이상과 같은 현실의 要求에 적응한 실천 활동에 필요한 知識과 技
術로 인하여 科目이 점차 증가되고, 주로 大學을 포함한 養成機關이
증가하고, 修業年限도 規定되고, 圖書館學의 槪念이 사회에 인식되어
社會的 通念이 된 것이다.

이러한 圖書館學에 대해서 批判과 反省의 소리가 일어났다. 당시
의 西歐大陸은 제1차 대전이 끝난 후이며, 戰勝國이나 中立國이나
戰爭의 영향으로 國內 사태의 安定에 總力을 경주하고 있었으나, 人
心의 不安이 社會의 底流를 이루고 있고, 제2차 世界大戰의 위기가
다가올 1920년부터 1930년대의 일이다.

그리하여 圖書館學도 또한 이 영향과 관계가 있었던 것이다. 주로
America 大陸을 그 중심으로 하여 圖書館學에 대한 비판이 일어났
던 것이다. 이제 그 批判과 反省의 주요한 것을 들면 다음과 같다.

① 圖書館學에 있어서 技術의 중요성을 부정하지 않는다. 圖書館
職員이 가져야 할 教養 가운데 技術은 그 일부분이다. 技術은 職員
의 실무에서 필요한 것이나, 그 보다 더 중요한 것은 職員의 일반교
양과 冊에 대한 知識이다. 이것은 技術中心 思想에 대한 비판이다.

② 이에 대해서 技術의 修練이 職員에게는 더욱 필요하다고 하는

反論도 있었다.

③ 圖書館機能을 형성하는 原理와 目的을 확립시킬 수 없다.

④ 社會에 대해서 圖書館이 해야 할 역할이 무엇인가, 그것을 확립시키지 않으면 圖書館學은 學으로서의 가치가 없다.

⑤ 文化史的으로 圖書館은 어떠한 地位를 占하고 있는가, 현재의 圖書館學은 이것을 밝히고 있지 않다.

⑥ 이러한 學科目을 통일시키는 哲學이 없다. 각 學科目을 종합해서 각 科目의 相互關係를 맺어주는 것이 무엇이냐? 결국 哲學이 필요하다. 여기에서 말하는 哲學은 圖書館學이 學問的으로 체계화 될 수 있는 객관적으로 타당한 理論體系를 말한다.

⑦ 學이라고 칭하지만 그 學은 어떠한 性格을 가지며, 또한 學은 일반적으로 本質的인 하나의 原理를 밝힌 것이라고 말할 수 있으나, 圖書館學은 어떠한 本質的인 原理를 밝히고 있느냐? 이것이 명백하지 않다.

⑧ 圖書館學의 科學的 方法이란 무엇이냐? 圖書館學은 科學이지 哲學이 아니다.

⑨ 이에 대해서 圖書館學의 科學的 研究方法은 自然科學과 같은 研究 方法이어서는 안된다.

이러한 論議는 圖書館界에 비상한 세력으로 확대해 갔다. Library-science냐, 아니면 Librarianship이냐, Philosophy of Librarianship 이냐하는 문제를 둘러싸고 討議로, 論文으로, 著書로, 참으로 旺盛한 것이 있었다. 이러한 批判과 反省은 현재와 같이 科學的인 발달이 아직 미진한 時代였으므로 무의미한 또는 불필요한 論議도 많았다.71)

美國에서는 1930년부터 4년간 약 400篇의 論文이 출현할 정도로 圖書館에 대한 批判과 反省이 學界의 관심사였다.

---

71) Danton, Perlman J. Plea for Philosophy of Librarianship. in *Library Quarterly*. vol.Ⅳ. no. 4. 1934. p. 538.

4. 圖書館學 理論의 提起

1) Ranganathan의 圖書館學

이러한 論議가 旺盛한 시대에 처음으로 圖書館學의 名目을 세운 대표적인 論說을 들면, 우선 印度의 圖書館學者 Shigali Ramamrita Ranganathan(1892)이다. 그의 著書는 1931년에 출판된 「圖書館學의 五原則」(The five laws of library science)[72]으로 Madras 圖書館協會에서 발행한 것이다. 그의 學說을 요약하면 다음과 같다.

① 第 1 法則(The first law)

"冊은 이용하기 위한 것이다"(Books are for use)라고 시작하여 圖書館의 技術과 실무는 이 槪念에 포괄되어 어떠한 圖書館의 업무이든 이용자를 위해서 있는 것으로 特權階級을 위한 것이 아니다. 大衆을 위해 開放되지 않으면 안된다. 大象은 이용자이기 때문이다.

② 第 2 法則 (The second law)

"冊은 모든 사람을 위해서 存在하는 것이다."(Book are for all) 資料는 少數者·일부의 特權階級 즉, 王候·貴族·富豪·學者·司祭를 위해 있는 것이 아니라, 大衆을 위한 것이다. 모든 人類를 위해서 존재한다. 모든 讀者에게 冊을 貸與하여야 한다. 專門圖書館, 研究圖書館 뿐만 아니라, 兒童·婦人·盲人·農村·病院·刑務所 등 모든 도서관이 필요하다.

③ 第 3 法則(The third law)

"모든 冊을 讀者에게."(Every books its reader) 이를 위해서는 圖書選擇이나 開架制, 目錄의 完備, Reference, 館外活動, 圖書館報의 발행·선전 등도 도서관을 위한 것이 아니라, 모든 業務 service는 일체 讀者를 위하여 해야 한다. 法規·管理·運營도 讀者優先主義로 세 워야 한다.

---

72) Ranganathan, Shigali R. *The Lows of Library Science*. Madras. 1931.

④ 第 4 法則 (The fourth law)

"讀者의 時間을 節約하라."(Save the time of readers) 讀者가 冊을 이용하기 위해서 時間을 浪費해서는 안된다. 이용할 필요가 있을 때는 빠른 속도로 제공하는 것이 필요하다. 이를 위해서는 書誌의 編成, 目錄記入의 改善, 書庫案內, 書誌, Reference service의 速度化, 建築의 改善 등이 필요하다.

⑤ 第 5 法則(The fith law)

"圖書館은 성장하는 組織體이다."(A library is growing organization) 圖書館은 有機的인 조직체이기 때문에 살아 있는 것이다. 그러므로 規模가 성장하지 않으면 안된다. 資料의 生産도 확대한다. 이에 대하여 目錄室도 확장하고 分類法도 이에 적응하도록 해야 할 것이다. 建築도 여기에 적응한 계획을 진전시키지 않으면 안된다. 職員도 증원될 것이며, 이용자도 年年 증가해 가는 것이다. 圖書館은 현대와 더불어 生長 發展하는 힘을 가지고 있는 것이라고 하는 것이 그의 주장이다.

그의 說은 당시 印度가 英國의 支配 밑에 있고 그의 國民은 被抑壓階級이며, 文化的 水準은 낮고 모든 것이 빈약한 시대였다. 이러한 印度의 시대를 背景으로 하고 祖國의 獨立을 염원하며, 圖書館에 의하여 文化를 진흥시킨다고 하는 啓蒙的인 의미를 포함하고 있다. 그러나 이 啓蒙的인 說은 圖書館의 先進國이라고 하는 나라에서도 圖書館을 인식시키는 점에 있어서는 참으로 傾聽해야 할 점을 지니고 있다.

그의 圖書館學은 계몽적으로 圖書館의 目的·機能·效用을 설득시키고 업무로부터 管理·運營·技術·世界事情 등 圖書館의 전 문제에 걸쳐 槪論한 것으로 일종의 圖書館通論과 같은 性格을 가지고 있다. 그러나 그 文章에 흐르는 熱情과 意氣는 독자를 감격하게 하는 것이 있으나, 學이라고는 할 수 없다. 후에 그가 告白한 바와 같이 그 著書가 출판된 후 그것은 學이라고 자칭하지만 圖書館의 科學的

硏究의 인식은 아니라는 批判이 성하였다. 그가 그 批判에 답하여 출판한 것이 1957년의 「圖書館學의 五原則」第 2 版이다.

Ranganathan은 第 2 版에서 그의 說이 科學的이라는 것을 입증하려고 한 것이다. 그러나 그의 圖書館學 第 1 版과 第 2 版은 결과적으로 아무런 변화가 없다. 다만 그의 五法則이 觀念的인 생각이 아니라 科學的 硏究法의 결과로 成立된 것이라는 것을 입증하기 위하여 理論을 전개한 것이라고 볼 수 있다.

2) Butler의 圖書館學

Ranagnathan보다 2년 후 즉, 1933년에 Chicago大學의 圖書館學教授였던 Pierce Butler(1886~1953)가 Chicago大學에서 圖書館學序說(*Anintroduction to library science*)을 출판하였다.[73] 이 冊도 또한 圖書館學史上 중요한 의미를 가지는 것이다.

그 당시 美國에서는 圖書館學의 教育上 비상한 문제가 많았다. Dewey가 Columbia 圖書館學校를 創立한 이래, 다른 각 大學에서도 많은 圖書館學校와 講座가 설치되었으나 教員의 資質도 낮고, 그 教育過程이나 修業年度도 일정하지 않으며 각 大學에 따라서 달랐다. 또한 大學의 機構와의 관계도 大學마다 다르고, 卒業生의 專門職으로서의 資格도 상이하였다. 이것이 문제가 되어 美國圖書館協會의 養成委員會나 聯邦基準委員會 등의 조직을 두어 이를 검토하게 되었다.

그로 인하여 Carnegie 財團의 원조에 의하여 Columbia大學 圖書館學校로 하여금 조사를 하도록 의뢰하였다. 이 報告書가 발표된 것이 이해였다.[74] 이로 인해서 각 大學의 內容을 정비하고 充實을 기도하게 되었다. Chicago大學도 이로 因해서 圖書館學校를 신설하게 된 것이다.

---

73) Butler, Pierce. *An Lntroduction to Library Science*. Chicego, 1933.
74) Williamson, Charles C. *Training for Library Sercice*. New York. 1923.

이러한 歷史的背景, 그것보다도 문제는 內部에 있었다. 圖書館職員의 양성에 대해서 技術重點의 敎育이냐, 敎養重點의 敎育이냐 하는 것이 중요한 문제였다. 技術者를 敎育한다는 것은 간단하다. 그러나 專門職員의 資質은 技術만을 갖추는 것은 위험하다고 하는 批判이 높아졌다. 또한 專門職員의 실천 활동은 service에 있다. Service는 진실한 마음가짐과 社會에 정밀한 敎養을 갖지 못하면 service는 철저하지 못하다.

그러므로 法律을 배우는 學生에게는 法의 哲學을 가르치는 것과 마찬가지로 圖書館職員은 社會文化의 發展과 法則을 모르고 훌륭한 專門職을 얻을 수 없다. 또한 圖書館學 고유의 활동에 대해서도 硏究調査할 필요가 있으며, 실천으로부터 法則의 方向으로 진전해야 한다는 의견이 왕성해졌다.

또한 現職의 館長이나 管理者는 職員의 技術이 부족하므로 技術의 훈련을 철저히 할 것을 요망하였다. 이러한 技術이냐, 敎養이냐 하는 矛盾된 敎育의 시대를 배경으로 하고, 獨自의 見解를 제시한 것이 Butler의 著書이다. 그 著書의 要旨는 다음과 같다.

(1) 序　論

圖書館은 人類의 記憶을 현재의 人間의 意識 속에 옮겨주는 社會的 裝置(Social apparatus)이며, 圖書館學은 社會科學의 어느 체계 가운데에서도 論할 수 없는 社會現象 중에 위치를 점하는 것이다.

圖書館職員은 理論的 硏究에 무관심하고, 技術의 合理的 處理만 되면 만족하고 있으나 이를 止揚해야 한다. 科學的 知識으로 이러한 복잡한 社會機關인 圖書館을 설명하기 위해서 圖書館學이 수립되어야 한다.

(2) 第一章 科學的 問題

　우선 科學의 의의와 研究方法을 論하고, 다만 客觀的 事實과 本質을 설명하고 입증하는 知識에도 한계가 있으며, 價値의 世界는 知識構成 이상의 世界라고 말하고 있다.

　예를 들면, 詩學에 있어서 詩의 形成·韻律·音聲學·修辭學은 科學의 대상이 되지만, 精神美는 科學이 知識과 관계하는 것이기 때문에 圖書館學은 특히 圖書館의 기능의 根本的 現象 즉, 社會에 集積하는 經驗을 圖書라고 하는 媒介體에 의해서 個人에게 전달한다고 하는 純理論的 方面을 포함한다. 그러나 그 反面, 그 전달에는 科學에 의하여 파악되지 않는 다른 면을 가지고 있다. 즉 資料에 포함된 內容이 人間에게 전달된 경우, 主觀的 反應의 再生作用은 科學的으로 조사할 수 없다. 여기에 있어서 科學의 方法은 副次的 意味를 가지며, 유용한 道具로서 역할 하는데 지나지 않는다.

　圖書館學은 敎育과 醫學과 같이 그 主觀的 性質의 모든 局面을 잘 파악하여 科學的으로 成立되기를 희망한다.

(3) 第二章 社會學的 問題

　社會에 集積된 知識의 전달은 文獻에 의하여 보급된다. 圖書館은 이것을 敎育的인 면에서 채용하여 讀書를 分析하고 資料를 蒐集·保管하는 새로운 社會的 施設이다. 새로운 社會에는 그 圖書館의 社會組織이 필요하다.

(4) 第三章 心理學的 問題

　讀書의 理心에 미치는 영향을 論하고, 分析·研究의 필요성을 강조하며, 讀書心理를 明白히 함과 동시에 讀書의 효과가 큰 것을 설

명한다. 그로 인하여 讀者를 자극해서 흥미를 가지는 Journalism을
批判하고 있다.

(5) 第四章 歷史的 問題

　知識의 歷史的 전달은 圖書館을 통하여 전달된다. 圖書館은 이렇
게 歷史的으로 전달된 良書를 讀者에게 제공함으로써 社會의 福祉를
위하여 공헌하는 것이다. 그러므로 圖書館의 歷史的 발전은 文化의
발전에 貢獻하는 것이다.

(6) 第五章 實際的 問題

　이러한 의미와 기능과 性格을 가지고 있는 圖書館을 傳承하기 위
하여 固有한 技術이 요청되는 것이다. 그 고유의 技術的 處理方法이
書誌學인 것이다. 그러나 圖書館職員은 다만 이 書誌作成으로서 만
족해서는 안 된다. 圖書를 書誌學的으로 記錄하는 것은 다만 在庫目
錄에 지나지 않는다. 圖書館職員은 이러한 요약된 記入에 어떠한 의
미가 있느냐에 대해서 明白한 歷史的 의식을 가지지 않는 한 반드시
地域社會에 좋은 결과를 가지지 못할 것이다.
　Butler는 이와 같이 社會的·科學的·心理的·歷史的인 면에서 圖
書館이라고 하는 社會施設을 이해시키려고 하는 綱領을 제시한 것이
다. 그가 말하는 바와 같이 그의 著書는 圖書館學에 入門하여 學的
으로 종합하려고 하는 시도이며, 技術的인 면을 버리고 圖書館理論
(Philosophy of librarianship)에 발을 디딘 최초의 論文이라고 할 수
있다. 그리고 技術의 면을 버린 경우가 science라고 하는 점을 지적
하고 示唆하고 있는 점으로 보아서 歷史的으로 중대한 의미를 가지
는 견해이다.

　Butler의 圖書館學은 도서관의 社會的 心理的으로 중요한 기능을 설명하고, 圖書館의 目的을 명백히 하여 사회적인 效用性을 강조하며, 社會의 文化와 福祉에 공헌하는 바를 논한 일종의 文明批評論이며 일종의 essay이다. 아무래도 당시의 philosophy of librarianship의 領域을 넘어선 것은 아니다. 그러나 그의 試論은 오래도록 큰 영향을 주어 후에 圖書館學이라고 하는 論說은 대부분 이러한 文化的 思想的으로 논하는 氣風이 世上에 나타나게 된 것이다. 그런 의미에서 이것은 圖書館學理論의 原型이라고 볼 수 있는 것이다.

　가령 그것이 science로서 많은 사람에게 納得이 가지 않는다 할지라도 그의 試論은 圖書館界에 하나의 계기를 이루었다는 점에서 높이 評價되고, 그 業績은 영원히 不朽의 것으로 남아야 할 것이다. 그러나 진실한 의미로 보면 圖書館學 즉, 圖書館의 科學的 研究라고는 할 수 없다는 것은 前述한 Ranganathan 의 경우와 동일하다.

　이와 같은 Ranganathan이나 Butler의 論說은 學이 라고 하기에는 미흡하다. 진실한 의미에서의 學 즉, 科學은 특수한 개개의 사실을 기초로 하고, 이러한 사실 사이에 存在하는 관계를 구하며, 혹은 이러한 모든 사실에 통하는 普遍的인 原理나 法則을 발견하고, 이에 의하여 특수한 개개의 것을 전체와의 관련에 있어서 이해하고 설명하는 原理와 法則을 명백히 하는 것이다.

　이러한 관점에서 본다면 Ranganathan과 Butler의 圖書館學은 科學的으로 체계화된 學問은 아니다.

第3篇　圖書館略史

圖書館略史

　前章에서 이미 논급한 바와 같이 文獻情報學은 본래 도서관의 실무활동에 필요한 전문적인 知識과 技術을 연수하는데서 비롯하였고, 현재도 역시 도서관을 중심으로 하는 文獻情報活動에 필요한 전문적인 知識과 技術을 체계적으로 연구하는 學問이다. 따라서 文獻情報學은 歷代의 圖書館의 발달과정과 직접적인 관계를 가지는 것이다.

　그러므로 第3篇에서는 圖書館의 발전과정을 西洋의 圖書館史와 近代圖書館史 및 東洋의 圖書館史로 구분하여 그 槪略을 설명하고자 한다.

I. 西洋의 圖書館史

1. 古 代

文明은 Tigris와 Euphrates의 肥沃한 골짜기에서 시작되었다고 學者들은 일반적으로 믿고 있다. 좋은 氣候條件, 肥沃한 農土와 農夫로서의 技術의 成長에 힘입어 사람들은 점차적으로 이 地域에서 世代를 이어 生活을 영위할 수 있게 되었다. 遊牧民들의 定着은 마을 (town)을 形成하게 되었고, 그 마을은 都市로 成長하였다. 그 都市內에서 行政的·經濟的·社會的·宗敎的인 기관이 발달되었고, 貿易·商業·産業이 展開되었으며, 技術的인 발명과 發見이 거듭되었다. B.C. 3500년[1])경 都市의 복잡한 組織生活에 있어서 분명히 실제적인 日常의 經濟的·社會的·行政的인 일을 다루기 위한 道具로써 文字가 발명된 것이다.

1) 古代의 中東

현재의 知識을 바탕으로 해서 광범하게 사용할 수 있는 文字를 발전시킨 最初의 民族은 슈메르인이라고 일반적으로 믿고 있다. 最初의 記錄文書는 슈메르語로 되어 있으며, 1877년 이래로 프랑스인들

---

1) Mallowan, M. E. L. Civilized Life Begins. *The Dawn of Civilization*, ed. by Stuart Piggott. New York, McGraw Hill, 1961. p. 83.

은 Lagash(Telloh)의 古代都市었던 슈메르 地域에서 슈메르인들의 記錄資料가 축적되었던 하나의 큰 書庫를 최초로 成功的으로 發掘하기 시작했다. Kramer는 "슈메르의 粘土板의 95% 이상이 經濟的인 性格을 가지고 있다"2)고 말하고 있다. Leonard Wolley 卿은 "初期의 슈메르인의 그림 文字는 事物을 表示한 것이 전부이며, 그들은 陳述을 할 수 없었고 思想을 전달할 수 없었다"3)는 사실을 강조하였다. 그러나 슈메르인들은 그림 文字로부터 象形文字와 音表文字로 필요한 전달을 할 수 있었기 때문에 "BC 300年代 末期 이전의 어느 땐가에 슈메르의 文學家들은 당시까지 口述形式으로 전해오던 많은 文學的 創作品을 粘土板, 角기둥(prisms), 圓筒(cylinder) 위에 실제로 기술했다는 것은 의심할 여지가 없다."4)

이와 같이 記錄의 道具는 초기에는 조잡하고, 그림 文字的인 性格을 가지고 있었으나 高度의 중요한 의미를 가지는 것으로 전환되었고, 마침내 音標文字(phonetic system)로 修訂되고 組織化되어, 이것이 그들의 社會的·政治的·哲學的인 思想을 기록하고 學校와 社會的인 改革의 설명을 유지 하고, 그들의 讚頌歌·祈禱·慣例·神話·魔法의 公式 등을 保全하기 위한 유용한 道具로써 슈메르인에게 이바지하였다. B.C. 2700년경에 슈메르인들은 寺院과 圖書館을 설립하였고, 그 圖書館 내에 여러 가지 記錄物을 保存하고 사용할 수 있었다.

그들의 이웃들은 반드시 슈메르인의 記錄法과 같지는 않았지만 그들의 思考方式을 재빠르게 채용하였다. 形式的으로 슈메르인들의 그것과는 비록 완전히 다르다 할지라도 기록된 記號가 事物이 아니라

---

2) Kramer, Samuel Noah. *Sumerian Mythology, A Study of Spiritual and Literary Achievement in the Third Millennium B. C.* (Rev. ed.) New York, Harper and Row, 1961. p. 10.

3) Woolley, Sir Leonard. *History of Mankind, Cultural and Scientific Development*, Vol. Ⅰ *Part 2: The Beginnings of Civilization*. New York, New American Library of World Literature, 1965. p. 364.

4) Kramer, Samuel Noah. *History Begins at Sumer* Indian Hills, Colo: Falcon Wing's Press, 1956. p. xix.

音聲을 표현5)한다는 기본적인 槪念에 대해서는 이에 영향을 받은 수많은 字體(script)가 발생했다, 예를 들면 宗敎的인 信仰과 실제, 그리고 슈메르인의 字體를 包含한 슈메르인의 文化는 바빌로니아인에게 신속하게 傳授되었고 同化되었다, 이들 셈族(Semitic) 征服者들은 그들 固有의 言語의 요구에 따라 슈메르인의 字體를 채용하였기 때문에, 조만간 楔形文字體로 쓰여진 바비로니아語는 中東의 外交語로 인정되게 되었다.6)

바빌로니아 文明에 대한 우리 知識의 대부분은 Borsippa 圖書館의 粘土板에서 얻은 것이다, 이 粘土板이 複寫되어서 앗시리아의 Ashurbanipal 王立圖書館에 소장된 것이다(BC. 668~626). 그의 圖書館은 모든 學問의 分派를 포용하였고, 그의 統治는 앗시리아 藝術과 文學의 黃金期를 이루었다, 그의 노력을 통해서 바빌로니아인의 과거의 智慧가 Nineveh에 있는 그의 圖書館에 總集結되었다.7) 그 圖書館은 수많은 粘土板을 소장하였고, 그의 識別을 위해서 꼬리표를 附着하였으며, 書架내에서 主題나 形態에 따라 배열하고, 하나의 目錄으로써 사용하기 위해서 入口에 塗色 하거나 彫刻 한 각 書架(alcove)에 배열된 冊의 書目(list)을 열거했다, 이 圖書館은 王의 臣下들의 사용을 위해서 開館하였다고 믿어진다,

思想의 전달을 위한 媒體로써 바빌로니아인의 楔文字는 原始的인 그림 文字의 형태를 벗어난 革新的인 발전을 나타냈다, 그러나 그것은 表意文字와 音節記號 같은 복잡한 字體였기 때문에 學識 있는 바빌로니아인이나 앗시리아인들이 그것을 熟達하는데 여러 해를 보내지 않으면 안 되었다. 그 점에 있어서 Phoenician의 알파벳字體는

---

5) Woolley, Sir Leonard. *History of Mankind, Cultural and Scientific Development*, Vol. 1, Part 2: The Beginnings of Civilization. New York, New American Library of World Literature, 1965. p. 364.

6) *Ibid.*, p. 383. Posner, Ernst. *Archives of the Ancient World*. Cambridge, Mass.: Harvard University Press, 1972. p. 73.

7) Olmstead, A. T. *History of Assyric*. Chicago, University of Chicago Press, 1951. p. 490.

그 記號가 그들이 가지는 의미가 뚜렷하였고, 사람들이 數週日이면 習得할 수 있을 만큼 쉽게 그것을 記憶할수 있었기 때문에, 대단히 다루기가 쉬운 것이었다. 약 BC 2000년대 중기에 시리아의 海邊都市에 居住하는 페니키아인이 효과적인 記錄法에 관한, 그리고 그들이 접촉하는 여러 나라 百姓들에게 영향을 주는 새로운 字形을 만들어 내는데 있어서 주요한 역할을 하였는데, 그들의 商業的 活動은 그러한 發明活動을 위한 필요성과 機會를 그들에게 제공하였다.8)

2) 古代 - 이집트

古代 이집트의 文明은 슈메르의 그것과 더불어 동시에 繁盛하였다. 최초로 冊이 쓰여진 연대는 슈메르의 그것들과 마찬가지로 BC 4000년대의 후반기 경이지만 이집트인들에 의해서 발전된 文字形式은 그들의 필요성에 부응하기 위해서 기록하였고 그것은 象形文字 (hieroglyphic)였는데, 그 이름은 '神聖'(sacred)과 '彫刻'(to carve)을 의미하는 두 개의 그리이스 單語에서 由來한 것이다. 그들의 記錄의 主要目的은 紀念碑를 위한 永續하면서도 印象的인 적당한 碑文을 작성하는 것이었다. 왜냐하면 記錄은 王을 讚美하는 것이라고 믿었고, 紀念碑의 碑銘이나 書院의 壁에 새긴 銘은 世界에 感銘을 주는 것을 의미하였기 때문이다. 대부분의 사람들이 文盲이었기 때문에 記錄한 형식도 거의 그림과 같은 것이었다. 이러한 공들인 象形文字的인 形式은 실제적으로 筆寫本을 기록하기 위한 것이 아니었고, heratic(聖用의)이라 불리는 흘림체가 일상적으로 사용하기 위해서 고안되어, 결과적으로 demotic(民衆의)이라 불리는 大衆體가 발전한 것이다.

柔軟性 있는 記錄資料가 papyrus라는 植物의 줄기를 사용해서 만들어졌고, 이것은 B.C. 3200년경의 대단한 記錄資料의 발명으로 알

---

8) Wooley, Sir Leonard. *op. cit.* p. 387.

려졌다. 이집트인들의 圖書의 형태는 두루마리였고, 筆記道具는 솔과 같은 펜과 잉크였다. 象形文字는 紀念碑나 무덤 내부에 神聖한 彫刻을 위해서, 그리고 寺院의 彫刻을 위해서 계속 사용되는 반면에, 초기의 聖用體는 주로 宗敎的인 目的에서 사용되었다. 聖職者類에 속하는 사람들 이외에는 거의가 文盲이었으며, 筆寫者들은 寺院學校에서 연수를 받았다. 宗敎的·哲學的·歷史的·科學的記錄과 마찬가지로 公的인 文獻이 나타났다.

이집트인의 圖書館에 대한 우리의 知識은 不足하지만, 寺院圖書館과 第四王朝의 君主인 Khufu에 속하는 圖書館의 기록과, 또 하나 두 번째 피라밋의 建築者인 Khabre에 속하는 圖書館에 대한 기록이 있다.9) Edfu에 있던 圖書館은 寺院内의 조그마한 구석방이었고, 그 壁위에는 聖職者들에게 주어진 모든 著作에 대한 目錄이 있었다. 중요한 의미를 가지고 있는 유일한 圖書館은 BC 1250년경 Rameses Ⅱ에 의해서 Thebes에 설립된 圖書館이다. 王이 상당한 자부심을 가지고 있던 이 圖書館은 2萬卷10)의 藏書를 소장했다고 믿어지며, '靈魂을 療養하는 곳'11)이라고 불리워졌다.

3) 그리이스

B.C. 2000년대의 초기에 있어서 Crete 섬은 고도로 발달된 文明의 中心地가 되었고, 그것이 그리이스 本土로 전파 되였으며, B.C. 15세기 말기 전에 全 Aege 地域으로 전파되었다. Crete인들은 筆寫技術을 그림 文字로부더 흘림체 형태인 Linear A를 발전시켰고, B.C. 15세기에는 現在 Linear B라고 불리우는 字體로 발전시켰다.12) 많은 學者들

---

9) Posner, Ernst. *Archives of the Ancient World.* Cambridge, Mass: Harvard University Press, 1972. p. 86.

10) Nichols, C. L. *The Library of Rameses the Great.* Cambridge, Cambridge University Press, p. 30.

11) *Ibid,* p 10.

은 Linear B 粘土板의 言語가 B.C. 1460년에 Knossos를 占領하고 종국에 가서는 Minoan 王國을 顚覆시킨 Mycenaean 들이 사용하던 초기의 그리이스語의 형태라고 믿고 있다. Mycenaean은 Minoan의 Linear B 字體를 採用하여 그것을 改良하고 簡略化했다. 그러나 그들의 발전은 短命하여 BC 1200년 이후에 Mycenaean의 세계가 滅亡하고 그 字體는 사라졌다.13) 文盲期는 Linear B가 消滅된 때부터 그리이스가 페니키아인의 子音 22字 alphabet를 採用한 때까지 존속되었다고 믿어진다. 그리하여 8세기에 알파벳體가 紹介된 것은 그리이스에 있어서의 知的活動의 새로운 탄생기가 나타난 것으로 간주될 수 있다.14)

初期에 알파벳字體를 사용한 것은 실제적인 自然에 대한 彫刻을 위해서였으나 陶器 위에 쓰여진 韻文의 예도 약간 있다. BC 6세기와 7세기에의 圖書館에 관해서는 다만 文獻의 短片들만이 남아 있지만, Athenaeus15)에 따르면 6세기에는 Peisistratus의 圖書館 Athene의 君主圖書館, 그리고 Samas 君主圖書館인 Polycrates 등을 포함하여 그리이스에는 圖書館이 있었다고 한다. Athenaeus는 또한 Euripides의 圖書館에 대해서도 言及하였고, 기타 5세기에 있어서는 古代 그리이스 文明이 Pericles에 黃金期를 이루었다고 말하고 있다. Aristotles(B.C. 384~322)은 과거의 文化를 蒐集 保存하여 그것을 이용한 최초의 사람이었다고 전해지고 있다.16)

---

12) Pfeiffer, Rudolf. *History of Classical Scholarship from the Beginnings to the End of the Hillenistic Age*, Oxford, Clarendon press, 1968. p. 20.

13) Woolley, Sir Leonard. *History of Mankind, Cultural and Scientific Development*, Vol. 1. Part 2: The Beginnings of Civilization, New York, New American Library of World Literature, 1965. pp. 385~386, Passim.

14) Wace, Alan J. B. and Stubbins, Frank H. (eds.) *Companion to Homer*. London: Macmillan, 1963. pp. 217, 552. passim.

15) Athenaeus. *The Deipnosophists, with an English translation by Charles Burton Gulick* (Rev. ed). Cambridge, Mass: Harvard University Press, 1951. p. 11.

16) Jones, Horace Leonard. *The Geographu of Strabo, with an English transl-*

古代 그리이스의 가장 중요한 圖書館은 Hellenism 時代－알렉산더와 그의 繼承者들이 정복해서 그리이스 文化와 學問을 발전시키고, 새로운 그리이스 都市를 創建하고 君主政府를 발전시킨 것으로 性格 지워지는 時代－에 설립되었다. 이들 圖書館은 이집트 내에 있는 알렉산드리아와 아시아의 Minor에 있는 Pergamum 王國에 位置하였다.

새로운 都市 알렉산드리아는 BC 332년에 알렉산더의 指示로 Ptolemy Soter에 의해서 설립된 것으로 世界에서 가장 화려한 都市의 하나일 뿐만 아니라, Hellenism세계의 知的, 學問的 中心地가 되도록 운명지워졌다. 그 都市의 王立그리이스센터 내에 Ptolemy I(B.C. 305~283)는 王의 후원으로 學者들의 연구기관인 博物館을 설립하였고, Muses(그리이스 神話의 神)를 奉獻하고 學問에 獻身하였다. 博物館의 중심부분은 Museion 또는 Brucheion이라 불리는 圖書館이었으며, 이 圖書館은 모든 그리이스의 冊과 世界 모든 지역으로부터 알려진 모든 言語로 쓰여진 筆寫本을 수집해서 冊을 저술하고 筆寫하기 위한 편의를 제공하는 것을 목적으로 하였다.

博物館과 附設圖書館의 설립에 상당한 영향력을 행사하였던 Phalerum의 Demetrius에게는 藏書 수집증대의 임무가 주어졌다. 筆寫本은 가능한 모든 방법으로 수집되었다. 그리고 그의 管理下에 이 藏書는 20萬卷으로 증가하였다. 圖書館은 계승된 Ptolemies에 의해서 크게 擴張되었고 豊富하게 되었으며, B.C. 1세기의 中期에는 70萬卷 이상을 소장하게 되었다. Serapeum이라 불리는 두번째 圖書館은 알렉산드리아의 또 다른 지역에 있는 Serapis 寺院內에 Ptolemy Ⅲ에 의해서 설립되었다. 이 圖書館에는 정선된 42800卷의 藏書가 할당 되였으며, 그 藏書가 점차적으로 확장되어 10萬卷 이상에 이르게 되었다. 두 圖書館의 방대한 장서는 分類되고 조직되었으며17), 겸해서 두

---

ation Cambridge, Mess: Harvard Unive. press, 1960. vol. 6, 111, 113.
17) Shotwell, James T. *The Story of Ancient History.* New York, Columbia University Press, 1939. p. 56.

가지의 다른 중요한 任務가 수행되었다. 모든 冊이 편리한 형태로 편집되고 整理되었으며, 註釋도 달았고, 그리이스 文化에 대한 포괄적인 書誌가 편찬되었다.

알렉산드리아의 모든 圖書館人은 學者(詩人·批評家·文法學者)였다. 'Homer의 最初編輯者'로 기술된 Zenodotus 에게는 Illad와 Odyssey를 각각 24卷의 冊으로 區分한 데에 대한 榮譽가 주어졌다. 抑揚法과 句讀法을 體系化한 Byzantium 의 Aristophanes는 Pinder(그리이스의 서정시인)의 作品을 최초로 蒐集하여 편집하였다. 詩人 Callimachus에게는 그리이스 文獻의 書誌를 편찬하는 責任이 주어졌으며, 그는 著者와 著者의 作品目錄을 만들었다고 전해지고 있다. 그의 著作 Tables of ALL Those Who *were* Eminent in Any Kind of Litrrature and of Their Writings는 120卷이 되었다고 하며, 그동안 目錄된 著作은 범주에 의해서 희곡·法律·歷史·詩·웅변·修辭學·雜文[18] 등으로 배열되었다고 한다. 알렉산드리아의 學者들은 최초의 專門的인 學者였으여, 그리이스 黃金期의 文學을 批評하고 分類하여 그것을 후세에 전한 사람들이다.[19]

알렉산드리아 圖書館의 運命에 관해서는 완전히 일치된 것은 아니지만, 많은 歷史家들은 Museion의 破滅年度는 B.C. 47년에 알렉산드리아의 Julius Caesar의 運動에서 비롯되었고, Serapeum의 破滅年度는 수많은 異敎徒 寺院의 破壞로 결과 된 異敎에 반대하는 勅令을 내린 Theodosius 皇帝(379~395)의 統治에서부터였다고 한다.

西北아시아의 Minor, Pergamum은 알렉산드리아에 있어서와 마찬가지로 學問과 文獻活動의 大規模 中心地가 되었다. B.C. 2세기 Eumenes Ⅱ는 圖書館을 설립하고, Ptolemies의 예에 따랐으며, 筆寫

---

18) Hall, Frederick William. *A Companion to Classical Texts*. Oxford, Clarendon Press, 1913. p. 32.

19) Sandys, Sir John Edwin. *A History of Classical Scholarship*, vol. I: From the Sixth Century B. C. to the End of the Middle Ages (3rd ed). Cambridge, Cambridge University Press, 1921. p. 144.

本을 구하기 위해서 Hellenic 세계를 주도면밀하게 탐색하였다. 全都市民과 개인들은 그들의 기록된 寶物을 가지기 위해서 여러 가지 수단을 강구했다. 原本을 얻을 수 없는 경우에는 寫本이 만들어졌고, 이러한 複寫計劃을 위해서 多量의 파피루스가 이집트로부터 輸入되었다. 이렇듯 경쟁하는 圖書館의 시기심과 그 成長을 저지시키고자 하는 속셈으로 Ptolemy Ⅶ (그 당시 이집트王)는 Pergamum에 대한 파피루스의 輸出을 禁止시켰다. 결과적으로 그 必要性 때문에 새로운 記錄資料가 Pergamum에서 개발되었다. 羊皮紙라고 불리는 이 資料는 筆寫本의 복사를 계속하기 위해서 만들어졌고, Pergamum 圖書館의 장서는 모두 20萬卷에 이르게 되었다. Homer에 대한 批評 때문에 알려지게 된 Crates of Mallos는 校長이 되었고, Pergamum 圖書館의 司書가 되었으며, 아마도 그는 그 圖書館에 있어서의 著作에 대한 分類目錄을 작성하는 責任을 가지고 있었던 것 같다.[20])

Pergamum의 이 大圖書館은 거의 100년 동안 계속 활발하게 이용되었다. Antony가 이 圖書館을 Cleopatra(Ptolemies의 최후)에게 주었고, 그녀는 알렉산드리아에 있는 Serapeum의 장서에 그것을 追加시켰다. 이렇게 해서 알렉산드리아가 또 다시 世界에서 가장 큰 圖書館의 면모를 이루게 된 것으로 믿어진다.

4) 로 마

로마인들의 文化的이며 知的인 生活에 대한 그리이스의 영향은 B.C. 272년 로마인에 의한 Tarentum의 침략과 더불어 시작되었고, B.C. 146년 로마가 그리이스를 征服한 때부터 로마인들은 그리이스의 文學·哲學·科學을 읽고 연구하였으며, 그들의 아들들을 教育시키려고 Athens로 보냈다. 그리고 이때는 희랍어를 사용하였다.

---

20) *Ibid.* p. 159.

將軍들이 그리이스 내에서 그들의 戰鬪에서 모든 圖書館을 戰利品으로써 가져오기 시작하면서 私設圖書館은 로마 文化의 중요한 특징이 되었다. 예를 들면 Sulla는 B.C. 86년에 Athens를 침략하고 Aristotle圖書館을 약탈하였다. 23년 전에 Lucullus에 가져 온 또 하나의 藏書는 그의 圖書館의 기초가 되었으며, Plutarch에 따르면 모든 그리이스인에게 열람시켰다고 한다.21)

그의 각 別莊內에 圖書館을 두었던 Circero(B.C. 106~43)의 時代로부터 私設圖書館은 必須的인 것이 되었고, 그로부터 知識人들은 그리이스와 라틴어 著作을 필요로 하였다. 筆寫本은 부유한 藏書家들의 圖書館을 위해서 로마와 Athens에서 열심히 사들였다. 1세기 중기에는 私設圖書館이 유행하였고, 그 수도 많고 규모도 컸기 때문에 Seneca는 圖書의 수집에 대하여 "學問을 目的으로 한 것이 아니라 展示를 目的으로한 것"이라고 비난하였다. 많은 圖書의 需要는 圖書의 生産을 촉진시켰고, 노예들에게 冊을 筆寫시켜서 많은 複本이 만들어졌다. 書店은 번화가의 가장 좋은 지점에 위치하였고, 때로는 學者들의 會議場所가 되기도 하였다.22)

Julius Caeser 당시에 그리이스의 영향-특히 Alexandria 와 Pergamum으로부터의-은 특히 文獻에 대한 理解의 증진에 있었다. 長期間의 강력한 國家建設 다음에 오는 長期間에 걸친 平和期에 대한 展望과 더불어 人間의 知性과 才能을 啓發하기 위해서 관심을 기울이는 것이 가능하였다. 예를 들어 Caesar는 희랍어와 라틴어 圖書館을 설립하여 大衆에게 열람시키고자 하였다. 그의 圖書館은 도서와 記錄物을 보관하고, 사람을 敎育하는 수단으로써 이바지하고, 이미 私設圖書館・書店・學校 등에 의해서 수행되어 온 文化的 영향력을 증대시키

---

21) *Plutarch's Lives of Illustrious Men*, corrected from the Greek and revised by A. H. Clough. Boston: Little Brown 1930. p. 674.

22) *Seneca. De Tranquilliate Animi. in Seneca, Moral Essays*, with an Englishtranslation by John W. Basore. Cambridge, Mass.: Harvard University press, 1958. pp. 247~249.

는 것이었으며, 그들 藏書의 核心은 歷史的 政治的인 古文獻이었을 것이다. Marcus Terentius Varro는 그들을 조직하고 管理하기 위한 것이었다. 이러한 計劃들은 Caesar의 死亡으로 중단되었지만 그들은 Augustus의 統治下에서 Asinius Pollio에 의해서 수행되었으며, 그는 희랍어와 라틴어의 장서를 가지고 Apollo 神殿內에 Palatine 圖書館을 설립함으로로써 皇帝가 도서관을 설립하는 慣例를 시작했고, 후에 한 神殿 내에 설립된 2번째의 Octavian 圖書館은 Juno와 Jupiter를 奉獻하였다.

A.D. 96년부터 180년까지의 기간은 古代文明의 頂點이라고 일컬어져 왔다. 이러한 平和·繁榮·秩序의 時期 동안은 藝術·文學·哲學·政治學의 累積된 遺産이 代代로 전해졌을 뿐만 아니라, 새로운 文獻의 生産이 권장되었다. 2세기에 있어서 로마에는 25개 이상의 公共圖書館이 번창하였다.23) 學究的인 藏書가 두 개의 建物(하나는 그리이스 著作과 하나는 라틴 著作의)에 나누어 소장하였던 로마의 U1pian도서관은 Trajan에 의해서 설립되었다. 그것은 Alexandria 와 Pergamum 도서관에 버금가는 古代圖書館 가운데 두번째로 중요한 것이었다. Athens의 Olympeium神殿에 Hadrian 皇帝(A.D. 117~138)에 의해서 설립된 이 圖書館은 建物의 壯大함과 藏書의 質로써 有名하다.

로마의 文明化過程의 중요한 일면으로서의 圖書館은 帝政을 통해서 Italy, Greece, Asia Minor, Cyprus와 Africa의 주요 都市로 퍼졌다. 그러한 圖書館 가운데 典型的인 것은 Trajan(A.D. 98~117) 皇帝에 의해서 북아프리카의 Timgad에 설립된 것이었다. 또한 地方에는 私設圖書館이 있었다. A.D. 79년에 Vesuvius山의 폭발로 火山灰에 덮여 있던 Herculaneum의 發掘에서 현재 'Papyri의 別莊'이라고

23) Cowell, F. R. The Greece and Rome of Everybody. *The British of Western Civilixation: Greece and Rome.* ed. by Michael Grant. New York, McGraw Hill 1964. p. 205.

불리는 곳에서 하나의 圖書館이 발견되었다. Ephesus에 있는 Celsus 圖書館은 A.D. 135년에 建立되었다.

로마帝政의 絶頂期에 새로운 圖書形態가 두드러지게 나타났다. 신속하게 쓰고 읽기가 불편하고, 신속하게 參照하기가 곤란한 두루마리 형태는 Codex(古典의 寫本)로 代替되었으며, 그 內部에는 羊皮紙가 붙여지고 현대의 圖書와 같이 製本되었다. Codex는 A.D. 2세기경에 그리아스인과 基督敎徒들에 의해서 약간 사용되었으나, 4세기경까지 일반적으로 사용되지는 않았다. Codex의 개발은 圖書製作에 있어서 아주 중요한 段階였다. Codex는 圖書의 내용에 쉽게 접근하도록 하는데 겸해서 Homer의 詩와 같은 長篇으로 된 著作에 대단히 중요한 요인이 되는 존속의 가능성을 크게 개선한 것이었다.24) Codex에서의 羊皮紙 사용은 존속의 가능성을 더욱 改善하였고, 또한 Papyrus로써 가능했던 것보다 더 넓은 面(page)의 이용을 허용하고, 그러므로써 현재 學者들에게 상당히 중요시되고 있는 揷書 및 欄外註記 및 註釋을 위한 餘白을 마련하였다.

3세기에 와서 基督敎文獻의 量이 현저하게 증가하였고, 帝國을 통해서 도처에 基督敎圖書館이 설립되었다. 學問을 위한 2개의 중요한 基督敎 중심지는 알렉산드리아와, 약 A.D. 180년경부터 비롯된 유명한 圖書館이 있던 Caesarea였다. 西部地域에서는 Carthage가 基督敎學問과 圖書館의 제일가는 中心地가 되었다.

3세기에 와서는 야만인 侵入者들이 로마帝國內에 侵入하는데 成功하였다. 北쪽에 대한 게르만族의 侵入과 東쪽에 대한 페르시아王들의 압력이 결합된 內亂(civilstrife)은 帝國의 분열을 가져 왔고, 全地域을 喪失하는 결과를 초래하였다. 그러나 3세기 말 이전에 Diocletian (824~305)皇帝는 帝政의 勢力과 權限을 복구하고, 초기의 강대한 帝政으로 復歸하기 시작했다. Diocletian은 帝政에 대한 효과적인 行政

---

24) Wace, Alan J. B. and Stubbins, Frank H. (eds.). *A Companion to Homer*. London, Macmillan, 1963. p.225.

的 統制를 보장하기 위한 계획의 일환으로서 東部와 西部를 分離하였고, 自己는 東部의 최고 統治者가 되고, 自己의 동료인 Maximian은 西部地域을 統治하도록 함으로써 하나의 統治體制를 확립하였다.25) Diocletian은 303년에 基督教에 대한 박해를 시작해서 313년까지 맹위를 떨쳤는데, 이때 Constantine은 基督教思想을 공공연하게 받아들여서 基督教人에게 宗教的인 自由를 주고, 그들의 財産과 民權을 복귀시키는 Milan의 勅令을 발표하였다. 10년의 박해 기간 동안 많은 教會와 그들의 圖書館이 파괴되었고, 많은 書籍이 燒失되었다.

Constantine皇帝는 324년에 東로마帝國과 西로마帝國의 皇帝가 되었고, 이때 새로운 首都를 Byzantium(그는 Constantinople이라 불렀다)으로 선택하여, 330년에 그의 統治의 자리로 만들고 基督教를 國教로 선언하였다. 首都를 로마에서 Constantinople로 옮긴 것은 遠大한 文化的 의의를 가지는 동시에, 政治的, 宗教的 의의를 가지는 것이었다. 왜냐 하면 Constantinople은 그리이스의 學問과 學識의 요람으로서 東·西유럽 文明化의 源泉이 되었기 때문이다.

Constantine은 帝國圖書館의 설립에 着手했고 라틴어 著作의 수집을 강조하여, 이 때부터 약 6세기까지 라틴어가 公式的인 言語가 되었다. 그의 후계자들은 라틴어와 희랍어로 쓰여진 基督教와 異教徒의 著作을 추가하여 圖書館을 풍부하게 하였으며, 筆寫本을 복사하기 위해서 筆寫生을 고용하였다. 5세기에 이르러 帝國圖書館은 유럽 최대의 藏書인 12만권을 소장하게 되었다.26) 5세기 중의 진지한 學者이며, 열렬한 圖書蒐集家인 Theodosius Ⅱ는 Constantinople 大學을 설립하였고, 이것은 帝國內에서 學問의 가장 중요한 産室이 되었다.

초기에 教會가 帝國의 가장 중요한 기관이 되었기 때문에, 主教·

---

25) Gough, Michael. *From the Ancient to the Medieual World: A Bridge of Faith*. New York, McGraw-Hill, 1964. p. 329.

26) Thompson, James Westfall. *The Medieual Library*. New York, Hafner Publishing Company, 1957. p, 313.

修道師·聖職者는 非宗教的인 學者나 文筆家보다 훨씬 뚜렷한 존재였다. 敎會 건축이 다양해졌고, 각 主敎가 하나의 圖書館을 가져야 한다는 요구의 결과로써 敎會圖書館과 修道院圖書館이 광범위하게 설립되었다.

4~5세기 帝國의 西部地域에 대한 야만족의 侵入은 계속해서 더 빈번해져서 Britian, Gaul, Spain과 北아프리카가 정복당했고, 476년에는 西로마帝國이 함락되었다. 그러나 바로 그 당시에 현재 Byzantin帝國이라 불리는 東로마帝國은 약동기에 접어들었고, 그러한 약동기는 거의 1000년간 계속되었다.

6세기 동안에 로마와 기타 Italy의 地方 中心地에는 古典的인 文化가 存續되었고 世俗的인 文學이 계발되었으며 약간의 文獻이 생산되었다. 6세기 동안에 이탈리아에서 가장 유명한 學者이며 文筆家였던 사람은 Boethius로서, 그의 著作에는 神學的·哲學的 著作과 Aristotle의 著作에 대한 라틴어 번역서와 註釋書 등이 있다. 西歐世界는 다음 6세기를 위해서 이들 번역서와 주석서로부터 Aristotle의 知識을 抽出하였다.27) 이전의 로마帝國領土를 회복하고, 皇帝의 절대 권한을 회복하기 위한 최후의 시도가 Justinian에 의해서 꾀하여졌다. 그는 Byzantine帝國의 皇帝(527~565)로서 그의 모든 노력을 이러한 목표에 경주하였고, Italy·북아프리카·스페인 地域을 회복하는데 성공하였다. 영토의 확장과 文化的 活動의 復興이라는 두 가지 측면에서 舊로마帝國의 이전의 장대함을 어느 정도 회복하였다. Justinian시대는 학문의 거의 모든 분야를 어느 정도 포괄하는 文化를 낳았다. 특히 數學·科學·法律·建築과 藝術분야에 있어서의 貢獻은 주목할 만하다.

---

27) Laistner, M. L. W. *Thought and Letters in Western Europe A. D. 500 to 900* (Rev. ed.) Ithaca. N. Y,. Cornell University Press, 1957. p. 87.

2. 中 世 初 期

Justinian(東로마제국의 皇帝)의 후예들은 부흥된 帝國을 통일시킬 수가 없었고, 6세기로 진전됨에 따라 西歐는 다시 侵略的인 야만인들에게 희생되었다. 로마敎皇 領地의 中央集權 이외에는 西歐유럽에 있어서의 中央集權은 끝났다. 學問과 文獻은 계속 쇠퇴하고, 修道院만이 西歐유럽에 있어서의 文化와 敎育의 유일한 寶庫로서 남아 있었다.

1) 西歐의 修道院

3세기 말경에 Egypt에서 起源된 基督敎 修道院制度는 Athanasius 皇帝에 의해서 西歐에 도입되었고, Poitiers市와 후에 Tows市에서의 宗敎的 安定을 마련한 St. Martin(프랑스의 守護聖人)의 노력에 의해서 크게 발전되었다. 修道院의 설립은 西歐地域의 다른 地方과 Italy에 신속히 증가되었고, 西歐 로마帝國에 終末을 가져온 야만침략자들을 시중하는 무질서와 혼란의 와중에서 修道院은 安定과 보호의 대조적인 生活을 나타냈다. 그들은 聖職者들의 安息處로 생각되었기 때문에 修道院은 종종 戰爭을 모면하고 흔히 땅을 기증받았으며, 免稅와 같은 특혜를 받았다.

西歐 修道院制度의 역사에 있어서 특히 중요한 것은 St. Benedict인데, 그는 Italy의 Subiaco 근처에 여러 개의 宗敎的 共同體와 Monte Cassino(약 529)에 더 큰 修道院을 설립하고, 그의 修道士들의 指導를 위한 規則을 공포했는데, 이것은 결국 西歐에 있어서의 대부분의 修道院에 의해서 채택되었다. 이 Benedict의 規則은 道德的・宗敎的인 敎訓과 聖經朗讀을 포함하는 品行과 조직에 관한 特別規則으로 이루어졌다. 이 朗讀要件은 도서관의 存在를 示唆하기도 하지만, 오직 초기의 修道院에 있어서 권장되었던 이 知的 活動의

讀書類는 精神的 成長에 직접적으로 기여했던 것이다. 修道院이 모든 研究와 宗敎的 世俗的인 모든 著作物의 保存을 위한 中心이 된 것은 6세기 후반기부터였다. 이러한 중요한 발전은 Cassiodorus와 더불어 시작되었다.

Cassiodorus와 Boethius(哲學者)의 한 동기생 그리고 東고트族의 3王밑에 있던 한 著名한 官吏는 로마에 異敎徒文獻을 敎育시켰던 센터와 필적할 만한 基督敎文獻의 연구와 敎育을 위한 한 센터를 설치하기를 원했다. 이 소망은 그가 은퇴할 때까지는 이행되지 않았고 그가 Vivarium의 修道院共同體를 설립했을 때(약 540 또는 553), 그는 그것을 聖經을 기초로 한 宗敎的 研究의 센터로 만들고, 修道士들에게 聖經을 더 잘 이해하도록 하기 위해서 基督敎著者와 동시에 世俗的인 著者의 著作을 읽고 연구할 것을 권장했다. 그의 연구계획을 지원하기 위해서 그는 하나의 큰 圖書館을 설치하고, 그의 個人藏書와 그가 世界各處에서 수집한 희랍과 라틴의 異敎徒와 基督敎徒들의 과거의 大作文獻의 筆寫本을 소장하였다. 이 圖書館은 더 확장되고, 基督敎文獻과 世俗文獻의 筆寫와 희랍인의 著作을 Latin어로의 번역을 위해서 그가 설립했던 寫本室의 生産品으로 文獻도 증가했다. 그는 後援者로서 編者로서, 그리고 著作者로서 높은 수준의 업적을 세웠고, 크고 다양한 圖書館을 달성하려는 그의 열의는 基督敎와 異敎의 많은 古代著作과 기타 혼란기에 소멸된 著作을 保存하려고 노력하였다.28)

西歐의 다른 地方에 있어서는 계속적인 戰爭과 침략이 文化活動에 아주 불리한 조건을 이루었으나, Spain에 있어서는 Seville主敎인 Isidore의 광범한 主題에 걸친 學究的 著作이 나타났으며, 이것은 그의 讀書의 범위를 시사했고, Seville에 있는 도서관의 主題範圍를 나타냈다. 그의 가장 광범한 著作인 Etymalogiae는 古代世界의 많은

---

28) Laistner, M. L. W. *Thought and Letters in Western Europe A. D. 500 to 900*(Rev. ed.) Ithaca, N. Y., Cornell Univ. Press, 1957. p. 87.

學問을 수록하고 있는 藝術과 科學에 관한 百科事典인데, 이것은 하나의 標準的인 參考文獻으로서 대부분의 修道院圖書館에 소장되었다.

Cassiodorus는 修道院制度의 '學問과 編纂과 論評과 筆寫에 관한 기능의 創始者'29)라고 볼 수도 있지만, 文學·歷史·修辭學·文法·天文學 및 聖書와 敎父들의 著作 등 가장 넓은 의미에 있어서의 學問의 保存과 전달은 7세기의 初半期를 통해서 修道院의 확장기에 北歐에서 시작되었다.

2) 아일란드와 英國

로마에 의해서 정복되지 않은 아일란드 種族의 農業社會는 8세기 말에 古代노르웨이 사람(Norseman)들이 侵入할 때까지는 다행히 外勢에 의해서 침해되지 않았다. 431년에 하나의 敎會를 설립하기 위해서 한 사람의 主敎가 로마에서 파견되었고, 다음 해에 聖 Patrick이 그의 歷史的인 基督敎化 使節로 도착했다.

6세기에 Clonard, Clonmacnois, Bangor 등의 수많은 修道院이 생겨났고,30) 모든 修道院에서는 처음부터 學問이 권장되었다. 라틴어가 敎會의 言語였지만 아일리쉬方言도 일반 講論과 著作에 있어서는 계속 사용되었다. 聖經과 神學的 著作의 筆寫 및 異敎徒의 著作은 5세기와 6세기를 통해서 이 나라에 들어 왔다. 큰 修道院에는 많은 學生이 修學하는 학교가 있었는데 7세기부터는 많은 外國人學生도 수학하였다. 聖經과 敎會의 著作, 라틴어古典, 數學 및 天文學 등이 수학되었다. 聖經은 라틴어와 희랍어로 쓰여졌고, 아일란드에서 순수한 古典라틴어가 유럽 大陸에 옮겨졌다.

---

29) Taylor, Henry Osborn, *The Mediaeual Mind, A History of the Deuelopment of Thought and Emotion in the Middle Ages* (4th ed.) Cambridge, Mass.: Harvard Univ. press, 1925. p. 94.
30) Bieler, Ludwig. *Ireland, Harbinger of the Middle Age*. London, Oxford Univ. Press, 1963. p. 24.

아일란드 修道院의 한 筆寫室에서 國家的인 筆寫와 藝術이 전개되었고, 筆寫本의 최초의 큰 발전이 시작되었다. 著作들이 훌륭한 筆法과 色裝飾과 훌륭한 細工으로 특징을 이루었다. 사실상 筆寫技術은 더 할 수 없는 높은 수준에 도달해서 8세기에 있어서의 福音書 著作의 筆寫本은 最善의 아일란드 筆法과 色裝飾을 나타냈으며, 아일란드 筆寫室에서 生産된 筆寫本은 가장 호화롭게 장식된 것으로 인정되었다.31)

아일란드의 修道僧들은 禁慾主義者들이었고 學問에 대한 열의와 宣敎者의 精神을 가지고 있었다. 그들은 中世 초기의 가장 위대한 宣敎者들이 되어 福音書와 그들의 學問과 藝術을 Scotland, 北部 England 및 유럽으로 가지고 가서 學問이 소생하는 많은 修道院을 설립하였다.

宣敎者들 가운데 가장 으뜸가는 사람은 St. Columban인데, 그는 Ireland에 Durrow와 Kells 등의 여러 개의 修道院을 설립하고, 北部 Britain의 海岸으로 가서 Iona(약 565년경)에다 그는 筆寫室과 도서관을 부설한 하나의 修道院을 설립하였다. 아일란드 宣敎者들이 Iona에서 北部 Britain으로 와서 Northumbria에 있는 Lindisfarne에 최초의 修道院舍屋들을 설립하였다. Lindisfarne은 東部海岸의 知的 活動을 위한 중심이 되었고, Northumbria 전역을 통해서 敎會와 宗敎的인 舍屋들이 설립되었다. 그들의 學校에서는 아일란드의 敎師들이 英國少年들에게 기초적인 知識뿐만 아니라 수준 높은 學問도 가르쳤다.32) Iona에 있던 修道院과 이에 부속된 舍屋들은 그들의 장식된 圖書인 라틴어福音書의 寫本 때문에 유명해졌고, Lindisfarne 福音書인 불가테本(Vulgate text)의 寫本은 켈트族(Celtic)의 영향이 있던 時期에 있어서의 Northumbria 圖書生産의 가장 큰 現存하는 예

---

31) *Ibid.* p. 134.
32) Godfrey, John. *The Church in Anglo-Saxon England.* Cambridge, Cambridge Univ. Press, 1972. p. 106.

이다.

또 다른 修道僧 Columban은 아일란드의 基督教를 Bangor에 있던 修道院으로부터 西歐大陸으로 가지고 가서, 北部 France에서 그는 Luxeuil을 포함하는 여러 개의 修道院을 설립했는데, 이것은 당시의 가장 큰 修道院이 되었고, 하나의 중요한 筆寫의 중심이 되었다. 그의 마지막 修道院은 614년 Apennines의 Bobbio에 설립하였는데, 여기에는 하나의 도서관과 활발한 筆寫室을 부설하고 있었다. 그의 弟子들은 France에 Corbie 大修道院을 설립했고, Switzerland에 있는 St. Gall의 修道院은 8세기와 9세기에 있어서의 큰 筆寫의 중심이 되었다. Bobbio·Corbie 및 St. Gall은 Luxeuil과 상호 관계를 유지하고, 계속해서 아일란드의 傳統과 實際에 강하게 영향을 받았다.

아일란드의 修道僧과 教師와 巡禮者들은 西歐大陸으로 冊을 가지고 갔는데, 이 冊들은 聖經과 聖徒들의 生涯에 관한 冊 뿐만 아니라, 그들이 學校에서 배웠던 神學과 학문분야에 관한 그들 自身의 라틴어著作도 있었다. 그 중에는 많은 色裝飾의 傑作品이 있었다. 이러한 著作들은 西歐大陸과 후에 英國에 保存되었던 寫本들과 구별되는 거의 유일한 것으로 알려졌다. 왜냐 하면 筆寫本의 대부분은 8세기에 Vikings族이 아일란드를 侵入했을 때 소멸되었고, 教會와 修道院 그리고 이에 딸린 圖書館과 學校들이 파괴되었기 때문이다.33)

Scotland와 北部 Britain과 西歐大陸에 있어서의 아일란드 宣教師들의 文化的 活動期를 통해서 로마에 있는 教會는 南部 England에 한 사람의 傳道使節을 보냈고, 597년에는 修道僧 Augustine이 Kent에 상륙했는데, 그는 여기에서 Canterbury에 教會를 설립하였다. 597년 이후에 Britain과 Italy 사이에는 계속적으로 관계가 유지되었고, 巡禮者들과 旅行者들은 흔히 冊과 筆寫本을 가지고 갔다. 다음 7세기에는 Theodore와 Hadrian(약 669)王朝治下에 Canterbury에 있

---

33) Bieler, Ludwig. *Ireland, harbinger of the Middle Age.* London, Oxford Univ Press, 1963. p. 110.

던 學校는 敎育의 중심이 되어 많은 學生들이 修學하였다. 여기에서 희랍어와 라틴어를 가르쳤으며, Theodore와 Hadrian이 로마에서 가져온 筆寫本으로 많은 資料가 증가된 이 圖書館은 희랍어와 라틴어의 著作과 아울러 일찍이 Britain에서는 알려지지 않았던 많은 神學的 著作과 世俗的인 著作을 所藏하고있었다.34)

8세기에는 Benedict主敎가 Northumbria에 Wearmouth와 Jarrow의 合同修道院을 설립하고, 로마로 여러 번 旅行을 했으며, 이 主敎는 이 도서관의 資料를 증가시키기 위해서 많은 圖書를 保存하는 한 書庫를 만들었는데, 이 실제는 그 후계자들에 의해서 유지되고 있다. 이 방대한 藏書는 中世 초기의 가장 學識 있는 神學者이며 가장 널리 읽혀지는 다방면의 著者인 Bede의 文學的 著作을 가능하게 했다.

아일란드의 敎會와 마찬가지로 英國의 敎會도 北歐大陸에 宣敎師들을 보냈다. 宣敎師들 중에서 가장 유명한 사람은 Boniface이며, 그는 獨逸의 使徒라고 불리어졌는데, 그는 많은 修道院을 형성하는 職責이었다.

8세기에 설립된 그의 가장 큰 修道院인 Fulda는 獨逸에 있어서의 學問과 文獻의 중심이었다. 그 도서관은 英國에서 기증된 筆寫本과 그 自體의 筆寫室에서 만들어진 筆寫本으로 증강되었다.

Cassiodorus 이후 1세기반 동안 아일란드는 Anglo-Saxons과 더불어 西歐에 있어서 學問의 주된 전달자이며 保存者였고, 미래의 Carolingian帝國의 全領域의 결정적인 文化的 要因이었다.35)

3) 카롤링거王朝時代

古代史와 現代史 사이의 중간에 Charles大帝라는 指導的 人物이

---

34) Laistner, M. L. W. *Thought and Leters in Western Europe A. D. 500 to 900* (Rev. ed.) Ithaca. N. Y. Cornell Univ. Press, 1957. p. 151.

35) Bieler, Ludwig. *Ireland, Harbinger of the Middle Ages.* London, Oxford Univ. Press, 1963. p. 24.

있다. Charles大帝 이전의 中世는 古代制度의 쇠퇴와 최종적인 소멸을 기록하고 있는 반면, Charles大帝 이후의 中世는 文藝復興과 改革의 時期가 따르는 現代史의 準備期를 기록하고 있다. 이와 같이 낡은 秩序의 終熄者이며 새로운 秩序의 창시자로서의 Charles大帝는 우리가 中世라고 부르는 古代世界와 現代世界 사이의 장구한 시기에 있어서의 가장 중심적이며 世俗的인 人物이었다.

Charles 大帝(Charlemagne, 768~814)의 治世는 그의 모든 百姓들의 教育的 文化的인 水準을 향상시키려는 그의 노력이 뚜렷이 나타나고 있으며, 이것이 西歐에 教育과 文化의 발전기를 가져 왔고, 宗教的·非宗教的인 研究의 復興期를 가져왔다. Charlemagne는 자기의 教育 프로그램에 따라 聖職者의 教育을 발전시키기 위해서 최초로 注視하고, 그의 관심은 모든 사람이 각 개인의 能力에 따라 배울 수 있도록 확대시켰다.36)

Charlemagne이 그의 教育프로그램을 운용하기 위해서 Alcuin을 선발했는데, Alcuin은 Northumbria의 York市에 있는 學校의 校長으로서, 그의 教育 때문에 全英國에 유명해졌다. Alcuin은 782년에 Aachen에 있는 宮殿學校(Palace School)의 校長이 되어 教育院(educational center)을 설치하고 Frank 王國 全域을 통하여 學問을 보급하는 課業을 시작했다. 그의 指揮下에 여러 學校가 설립되고 教育的인 改革이 이루어졌으며, 聖職者에게 學校設立을 위한 下賜金이 내려져서 聖職者들은 자유시민의 子女와 원래 奴隷의 子女들을 教育시키기 위해서 이미 教育을 받았다. Henry Osborn Taylor는 그의 Mind of the Middle Ages에서 이 時期를 '中世의 學校時代'라고 말하고, '敎父(Church Father)들은 全期間동안 學校에서 살면서 古代文化의 전달자가 되었다'37)고 지적하고 있다.

---

36) Downs, Norton, ed. *Letters of Charlemagne to Abbot Baugulf. 780~800, Basic Documents in Mediaeual History*. princeton, Von Nostrand, 1959. p. 32.

37) Taylor, Henry Osborn. *The Mediaeual Mind: A History of the Deuelopment of Thought*. Cambridge, Harvard Univ. Press, 1925. pp. 103~214.

修道院과 많은 大寺院에는 筆寫室이 설립되었고, 圖書館이 宗敎機關의 필수적인 시설이 되었으며, 宗敎的 및 非宗敎的인 學術文獻을 선택하고 수집하며 筆寫하는 치밀하게 계획된 제도가 시작되었다.38) 文獻的인 目的을 위해서 Latin語를 校正하는 일이 다시 시작되었고, 最善本에 대한 진지한 筆寫가 이루어졌다. Caroline 筆法이라는 새로운 筆寫字體가 개발되었는데, 이 字體는 Latin語로 쓰여지는 筆寫를 위해서 어디에서나 채용되었고, 數世紀 후에는 Latin語 古典을 인쇄하는데 사용하기 위해서 初期의 印刷者들에 의해서 金屬活字로 복사되었다.

Alcuin이 Palace School에서 Tours에 있는 St. Martin의 修道院으로 은퇴했을 때, 그는 이 修道院을 文藝(liberal arts)를 가르치는 學問의 센터로 만들기 시작했는데, 이 文藝는 그가 York에서 가르친 바 있고 후에 Palace School에서도 이를 강조하였다. Alcuin은 그의 연구프로그램을 뒷받침하기 위해서 그가 York에서 校長으로 있을 때 사용했던 學術的 著作을 求하려고 York로 사람을 보냈다. 왜냐하면 York의 圖書館은 그리스도교의 世界에서 가장 유명한 圖書館이었고, 그 곳은 그 당시에 있어서는 어떠한 學問的 資料이든 모두 소장하는 것으로 여겨졌기 때문이다.

Alcuin은 그의 敎育 프로그램에 겸해서 筆寫室에서의 筆寫作業을 指揮하며, 句讀法과 綴字法과 筆寫字體에 세심한 주의를 기울였다. 이러한 作業은 여러 世紀 동안 筆寫者들에게 모범이 되었다.

귀중한 知識의 寶庫가 몇 권의 冊 속에 숨겨져 있다는 것을 인식한 Alcuin은 記錄上의 誤謬나 그릇된 해석에 의해서 잘못 기록됨이 없는 筆寫物을 후세에 전달하기 위해서 세심한 주의를 하였다. 이와 같이 하여 그의 힘이 미치는 범위 안에서 모든 方法으로 그는 유리한 입장에서 自己의 뒤를 잇는 時代의 學問의 번영을 지키기 위해서

---

38) Einhard. *The Life of Charlemagne, with a foreword by Sidney Painter.* Ann Arbor, Univ. of Michigan Press, 1960. p. 66.

노력하고, 진지하게 轉寫된 풍부한 圖書로서 이를 보호하고, 그 自身이 가르친 敎師로 하여금 해석하게해서 이를 敎會 내에 보존하고, 市民의 權利에 의해서 이를 보호했다.39)

　Charlemagne이 主管하고 그의 뜻을 받들어 Alcuin에 의해서 指揮된 이 學問의 復興은 Carolingian Renaissance라고 불리어진다. 새로운 敎育活動에서 모든 學問에 있어서의 새로운 관심이 나타났다. Charlemagne帝國이 부분적으로 쇠퇴된 다음까지도 敎育에 있어서의 관심과 文學의 啓發은 지속되었다. 과거의 Latin文獻이 전부 구제되고 8세기에 미친 것은 어느 것이나 오늘날 우리가 이용할 수 있도록 남아 있는 것은 Carolingian 學者들의 노력 덕분이다.40)

　Carolingian Renaissance는 Frank王國에 전파되지는 못하였으나 1세기 후에 Alfred王(871~899)은 그의 Wessex王國을 위해서 Charlemagne이 Frank에서 統治한 바를 따르려고 노력하였다. 그는 광범한 規模로 學問을 다시 導入하려고 外國의 學者들을 Wessex로 데려오고, 自己의 宮殿 내에 부설된 學校를 설립해서 여기에서 自己의 子女와 貴族의 子女 및 庶民의 子女까지도 Latin語와 母國語를 읽을 수 있도록 가르쳤다. Laitn語를 읽을 수 있는 사람은 적고 母國語를 읽을 수 있는 사람이 많기 때문에, Alfred의 敎育 계획에는 Latin著作을 母國語로 역번하는 일이 포함되어 있었으며, 自己自身이 몇 권의 著作의 번역을 착수하였다. 9세기의 후반기와 10세기를 통해서 Wessex는 英國의 文化의 中心地었고, 學校와 修道院과 筆寫室을 가지고 있었다.

---

39) West, Andrew Fleming. *Alcuin and the Rise of Christian Schools. New* York, Charles Scribner's sons, 1892. p. 7.
40) Grierson, Philip. Charlemagne and the Carolingian Achievement. *Dawn of European Ciuilization.* ed. by David Talbot Rice. New York, McGraw-Hill, 1966. pp. 294~295.

4) 筆 寫 室

이 時期를 통해서 筆寫本이 보존되었던 圖書館에 관한 이야기는 筆寫室의 이야기와 분리될 수 없다. 그리고 도서관과 筆寫室은 西歐의 修道院의 이야기의 한 부분이다. 왜냐 하면 기독교의 보급을 통해서 古代의 西歐의 文化遺産이 계속해서 보존되었기 때문이다.41)

주요한 모든 修道院은 筆寫本을 복사하기 위해서 筆寫室을 마련하였다. 論理的으로 말해서 대 부분의 生産的인 筆寫室은 꽤 큰 圖書館을 가지고 있는 修道院과 大聖堂 안에 있었다. 8세기 후기와 9세기의 圖書館의 目錄은 대부분의 주요한 修道院이 많은 筆寫本의 藏書를 가지고 있었다. Charlemagne時代부터 宗敎的 著作과 Latin語 古典을 筆寫하는 관례가 부지런히 뒤따랐고, 큰 修道院이나 大寺院의 筆寫室은 수많은 筆寫生을 두고 있어서 그들의 일부분은 일반적인 筆寫를 하는 한편, 전문적으로 書法이나 揷圖法을 배운 사람들은 그 時期에 유명한 아름다운 冊을 만들었다. 筆寫技術은 그 時期의 최고 藝術家로 주목을 끌었고, 修道院에서 살았던 筆寫生 이외에 非宗敎的인 筆寫生들은 특별한 일을 위해서 흔히 외부에서 데려 왔다. 많은 修道院에서 한 著者나 특별한 著作에 대한 많은 複本이 만들어졌고, 그 중에 어떤 것은 다른 修道院에 配本되었다. 다음 세기의 재난을 겪어내기 위해서 學問을 할 수 있게 하고, 後世에 遺産을 전하게 한 것은 이 世紀에 있어서 筆寫本을 종합적으로 증가시킨 것이었다.42)

Ireland와 Britain 및 西歐大陸에 있어서의 7세기와 8세기의 筆寫室에 관해서는 이미 논급되었다. 이들 筆寫室 가운데 Bobbio · Corbie ·

---

41) Gough, Michael. From the Ancient to the Mediaeval: A Bridge of Faith. *The Birth of Western Ciuilization: Greece and Rome.* ed., by Michael Grant. New York, McGraw-Hill, 1964. p. 205.

42) Grierson, Philip. Charlemagne and the Carolingian Achievement, *Dawn of European Ciuilization.* ed. David Talbot Rice. New York, McGraw-Hill, 1966. p. 295.

St. Gall 및 Tours의 筆寫室은 9세기에 있어서도 점차로 활발하게 되었고, 이들의 圖書館도 마찬가지로 성장했으며, 宗敎文獻과 非宗敎文獻의 많은 藏書를 보유하고 있었다. 그리고 구라파의 修道院과 大寺院에는 많은 筆寫室이 있었으며, 複寫를 위한 筆寫本을 빈번히 서로 貸與하고 그들 상호간에 作業上의 관계를 유지하고 있었다.

10세기에는 어떤 筆寫室은 쇠퇴하였으나, St. Gall과 Fleury와 같은 筆寫室은 生産이 더 활발해졌다. 筆寫本의 貸與는 계속되었고, 10세기에 筆寫된 많은 現存筆寫本은 이 筆寫室의 활동과 Carolingian 文化의 전달에 있어서의 그들의 역할을 증명해 주고 있다.

3. 中 世 中 期

Charlemagne帝國의 몰락은 四方에서의 侵入을 가속화시켰고, Charlemagne와 그의 후계자들이 그들의 帝國을 이루었던 領土는 옛날의 地理的·種族的인 境界線에 따라 분열되었다. 9세기와 10세기부터 12세기와 13세기까지 武士階級과 土地所有階級 사이에 있었던 人間關係와 이러한 계급들이 소유했던 土地에 예속된 農夫는 封建制度(feudalism)라고 하는 社會的, 政治的인 制度의 기초를 형성했다. 封建制度는 8세기부터 Frank 王國에 있었고, Charlemagne에 의해서 권장되었으나 이 制度는 야만인 침략자들에 대한 防禦의 필요성이 절박했던 10세기의 초기까지는 널리 보급되지 못하였다. 戰爭이 거의 계속되었던 이 時期에 있어서 修道院은 한때 다시 西歐에 있어서의 文獻과 學問이 쇠퇴하게 되었다. 그러나 東歐에 있어서는 Byzantine帝國이 번창하고 있었다.

1) 비잔틴帝國

비잔틴帝國은 부유하고 人口密度가 많은 나라로서, 이들의 文明의

遺産은 筆寫의 發展期로 돌아왔다. 희랍과 東洋의 學問에 의해서 政治的으로 理知的으로 그리고 文化的으로 성숙된, 그리고 政治에 있어서 로마의 傳統의 영향을 받은 이 나라는 어떤 暗黑時代라고 하는 경험을 겪지 아니 하였다. 1200년이 넘는 동안 Constantinople은 야만족의 침략과 Arab인의 침략을 무사히 겪었고, 8세기・9세기・10세기에 있어서 '世界에서 가장 安定된 그리고 開化된 強國이 되였으며, 여기에 文明의 未來가 달려 있었다.'43)

7세기 중엽부터 9세기 중엽까지는 非宗教的인 文獻이 거의 生産되지 아니 하였다. 偶像破壞主義(iconoclasm)44)에서의 論爭의 育成은 Constantinople大學과 몇 개의 學校를 폐쇄하는 결과를 가져왔다. Numerous修道院이 폐쇄되고 그 資産이 沒收되었으며, 이것이 많은 희랍의 修道僧들로 하여금 그들의 言語와 文化를 가지고 Italy로 피난하는 原因이 되어, 西歐에서 알려졌던 東歐의 學問을 이루게 되었다. 이 時期를 통해서 聖經이나 宗教的 著作에 있어서 冊의 色裝飾은 사용되지 않았으나 어떤 筆寫本을 필사하는데 있어서 縮約된 文字와 字形이 도입되었다.

9세기의 후반기에 宗教的 論爭이 안정되고, Constantinople大學이 再開學되어, 古代의 희랍著作에 관한 연구의 중심이 되었다. 學問에 대한 관심의 復興은 文獻活動을 크게 자극시켰고, 다음의 300년 동안 古代의 희랍文獻이 筆寫되었고, 注釋書가 著述되고, 희랍文獻의 편찬과 그 槪要書가 나왔으며, 百科事典과 言語辭典(lexicons)이 출판되었다. 이러한 著作들은 새로운 思想이나 독창적인 思想을 거의 나타내지는 못하였으나 이들의 古典學者와 文化史에 대해서 더 할 수 없는 價値가 있는 것이다.

Byzantine文獻이 고유하고 불가결하게 공헌한 것은 희랍의 言語와

---

43) Harrison, Frederic. *Byzantine History in the Early Middle Ages* (The Rede Lecture Delivered in the Senate House). London, Macmillan, 1900. p. 11.
44) Iconoclasm은 예수나 聖徒들의 肖像에 대한 禁止令으로서 이것은 100년 이상 지속 되었다.

哲學과 考古學을 보존 한 것이었다. 만약 중세 초기를 통해서 Constantinople이 Alexandria, Athens 및 Asia Minor의 學校에 있어서의 희랍學問의 방대한 集書를 간직하지 않았더라면, 또한 만약 끈기 있는 筆寫者들이 古代희랍의 文獻을 증가시키는데 노력하지 않았더라면, 古代文獻이나 文化에 대한 우리의 知識가 어떻게 회복되었는지를 아는 것이 불가능하다.45)

2) 아라비아

6세기 말경 아라비아에서 先知者 Mohammed 治下에 하나의 새로운 宗敎와 새로운 政治權力이 일어났다. Muslims(回敎徒)라고 불리우는 그의 추종자들은 하나의 투쟁적인 宗敎的 權力이었다. 世界征服을 향해서 그들은 Byzantine帝國을 침략하기 시작했고, 7세기 동안 그들이 Syria, Babylonia, Mesopotamia, Persia 및 Egypt의 대부분을 征服했으나, Constantinople은 그들의 침략에 항거할 수 있었다. 西쪽으로 향해서 Arab인들은 Africa와 Spain부분을 침략했으나, Frank王國을 침략하려는 그들의 試圖는 732년에 Tours에서 저지되었다. 약 200년 동안에 그들은 大西洋沿岸의 Spain으로부터 中國의 境界에 이르기까지의 하나의 帝國을 얻었다. 아라비아인들은 참으로 대단한 征服者였으나, 그들이 圖書館史에 기여한 것은 '文化의 改革者, 保存者, 傳播者'의 기능에 있었고, 數學的 知識와 科學的 知識은 대체로 이들을 통해서 Europe에 전달되었다.

8세기와 9세기를 통해서 Constantinople에서 非宗敎文獻에 대한 研究와 生産이 정체되어 있는 동안, Bagdad는 희랍著作에 대한 研究의 중심지가 되었다. Bagdad가 하나의 큰 都市로 발전함에 따라 醫師와 學者들은 희랍의 醫學的 科學的 및 哲學的 著作을 연구하고,

---

45) Harrison. *op. cit*. pp. 36~37.

이를 아라비아말로 번역하기 위해서 여기에 모였다. 그들은 때로는 희랍의 原典에서 보다도 Syria語나 Arama語의 著作을 아라비아語로 번역하였다. 이 번역 운동은 Abbasid Al-Mamum의 治下에서 절정에 이르렀으며, 그는 830년에 '智慧의 殿堂'(a house of wisdom)을 설립했는데, 이것은 圖書館과 學術院(academy)과 飜譯部의 기능을 겸한 學問하는 기관이었다. 비록 Muslim과 Byzantine帝國 사이에 전쟁은 있었지만, 그들 사이에는 商去來와 旅行이 가끔 있었기 때문에 學者들은 資料를 求하려고 AsiaMinor와 Constantinople에 갔다. 특히 醫學과 數學 및 自然科學이 연구되었으며, 아라비아語로 번역된 Plato, Aristotle, Hippocrates 및 Ga1en의 著作도 연구되었다. 대체로 1세기 동안 지속되어 약 850년에 끝난 이 번역의 時期 다음에는 天文學, 冶金術 및 魔術에 관한 原著作의 時期가 뒤따랐다.

Abbasids의 治下에서 Bagdad는 文化的 活動의 중심지로서 Constantinople을 능가하였고, 많은 大學과 100개 이상의 書籍商이 있었다. 그들이 軍事的으로 征服하는 동안에 아라비아인들은 中國의 製紙術을 배웠으며, 8세기에는 Bagdad에서 종이가 生産되었다. 이때까지도 西歐世界에서는 羊皮紙와 Papyrus가 사용되었다. 製紙術은 그 후 500년 동안 거의 Muslim의 독점적인 管理下에서 유지되었고, 그 技術은 그들 帝國全域으로 전파되었다. 종이는 값이 싸고도 그 양이 풍부하고 羊皮紙나 Paryrus 보다도 글씨를 쓰기에 용이하기 때문에, 圖書의 生産은 급진적으로 증가했으며, 큰 圖書館들이 설립되었다. 敎會·寺院과 大學에는 圖書館이 부설되었으며, 10세기 후반기에 설립된 Shiraz의 圖書館에는 圖書가 箱子속에 배열되고 目錄이 作成되었으며, 正規의 職員에 의해서 管理되었다.46) 12세기에 Cairo王의 圖書館은 약 15萬卷의 圖書를 소장하고 있었다.

Arab文化가 Muslim帝國의 西部로 옮겨갔을 때, 희랍文獻에 대한

---

46) Hitti, Philip K. *The Near East in History: A 5000 Year Story*. New York, Van Nostrand, 1961. p. 271.

많은 아랍번역서가 Spain으로 넘어 갔으며, Spain의　Muslim支配者
들은 學者들을 보호하고 많은 學校와 圖書館을 설립하는 전통을 유
지했다. 10세기에 있어서의 찬란한 文化의 중심지였던 Cordova에 있
던 圖書館은 40萬卷을 소장하고 있었다.[47] Cordova · Toledo 및
Seville의 圖書館에는 Syria語의 文獻에서 Arab語로 번역된 그리이
스古典들이 保存되어 있었으며, 12세기의 學者들은 이들을 Latin으로
넘겨 주게 되었고, 이들은 다시 유럽의 새로운 大學으로 넘어갔다.

3) 十字軍運動

1078년에 回教世界의 支配領域이었던 Seljuk Turks가 Jerusalem을
征服함으로써 이것은 異教徒들에 의해서 정복되었던 聖地를 회복할
目的으로 宗教戰爭으로 시작된 十字軍으로 유도되었다. 1095년에
Jerusalem을 회복하는 Byzantine을 돕기 위해서 Pope Urban에 의해
서 시작된 최초의 十字軍은 1099년에 Jerusalem 市를 회복하게 되
었다. 이외에도 여기에는 200여 년 동안 많은 十字軍運動이 있었다.
　十字軍의 이름과 아이디어는 결국 東部에 있는 마호멧教徒에 대항
하는 宗教戰爭 이상의 遠征으로 확대되었다. 제4의 十字軍은 처음에
Egypt를 향했으나 Constantinople로 방향을 바꾸어 이 十字軍들은 1204
년에 이를 정복하고 약탈하였다. 이 都市를 정복하는데 따른 火災와
破壞로 文獻의 많은 손실과 圖書館의 손실을 가져왔으며, 많은 筆寫本
이 分散되었으며, 이때부터 Aristotle의 原著作을 포함하는 그리이스의
著作이 상당히 많이 西部 Europe으로 넘어 가는 길을 찾았다.
　十字軍은 商業을 고취시켜서 商品을 가져오고, 돈을 순환시키고,
새로운 活動과 企業을 만들어 냈으며, 이러한 결과로 都城과 修道院
의 주변에 그리고 航路를 따라서 都市들이 발달했다. 많은 小農들이

---

47) Pinder-Wilson, R. H. Islam and the Tide of Arab Conquest. *Dawn of Eur-
　　opean Civilization*. ed. David Talbot. New York, McGraw-Hill, 1966. p. 62.

점차 지위가 향상되어 결국 그들의 解放을 가져오게 되었다. 12세기에 몇몇 都市는 自治權을 얻었으며. 어떤 都市들은 상당한 自由를 가졌다. 商人階級이 상당히 중요하게 되었고, 공동의 衣食과 보호를 위해서 組合(guild)을 형성했다. 職工과 技術工들이 商人들의 先例를 따랐으며, 組合은 그 당시의 社會的, 政治的, 經濟的, 産業的인 生活에 있어서의 중요한 요소가 되었다.

文獻情報學徒의 관점에서 十字軍의 가장 중요한 결과는 12세기의 Europe이 東部의 고도로 발달된 文明과 접촉하여 새로운 思想과 새로운 知識과 새로운 文獻을 맞이했다는 점이다.

4) 綜合大學의 復興

都市의 발달과 商業과 産業의 확장 및 行政制度와 개인 自由의 신장에서 결과한 經濟的, 社會的 변화는 이에 따라 藝術 · 文學 · 敎育 · 科學 및 思想에 있어서도 상당한 발전을 가져 왔다.

Charlemagne 帝國의 붕괴에 뒤따른 이 세기의 知的 暗黑은 Rheims에 있는 大聖堂學校(Cathedral school)들과 西部 Europe에 있어서의 10세기의 가장 위대한 學者였던 Gerbert의 가르침에 의해서 開明되었다. 그의 영향을 통해서 11세기에 France의 다른 都市에도 聖堂學校가 설립되었고, 敎育은 많은 修道院에 있어서 중요하게 되었다. 유용한 知識의 양은 부족했으나 學問에 대한 관심과 열의가 뚜렷하게 성숙하였다. 11세기에 있어서의 최초의 뚜렷한 知識의 증진은 醫學分野였는데, 이때 하나의 醫學學校로서 전 Europe에 이미 알려진 Salerno는 그리이스의 醫學的 著作에 대한 아라비아版의 Latin語 번역판을 받기 시작했다. 12세기 초기에는 로마法에 관한 硏究가 Bologna에서 再起되었다.

12세기의 中葉부터 Spain은 아라비아에 보존되었던 아랍語로 쓰여진 그리이스의 科學 · 哲學 · 醫學 및 地理學의 著作을 Latin語로 번역하는 중심지인 동시에, 아랍 자체의 당시의 文獻의 중심지가 되었다. 이러한 Latin의 번역서는 12세기와 13세기의 Europe의 學者들과 새로이 설립된 여러 綜合大學에 전달되어, 知識과 學問世界의 전망을 증진시키고, 나아가서는 이미 유포되고 있는 知的 好奇心을 고취시켰다.

聖堂學校에 있어서의 Latin語 文法과 기타의 기본적인 科目의 출현과 大衆言語로 된 著作의 발전 및 더 호전된 社會的, 經濟的 條件 등은 學問에 대한 열의를 촉진시켰으며, 많은 學生들이 더 발전된 學問을 추구하려고 개인 지도하는 先生들을 찾아 이리 저러 떠돌아다니는 상태까지 되었다. 때로는 여러 敎師와 學生들이 高等學問團體의 核心을 형성하기 위해서 어떤 位置를 설정하려고 정기적으로 모였다. 초기에는 이 단체는 대지와 영구적인 建物을 소유하지는 못하였으나 敎師들은 그들의 學問分野에 따라 점차 敎授陣(faculties)으로 연합하고 敎權이나 市民權에 의해서 學位를 授與하는 권한을 가지게 되었다. Bologna大學, Paris大學 및 Oxford大學은 떠돌이 學生과 개인지도 敎師의 敎育에서 성장한 영구적 高等敎育機關의 예이다. Italy, France 및 英國에 있어서의 최초의 綜合大學들, 다음에는 Spain과 西部 Europe의 기타의 나라에서 高等敎育機關을 설립하였다. 그리하여 中世末期에 Europe에는 약 80개의 綜合大學이 있었다.48)

修道院에 의해서 유지되어 왔던 敎育과 圖書에 대한 支配權은 이제 世俗的인 聖職者와 綜合大學으로 넘어 갔다. 敎科書의 확실성을 보증하기 위해서 大學에서 指名하거나 支配하던 書籍商(stationarii)들은 敎育을 위해서 사용되는 圖書의 정확한 版本을 소장하고, 이들 學生들에게 貸與해 주었다. 學生들이 필요한 册을 빌릴 수 있었기 때문에 圖書館의 필요성이 거의 없었다. 그러나 學生들의 수가 증가함에 따라 大學들은 圖書館設立에 힘썼고, 조만간 學生들의 이용을 위해서

---

48) Hastings, Rashdall. *The Uniuersities of Europe in the Middle Ages.* ed. F. M, Powicke and A. B. Emden (new ed. 3 vols). London, Oxford Univ. Press, 1936. 1. xxiv.

개인들이 圖書를 기증하였다. 가장 중요한 學術的 圖書館 가운데 하나는 13세기에 Robertde Sorbon이 神學徒들을 위해서 Paris에 自己가 창설한 大學에 기증한 것인데 이것은 Paris大學의 圖書館이 되었다.

　결국 하나의 綜合大學 안에 있는 모든 單科大學들은 그 자체의 圖書館이 있었다. 더욱 중요한 冊들은 冊床 위에 쇠사슬로 매여져 있었으나 어떤 圖書館에서는 學生들이 공부하는 동안 가까이 있는 그의 冊床에 가지고 갈 수 있도록 이 쇠사슬을 더 길게 했다.

5) 自國語와 文獻의 發展

　11세기부터 13세기의 社會的, 經濟的, 文化的 변화에 의해서 이루어진 새로운 社會에 있어서는 學者와 學生들 이외에, 領地의 遺族政府를 형성하고 있는 武士와 領主, 市民, 게르만인과 北方侵略者들 그리고 Celt族과 Roman族이 있었는데, 이들은 대부분 Latin語를 알지 못하였다. 그들은 역시 學問에 있어서의 새로운 관심을 느꼈으나 그들이 이용하고자 하는 文獻은 그들의 日常生活 言語로 쓰여져야만 했다. France는 이 自國語의 文獻活動의 중심이 되었고, 武勳詩(Chansons de geste), 韻文寓話(Fabliaux) 및 抒情詩와 敍事詩를 간행하였다. 기타의 自國語 文獻의 예는 英國의 敍事詩, Beowulf, Iceland의 詩歌集(Eddas), 독일의 敍事詩(Nibelungenlied) 및 Spain의 敍事詩(El Cid) 등이다. 中世의 文獻은 Italy에서 Dante의 코메디로 高潮되었는데, Dante는 Latin語로 썼거나 Italy語로도 썼기 때문에 Italy의 自國語를 文學的 表現으로서 적절한 言語로 定立하였다.

4. 中 世 後 期

　13세기의 社會的 經濟的 文化的 敎育的 進步는 讀書에 대한 관심을 갖게 하자, 읽어야 할 資料를 생산하게 되었고, 正常的으로 圖書蒐集

의 結果를 낳았으며, 많은 圖書館의 설립은 戰爭이나 自然에 방해받지 않았다. 百年戰爭과 黑死病(14세기 아시아·유럽을 휩쓴 페스트)은 14세기를 歷史上 가장 悲慘한 세기의 하나로 만들어 黑死病만으로도 英國과 유럽인구의 절반이 死亡한 것으로 推算되고 있다. 家庭과 家族이 抹殺되고, 小作人 또는 領土와 監督者의 부족으로 農業이 중단되었고, 많은 組合에는 工人長(master craftsman)이 없게 되었고, 去來가 축소되고, 修道院에는 修道僧이 없고, 學校가 문을 닫았다. 物價가 上昇되고, 戰爭費用을 지불하기 위해서 稅金이 인상되었다. 또 租稅負擔에 반대하는 農民봉기가 英國과 프랑스에서 일어났다.

이 期間동안에는 다만 王·貴族·敎會·大學만이 圖書를 제공할 수 있었다. 藝術과 文學에 대한 후원으로 널리 알려진 Charles V (1364~I380)는 大規模의 圖書館을 건립하였고, 이것은 프랑스 王立 圖書館의 기초가 되었다. 時間의 浪費에도 불구하고 그의 兄인 Jean 과 Duke of Berry는 20개의 大邸宅을 건립하고, 호화스런 庭園은 당대에 가장 유명한 藝術品으로 장식하였다. 그의 圖書蒐集에 대한 열망은 歷史上 가장 다양한 筆寫本蒐集의 하나라는 결과를 낳았고, 그 藏書 가운데에는 훌륭하게 彩色된 祈禱書49)도 있었다. 千卷의 藏書를 소장했다고 추산되는 英國 최초의 私設圖書館은 戰爭 중에 수집된 것이며, 이것은 Richard de Bury와 Bishop of Durham에 의해서 受難을 받았다. 그의 圖書館은 비록 解體되었지만 최초의 '圖書에 관한 圖書'의 하나인 그의 Philobiblon50)은 그의 圖書에 대한 지나친 사랑을 서술하고 있으며, 그가 圖書를 수집하는데 사용했던 몇 가지 方法을 소개하고 있다.

---

49) *The Belles Heures of Jean. Duke of Berry, Prince of France*, with an introduction by James J. Rorimer New York, The Cloisters, The Metropolitan Museum of Art, 1958. Passim.

50) *Richard de Bury [Richard, Aungeruille] The Philobiblon.* Berkeley, Calif University of California press, 1948.

1) 文藝復興

14세기의 Byzantin帝國은 西유럽 만큼이나 비참하였다. 점차 발전한 Ottoman Turks의 軍隊가 Constantinople을 侵入하여 Byzantine의 많은 그리이스인을 위협하였고, Italy에서 避難處를 구했다. 그들은 避難處와 더불어 古代文筆家들의 筆寫本을 가지고 가서 이탈리아의 學者들로부터 환영을 받았으며, 그들에게 그리이스와 라틴의 硏究를 위해서 學校를 열기를 권했다.

1세기 이상 Ottoman Turks에게 위협 받아온 Constantinople은 1453년 마침내 그들에게 屈服되었고. Byzantin帝國은 멸망했다. 한 學者는 文化에 대한 Constantinople의 공헌에 대해서 다음과 같이 讚辭를 보내고 있다.

> 東로마帝國의 首都는 東쪽의 야만인에 대항하는 유럽의 堡壘로서 수 세기 동안 충분히 강력하다는 것을 증명하였다. 그러므로 해서 西유럽의 未成熟國家들이 안심하고 成長할 수 있었고, 그들이 점차 안전하게 成熟한 동시에, 이들 國家들이 그들을 受容하기에 충분하도록 文明化 될 때까지 안전한 장소에서 귀중한 古代 그리이스의 文獻을 보전하였다.51)

Constantinople의 沒落이 文藝復興의 原因이 되었다고 말할 수는 없지만, 많은 그리이스와 라틴의 文藝作品을 유럽으로 流入시킴으로써 Petrarch(이탈리아의 詩人), Boccaccio(이탈리아의 作家) 등이 學問의 再現을 시작하는데 크게 도움이 되었다.

2) 이탈리아의 文藝復興

Petrarch(1304~1374)는 '그리이스文化의 受容을 위한 이탈리아의 風土造成'으로 名譽를얻었다. 왜냐 하면 그는 古代 라틴과 그리이스

---

51) Sandy, Sir John Edwin. *A History of Classical Scholarship*. Cambridge, Cambridge University Press, 1921. p. 349.

文學의 知的, 文化的 價値를 인식한 최초의 이탈리아인이기 때문이다. 人文主義의 始祖라고 불리는 페트라르카는 中世文化에 古代古典의 尊貴한 價値를 추가하였다. 그는 古代 筆寫本을 찾아내기 위해 輕視되었던 修道院圖書館을 探索했고, 그 결과 Cicero, Quintalian, Plautus, Lucretius의 著作을 포함한 오랫동안 紛失되었던 많은 古代 라틴 著作이 發掘되었다. 페트라르카는 그의 장서를 베니스 St. Mark의 圖書館에 기증하였지만, 베니스 政府에 의해서 보존되어야 한다는 그의 소원은 결코 이행되지 않았다.

보카치오는 페트라르카가 라틴古典을 연구하는 데에서 영향을 받았고, 그리이스 著作을 읽을 수 있도록 하기 위해서 그리이스語를 공부했다. 보카치오는 筆寫本의 探索을 계속했고, 많은 修道院을 방문했으며, 古代의 著作들을 복사했다. 그는 Tacitus를 연구하게 되었는데, Tacitus의 Historise는 Monte Cassino에서 발견되었다고 믿게 되었다. 古代筆寫本을 探索하기 위해서 최초로 나선 사람은 Poggio Bracciolini였다. 그는 Cluny, St. Gall에 있는 修道院의 探索과 프랑스와 獨逸을 통해서 많은 초기의 라틴文獻을 발굴했다. 修道院 生活의 쇠퇴에 따른 都市와 大學의 興起는 圖書館을 완전히 輕視하는 결과를 가져 왔다. 귀중한 筆寫本들이 먼지 쓰레기 등과 같이 放置된 상태로 남아 있었고, 一部 修道院圖書도 筆寫本이 찢겨져 나가거나 부분적으로 절단되고 賣却되었다. 보카치오는 Monte Cassino에 있는 筆寫本의 상태에 대해서 개탄하였고 Poggio는 St. Gall의 敎會塔에서 濕氣에 젖은 많은 筆寫本을 발견했다.

역시 人文主義 時代라고 불리는 이탈리아의 文藝復興은 古代그리이스와 라틴作家들의 筆寫本에 대한 열성적이고도 끊임없는 探索과, 그들을 읽고 이해하기 위한 열렬한 동경과 努力, 그들의 文體와 형태를 모방하고 재생산하기 위한 目的, 그들을 보존하고 사용하기 위한 大規模圖書館의 획득으로 특징 지워졌다. "그것은 集書의 시대이었고, 批評 없이 무조건 熱中하는 시대였다. 筆寫本은 尊貴하게 되었

고…, 좋고, 나쁘고 상관없이 거의 동등하게 尊敬받았으며, 批評은
아직 시작되지도 않았다."52)

Florence는 이탈리아 文藝復興의 중심지가 되었다. Medici家는 1
세기동안 가장 훌륭한 後援者였으며, 그리이스의 黃金期 이래로 부
유한 中産層을 가장 눈부신 文化發展의 後援者로 유도하였다. 1464
년까지 支配한 Cosimo deMedici는 筆寫本蒐集家, 筆寫者, 人文主義
者에 대한 열렬한 후원자였다. 그는 古典을 찾아내기 위해서 알려진
세계 도처에 官吏를 파견했고, 대부분의 라틴古典을 수집하는데 성
공했다. 그는 SanMarco의 圖書館을 설립하였고, 그의 藏書로 대규
모의 Medici圖書館을 건립하였으며, 이 장서가 현재는 Florence의
Laurenatian圖書館에 보존되어 있다. 그의 孫子 Lorenzo는 藝術家,
作家, 學問愛好家의 지지자였으며, 筆寫本의 探索을 계속했고, Med-
ici 圖書館을 크게 번성시켰다. 그는 또한 그리이스와 라틴의 古典을
소장하는 대규모의 Florentin 圖書館을 건립하였다.

人文主義 時代는 또한 發見의 시대였고 探險의 시대였다. Byzan-
tin帝國의 沒落으로 폐쇄된 陸路를 代替하기 위해서 東으로 가는 海
路를 개척하기 위한 노력으로 Bartholomeu Dias는 1488년에 希望峰
을 돌아왔고, Christopher Columbus는 1492년에 아메리카大陸에 第1
步를 내디뎠으며, Vasco Da Gama는 1498년에 希望峰을 徑由하여
印度에 도착했다.

1527년의 로마 侵攻 이후 많은 筆寫本藏書가 훼손되거나 뿔뿔이
흩어져 버렸고, 많은 藝術家와 學者들이 타락하거나 강제로 추방되
었다. 文藝復興의 중심지는 北유럽으로 이동하였으며, 그곳은 知識을
전달하는 새로운 媒介地로 발전하였고, 이 媒介地는 모든 사람들이
쉽게 이용할 수 있는 古代의 모든 學問을 媒介하게 되었다.

---

52) Symonds, John Addington. *Renaissance in Italy: The Age of the Despots.*
New York, Henry Holt, 1888. p. 21.

5. 15世紀 및 16世紀

1) 印刷術의 發明

우리는 西歐의 中世 修道院에 있어서의 Latin筆寫本의 보존과 14세기와 15세기의 人文主義者들에 의한 상실된 古典의 회복과 東部의 圖書館의 희랍文獻의 寶庫를 이탈리아로 옮긴 것을 상기하는 한편, 이 모든 것이 印刷術의 발명이 없었다면 거의 永久的으로 유용한 것은 못되었을 것이라고 생각하게 된다.53)

文藝復興에 의해서 생겨난 學問에 대한 열의는 圖書의 需要를 가져오게 했으며, 圖書는 이제 筆寫本에 의해서는 만족할 수가 없게 되었다. 思想과 知識을 전달하기 위한 새롭고 더 빠른 媒介體에 대한 필요성이 절박하고 절실했다. 바빌로니아인과 이집트인이 보드라운 粘土나 왁스에 찍기 위해서 金屬이나 나무도장을 사용한 이후로 일종의 印刷術이 알려 졌다.

5세기 초에 들어와서 中國人들은 인쇄될 文字가 陽刻으로 새겨진 木版으로 짧은 座右銘과 呪文을 인쇄했다. 印刷에 있어서의 다음 단계는 완전한 한 페이지의 本文과 揷圖書가 새겨진 木版의 인쇄였으며, AD 868년에 中國人들은 이러한 方式으로 金剛經(Diamond Sutra)이라고 하는 완전한 冊을 간행했다. 그러나 유럽에서의 木版印刷는 14세기에야 이루어졌다.

活字는 최초에는 粘土로, 다음에는 朱錫으로 만들어졌는데, 역시 中國에서 기원되었으나 中國人에 의해서 널리 사용되지는 않았다. 아마도 유럽인들은 印刷術에 대한 이야기를 듣고十字軍을 통해서 그 實物을 본 것으로 생각된다.

---

53) Sandy, Sir John Edwin. *A History of Classical Scholarship*, vol. Ⅱ *From the End of the Reuiual of Learning to the Eightrrnth Century*. Cambridge, Cambridge University press, 1908. p. 95.

印刷에 필요한 資料 즉, 값이 싸고 풍부한 印刷할 材料와 잉크, 압착기 및 금속기술에 대한 일반적인 知識 등은 15세기의 中半期에 모두 갖추어져 있었기 때문에 Johanns Gutenberg에게는 이러한 資料들을 결합시키고 이에 필요한 기술을 보급시켜서 活字印刷術의 발명을 가져오게 한 명예가 주어졌다. 人類의 文化史上 가장 큰 의의를 가진 이 사건은 1440년과 1450년 사이에 獨逸의 Mainz 부근에서 발생하였다.

한 날자(1454)가 기재된 최초의 印刷物은 로마 敎皇의 赦免狀이었다. 흔히 *Gutenberg Bible*이라고 불리우고, 일반적으로 유럽에서 최초로 印刷된 冊이라고 보는 42行의 Bible은 불과 2년 후에 완성되었다. 15세기 말기에는 印刷術이 유럽의 전역에 보급되었다. 15세기 獨逸의 印刷의 중심지인 Nürnberg는 가장 중요한 곳이었고, 그 중에 Anton Koberger가 가장 큰 印刷所였다. 이의 가장 정교한 出版物은 1493년에 1800개의 木版 揷圖를 넣어서 인쇄한 *Liber Chronicarum*이었다. 英語로 인쇄된 최초의 冊은 1474년과 1476년 사이에 William Caxton에 의해서 인쇄된 *Recuyell of the Histories of Troy*였는데, 그는 이 著作에 대한 自己自身의 번역서를 출판하기 위해서 印刷術을 배웠다.

15세기에 印刷된 冊 가운데 약 반은 聖經, 敎父들의 著作, 僧侶들의 便覽書 등의 종교적인 著作이었다. 기타의 出版物은 百科事典·팜플렛·月曆書·書翰集·廣告物 및 數學과 天文學에 관한 冊이었다. 1501년 이전 인쇄된 冊은 incunabula(搖監期本)라고 한다.

이미 貿易과 商業의 중심지였던 Venice는 16세기 초기에 印刷의 중심지가 되었다. 여기에서 Nicolas Jenson은 世界 최초의 活字考案者가 되었고, Aldus Manutius는 라틴 古典과 희랍 古典의 포켓판을 출판하기 시작했다. 1515년에 모든 주요한 희랍의 古典이 學究的이고, 간추려지고 값이 싼 형태로 출판되어, 이를 갖고자 하는 모든 사람들이 쉽게 구할 수 있게 되었다.

15세기의 가장 중요한 도서관은 Vatican 圖書館이다. 敎皇 Nicholas V(1447~1455)는 그가 僧侶였을 때 CosimodéMedici를 위한 圖書館의 계획을 작성하고 筆寫本 조사를 촉진하며, 自己 스스로 筆寫本을 전사하였다. 그가 敎皇이 되었을 때 그는 自己의 도서관에 약 350권의 筆寫本을 증가시켜서 이것이 Vatican圖書館을 형성하게 했고, 古典著者의 著作을 수집하는 課業을 시작했다. 敎皇 Nicholas V는 그의 圖書館長 Tortelli와 더불어 희랍文獻을 Latin語로 완전히 번역할 것을 계획하고 많은 筆寫生을 채용했다. Vatican 圖書館에는 古典學者・人文主義者・스콜라哲學者 및 敎父 등의 著作이 나란히 배열되어 있었다. 敎皇 Sixtus Ⅳ는 敎皇 Nicholas V의 遺業을 계승하고 이 圖書館의 일부를 대중에게 열람시켰다.

하나의 탁월한 私立圖書館은 Urhina公爵의 것이었으며, 이 도서관은 라틴과 희랍의 著者의 모든 寫本을 소장하고 있었다.

印刷術과 16세기 France에 있어서의 文藝復興의 전파에 탁월한 공헌을 한 사람은, (1) 희랍 古典과 라틴 古典을 출판하고, 라틴語辭典과 희랍語辭典, Hebrew辭典을 출판한 Robert Estienne과 그의 아들 Henri이고, (2) 로마字 活字體를 考案한 Claude Garamond와, (3) 王 직속의 印刷者이며, 學者이며, 綴字法 改革者이며, 活字考案者이며, 木版彫刻家인 Geofroy Tory 였다.

Antwerp는 16세기에 *Christopher Plantin*의 著作으로 유명하였는데, 그의 22개의 印刷所는 宗敎・古典・科學・醫學 등의 著作과, 당대의 France 著者의 著作을 출판했다. 그의 가장 중요한 出版物은 *Polyglot Bible*(1568~1753) 이었다.

16세기 초기에는 모든 나라에 있어서 自國語의 著者의 수가 라틴語著作의 수를 능가했다. 文藝復興의 知的인 활동과 宗敎改革에서 결과한 宗敎的 大變動에 의해서 敎育에 대한 관심이 고취되었고, 賤民階級을 제외한 모든 社會階級의 사람들은 讀書에 대한 강한 열망을 가지고 있었다.

活字印刷術의 발명은 도서의 보급과 더 많은 知識의 보급, 古典文藝의 보급, 自國文獻의 번성, 文學批評의 발전 및 出版事業의 발전에 있어서 헤아릴 수 없는 폭발적 증가의 결과를 가져 왔다. 圖書館이 수에 있어서나 규모에 있어서 증가함으로써 전에는 修道院이나 大學에만 한정되었던 學問이 이제는 자연적으로 이를 추구하고자 하는 누구에게나 미치게 되었다.

France의 王으로서 藝術愛護家였던 Francis I는 著作家와 學者들을 옹호하고 격려함으로써, 그리고 Cellége de France의 核心을 이룬 Latin, Greek 및 Hebrew의 講座를 개설함으로써 France에 있어서의 文藝復興의 발전을 촉진시켰다. 그는 Fontainbleau에 여러 개의 王立圖書館을 설치하고, 유명한 學者이며 최초의 France의 人文主義者인 Guillaume Bude를 王立圖書館長으로 임명했다. 그는 희랍과 東洋의 筆寫本을 수집하고, 1537년에 France에서 출판된 모든 희랍文獻을 한부씩 王立圖書館에 納本하도톡 요구함으로써 장서를 증가시켰다.

France에서 가장 중요한 私立圖書館은 Jean Grolier의 도서관과 Jacques Auguste de Thou의 도서관이었는데, Grolier의 도서관은 3千卷을 소장하고 있었고, Auguste의 도서관은 印刷本 8千卷과 筆寫本 1千卷을 소장하고 있었다.

獨逸에서는 라틴文獻과 이탈리아文獻을 自國語로 번역하여, 그것을 더 많은 사람들에게 유용하도록 노력함으로써 讀書를 고취시키고, 개인의 圖書蒐集을 격려했다.

2) 宗敎改革

16세기로 발전하면서 人文主義는 점차 쇠퇴되었고, 라틴과 희랍에 대한 研究는 점차로 神學的 道德的인 論考로의 길을 열어서 대부분 그 당시의 知性을 강조하는 영향을 받아서 Catholic敎와 新敎 사이 그리고, 新敎 그 自體 사이의 宗敎的 異見을 가지는 결과를 가져 왔다. Roman Catholic 敎會의 일정한 敎理와 儀式을 改革하기 위해서 1517년에 시작된 宗敎改革은 中央유럽과 北西유럽에 있어서의 여러 가지 新敎派가 설립되는 결과를 가져 왔다.

宗敎上의 大變動과 論爭이 계속되는 동안 많은 修道院圖書館이 소멸되었고 기타는 流失되거나 파괴되었지만 일부 圖書館은 약간 변모하여 Catholic에서 新敎로 所有權이 이양되었다.

Martin Luther는 훌륭한 圖書館의 건설을 장려하였고, 獨逸 내의 많은 圖書館建物과 都市의 도서관이 이 시기부터 건립되기 시작하였다. 獨逸에는 역시 수많은 敎會圖書館과 私設圖書館이 있었다. 그리하여 16세기의 獨逸은 '온통 圖書로 차 있었다'고 말하고 있다.[54]

16세기에 있어서 英國의 圖書館들은 어느 다른 나라의 圖書館들보다도 더 많은 受難을 당했다. 당시의 Henry Ⅷ는 1335~1539년 사이에 修道院을 解散하였고, 自身과 寵臣들의 富를 누리기 위해 私有하였다. 圖書館의 內容物들은 분실되었고, 일부의 圖書는 매각되었으며, 기타는 輸出되었다. 다행히도 일부분은 새로운 職責을 맡게 되었던 大修道院長에 의해서 보존되었다. 筆寫本과 硬貨蒐集家인 Robert Bruce Cotton卿은 Lindisfarne Gospels를 포함한 解體된 修道院에서 많은 著作을 구해냈다.

스페인의 경우, 주요한 圖書館은 Madrid郊外의 San Lorenzo Del Escoria1修道院 내에 Philip Ⅱ에 의해서 설립되었는데, 여기에는 거의 2千卷에 달하는 個人藏書를 소장하고 있었다. 이 藏書는 그리이스 · 라틴 · 아라비아 著作의 기증본과 王室의 대표적인 學者들이 이탈리아 · 독일 · Flanders로부터 回收한 精選된 文獻과, 그리고 그 당시의 著名한 學者들의 著述로써 풍부하게 되었다. 圖書館의 건물은 이에 소장된 장서에 못지않게 웅장했던 것으로 전해지고 있다.[55]

---

54) Hessel, Alfred. *History of Libraries*. trans. Rouben peiss (2nd ed.)New York, Scarecrow Press, p. 55.

6. 17世紀

藝術的, 文學的 업적을 가진 文藝復興은 또한 17세기 科學革命의 토대를 닦았다. 人文主義者들은 古代筆寫本의 比較와 硏究에 그리고 과거 古代史의 해석에 대한 批評的 方法을 점차 발전시켰다. 學問과 科學의 再現과 동시에 哲學 文學 藝術的인 著作들이 再生되었고, 天文學, 數學物理學의 연구가 자극되었다. 아메리카와 새로운 東洋路의 발견은 科學的인 地圖製作法을 낳았고, 印刷術은 그 자체가 科學的인 成就였으며, 모든 知識을 신속하게 보급할 수 있는 매개체였다.

Galileo, Kepler, Francis Bacon과 Descartes에 의한 새로운 科學的 時代는 科學의 原理와 科學的 方法에 관심의 초점을 맞추었다. 17세기말에 聖職者의 권한이 약화됨으로써 社會가 世俗化되고, 信仰에 대해서는 理性을 강조하게 되고, 權威에 대해서는 無批判的인 受容보다는 疑問을 품었던 것 같다. 그것은 探險의 시대였고, 領土擴張의 시대였으며, 植民地化 時代였다. 美國이 최초로 永久的인 英國의 植民地가 된 것은 17세기 초기의 일이었다.

모든 종류의 資料에의 接近에 의존해서 조사하고 硏究하는 일반 사람들은 인쇄된 著作과 손으로 쓴 筆寫本으로 이루어진 圖書館을 형성하도록 고취시켰다. 당시의 한 分析家는 "확실히 西歐의 歷史에 있어서의 批評期에 마음의 질서를 안정시키고, 迷信을 타파하고, 知性을 신장시키는데 공헌한 要因을 열거하는데 있어서 圖書館이 높은 位置를 차지해야할 것이다"56)라고 진술하였다.

몇몇 대규모 國立圖書館들이 17세기에 건립되었다. 그 대표적인 예는 베를린의 Prussian State Library(1659), 코펜하겐의 Kongelige Bibliotek(1661)와 스코틀랜드의 National Library(1682) 등이다.

---

55) Montgomery, John W. (tr.). *A Seventeenth Century View of European Libraries: Lomeiver's de Bibliothecis.* Chapter X. Berkeley. University of California press, 1962. pp. 58~60.

56) *Ibid.* p. 11.

1662년 Lowis XIII 때에 최초의 프랑스 王立圖書館 目錄이 Nicolas Regault[57])에 의해서 작성되었고, Louis XIII때에는 Colbert의 指示 하에 圖書館의 規模를 거의 두 배로 확장시켰다. 파리의 Cardinal Mazarin 圖書館은 1642년에 Gabriel Naudé에 의해서 藏書가 수집되고 정리되었다. 藏書는 곧 4萬卷에 이르렀고, 그것은 여기에 와서 공부하기를 원하는 모든 사람들에게 열람되었다.

1598년 Thomas Bodley 卿은 Oxford에 圖書館을 再建하기 시작하였고, 이어 1602년에는 2千卷의 장서를 갖추어 開館하였다. 그는 후에 Stationers'Company를 설득하여 英國에서 출판된 모든 書籍을 자유로 복사하였고, 상당한 양의 土地와 財産을 遺産으로 남겨 주었다.

圖書館은 17세기 生活의 중요한 부분이었다. 유명한 都市에서나 地域社會(community)나 大學校 및 修道院에는 圖書館이 勉學家의 公的인 사용을 위해서 별도로 설치되어 있었다.

당대의 科學的 精神은 圖書館의 歷史·計劃·組織·行政에 관한 기록에 반영되었고, 資料의 分類와 整理에 관한 기록에도 반영되었다. 1602년 Justus Lipsius는 De Bibliothecis Syntagma를 출간했으며, Irwin에 의하면 그것은 "모든 現代 圖書館史의 기초가 되었다"[58])고 말하고 있다. 圖書館의 制度的인 組織에 관계된 많은 論文 가운데 최초의 것은 Naue's Advis Pour Dresser une Bibliotheque로써 1627년에 출판되었다. 이 論文에서 그는 圖書館을 설립해야 하는 理由에 대해서 論述하였고, 藏書의 量·質·배열법·필요한 建物의 종류 및 圖書館의 基本目的 등에 대해서 論述하였다.[59])

王立圖書館의 責任者(keeper)였던 John Durie는 1650년에 그의

---

57) *La Bibliotheque Nationale.* 'La Documentation Francoise Illustrée,' No. 50: Paris La Direction de la Documentation, 1951. p. 15.

58) Irwin, Raymond, *The Origins of the English Library.* London, George Allen & Unwin, 1958. p. 182.

59) Naudé, Gabriel. *Advice on Establishing a Library.* with an Introduction by Archer Taylor Berkeley: University of California Perss, 1950, p. 74.

Reformed Librarie Keeper를 著述하여 英國에서 최초로 圖書館學에 기여하였다. 그는 이 著書에서 王立圖書館이 진정한 國立圖書館으로 확장하기 위한 계획을 槪說하고, Richard Bentley는 1697년에 그의 Proposal for Building a Royal Library를 著述하였다.

대규모의 學術研究圖書館의 발전을 주도하는 原則이 獨逸의 Wolfenbüttal 圖書館을 관장하던 Leibniz에 의해서 발표되었다. 아직도 효용성을 가지고 있는 그의 原則에는 확고한 재정적 지원과 정규적인 支出, 學問에 관한 모든 주요 著作의 지속적이고도 체계적인 購入, 그리고 접근을 더욱 용이하게 하기 위한 모든 著作의 分類가 포함되어 있다.[60]

研究에 있어서의 관심은 知識의 모든 분야로 확장되었고, 그 당시 대규모 圖書館에 다양하게 반영되었으며, 연구에 필요한 資料를 보급하기 위해서 조직된 國立機關이나 協會로 반영되었다. 한 뚜렷한 실례는 科學者와 歷史家 및 哲學者의 공동 노력으로 1662년에 설립된 런던 王立協會이다.

17세기 말에 教區圖書館의 출현은 Anglican Church가 聖職者의 지속적인 教育에 대해서 관심을 가졌다는 중요한 증거이다. 그것은 영국에서 Thomas Bray神父가 주도하여 설립된 이 教區圖書館은 教育的인 것과 동시에 精神的인 使命을 수행하고 있는 시골의 英國 國教聖職者를 돕기 위해서 계획된 것이었다.

7. 18世紀 및 19世紀

17세기의 科學的 思考와 그 발전은 18세기에 더욱 盛하여 純粹科學과 應用科學이 모두 상당히 발전하였고, 機械의 발명과 技術의 진

---

60) Hassel, Alfred. *History of Libraries*, trans Reubem Peiss (2d ed.) New York, Scarecrow Pres, 1955, p. 72.

보를 유도하였으며, 그것은 産業革命과 勞動階級의 浮上을 초래하는 결과가 되었다.

1789년 프랑스 革命으로 敎會圖書館은 國家財産이 되었고, 海外亡命者의 圖書館은 몰수당하였다. 수많은 書籍이 그 들의 소유주로부터 引出되어 그들을 受容하기 위해서 설립된 'depots litteraires'에 수장되었다. 많은 圖書가 大學圖書館에 배당되었지만, 대부분은 프랑스 王立圖書館에 배당되었고, 그것은 國家財産이 되었으며, 다시 La Bibliothèque Nationale라고 改名되었다. 革命 당시 도서관은 學者들에게 열람되는 외에도 일주일에 이틀 5시간은 일반에게도 열람되었으며, 革命기간 동안은 9月11日에 한해서는 정규적으로 네 시간씩 개관하였다. 革命 후의 政府는 國立圖書館의 성장에 관심을 가졌고, 정부차원의 지원과 合法的인 納本·寄贈·遺贈 등으로 이 圖書館은 계속 성장하였다. 1622년에 시작된 目錄의 출판은 계속되었고, 1897년에는 Auteurs가 *Catalogue Généraldes Liveres Imprimés*를 출판하기 시작하였다.

18세기와 19세기에는 國立圖書館이 全유럽에 설립되었다. 그 예로는 Florence의 La Biblioteca Nazionale Centrale, Stockholm Kungliga Biblioteca, Hague의 Koninklijke Bibliotheek, Oslo의 Universitetsblioteket, Brussels의 La Bibliothèque Royale de Belgique, Athens의 Ethnike Bibliotheke tes Hellados, Madrid의 La Biblioteca Nacional, Dublin의 National Library of Ireland, Bern 의 La Bibilothèque Nationale Suisse등이 있다.

또한 많은 私設圖書館들이 설립되었다. 그 당시 英國에서 가장 유명한 私設圖書館이었으며 원래의 상태로 남아 있는 유일한 圖書館은 Samuel Pepys 圖書館으로서, 3千卷의 藏書가 11개의 조각된 마호가니 진열장에 배열되어 있었다.

硏究를 위한 資料가 풍부한 많은 大規模圖書館들도 설립되었다. Edward Gibbon은 거의 7千卷의 장서를 소유하였으며, 그는 *The*

*Decline and Fall of the Roman Empire*를 著述하기 위해서 체계적으로 수집하였다. Hans Sloane卿의 圖書館은 모든 분야의 知識을 포괄하는 4萬卷 이상의 印刷本과 3576卷의 筆寫本을 소장하였고, Robert의 圖書館과 Edward Harley의 圖書館, Earls of Oxford의 圖書館 역시 수천 권의 印刷本과 팜플렛, 그리고 수천 권의 筆寫本을 소장하였다.

　Sloane과 Harleian의 장서와 Robert Cotton卿의 장서는 Henry Ⅶ의 統治下에 있던 王立圖書館과 함께 British Museum의 기초를 이루어 1753년에 統合되었다. 기타 王族들의 장서와 기타 유명한 여러 사람들의 장서와 版權納本法에 의해서 納本된 書籍들은 이 Museum藏書의 규모와 탁월성을 증진시켰다. 1837년에 印刷本管理者가 된 Anthony Panizzi卿의 指導下에 British Museum은 '文化의 전파'를 위한 기관이 되었고, 모든 英語書籍과 대부분의 중요한 外國文獻을 보존한다는 면에서 國立圖書館이 되었다. Panizzi 卿은 대규모의 定規年例豫算을 확보하였고, 圖書館을 再組織하였으며, 書架備置를 위한 房과 분리된 讀書專用室을 갖춘 새로운 건물을 설계하였고, 目錄을 완전히 개정하였다. 그리하여 1870년에는 藏書가 百萬卷에 이르게 되었다.

　讀書는 18세기에 있어서 婦人들에게 유행하게 되었고, 讀書의 습관은 社會的으로 낮은 계층으로 확장되었으며, 敎育이나 政治的 目的이나 娛樂 등을 위한 讀書의 관심이 확대되었다. 書店·커피숍·讀書클럽과 學會나 學術機關들이 圖書·신문·잡지·팜플렛 등으로 國民의 知的, 文學的, 社會的 要求에 봉사하였지만, 冊을 구입할 수 없는 사람들의 圖書에 대한 새로운 요구를 충족시키기 위해서 새로운 종류의 圖書館이 발전되었다. 그것이 곧 貸出圖書館, 또는 回覽圖書館인데 약간의 料金을 지불하면 圖書를 대여하는 것으로서 書籍商들에 의해 시작된 것이다. 貸出圖書館은 讀者들에 대한 敎育보다는 그 所有主가 돈을 버는데 더욱 관심을 가진 商業的인 企業이었다. 貸出의 主種은 小

說이었고, 顧客의 대부분은 婦人이었다. 최초의 貸出圖書館은 1726년에 Edinburgh에서 개관되었고, 1730年代에는 London에서 개관되었다. 1804년, Dresden에 있는 세 개의 최대 貸出圖書館이 6千卷을 소장하는 合同書庫를 가졌으며, 18세기 말에는 貸出圖書館이 西유럽의 모든 도시에 있어서의 일반적인 특징을 가지게 되었다.

　産業革命에 따른 産業의 機械化는 見習工들의 훈련과 복지에 관련된 많은 문제를 유발시켰다. 1800년에 스코틀란드의 哲學敎授 George Birkbeck는 機械見習工들을 위한 授業과 圖書館奉仕를 시작하였고, 그의 이 先例는 他人들이 추종하게 되었다. 産業的 중심지와 런던에는 機械技術學校가 설립되어 그들의 技術的인 知識을 연마하기를 원하는 見習生들에게 유익한 기초교육과 講演을 베풀었다. 見習工들의 自家敎育을 위한 補助物로서, 精神的인 함양과 동시에 娛樂을 위해서 圖書館이 설립되었으며, 도서관은 會員들의 기부금으로 재정을 충당하였다. 회원들의 손으로 운영하였지만, 부유한 사람들의 증여가 그 운영에 도움을 주었다. 19세기 中半에는 機械技術學校와 圖書館이 英國 全域으로 확장되어 노동자계급에 대해서 도움을 주고 용기를 주었다.61)

　1850년 英國議會는 최초로 公共圖書館法을 통과시켰고, 그에 따라 地方議會로 하여금 세금에 의해서 도서관을 설립하고 그들을 지원하도록 하였지만 제한된 금액만이 그 目的을 위해 소비될 수 있었다. 최초의 公共圖書館이 Edward Edwards를 館長으로 하여 Manchester에 설립되었다. 公共圖書館法을 통과시키는데 영향력을 행사했던 Edwards는 圖書館奉仕의 일반 原則을 발표하였으며 그 후로 이것이 준수되어 왔다. 그것은 圖書館奉仕는 地方政府의 責任으로서 어떠한 市民에게나 자유롭게 베풀어주어야 하며, 그 費用은 그들이 그것을 사용하든 사용하지 않든 간에 稅金을 지불하는 모든 사람들이 공동

---

61) Steinberg, S. H. *Five Hundred Years of Printing* (2d ed.). Baltimore, Penguin Books, 1961. p. 59.

으로 부담하고, 그 藏書에는 모든 종류의 圖書와 모든 방면의 문제
에 대한 圖書가 포함되어야 한다는 것이다. 公共圖書館法이 통과된
후 20년 동안에 다만 35개의 새로운 도서관이 설립되었다. 1870년
敎育法의 통과와 公共圖書館設立을 촉진하기 위한 1877년의 圖書館
協會의 조직과 더불어 공공도서관 운동은 크게 진척되었다.
　19세기의 終半은 大英帝國과 Scandinavian 국가들과 獨逸에 있어서
의 公共圖書館奉仕의 확대, 그리고 全유럽을 통한 모든 기존 圖書館
특히 大規模 國立圖書館과 大學圖書館의 성장으로 특징을 이루었다.

Ⅱ. 西洋의　近代圖書館史

1. 英　國

英國最古의　Oxford大學圖書館은　宗敎改革時에　파괴되어，1602년 Bodley卿의　헌신적인　노력으로　부흥하게　되었다．이것은　大學圖書館 이라고는　하지만　公共圖書館처럼　운영하는　異色　있는　도서관이었다.

國立中央圖書館으로서　1759년에　大英帝國博物館의　圖書館이　설치 되어　Panizzi의　노력에　의해서　오늘날과　같이　世界的　大圖書館이　될 수　있는　기반이　이루어진　것이다．1887년에　Victoria女王의　卽位를 기념하여，政府에서는　기념사업의　하나로　圖書館　설치를　권장하였다. 1892년에는　圖書館法을　公布하여　도서관　설치를　위한　根源이　되는 財政的措置를　강구했기　때문에　圖書館이　보급되게　되었다．그러나 두　차례의　世界大戰에　휘말리어　잠시　동안　停滯狀態였으나　근년에 활발한　활동이　시작되었다．公共圖書館의　조직망이　형성되고，專門圖 書館聯盟도　충실하며，科學・技術의　발전을　위한　情報活動도　원활하 게　전개되고　있다.

英國의　圖書館協會는　1887년에　結成되어　그　활동이　활발하다．특 히　司書職에　대한　國家試驗制度는　世界에서　가장　철저히　시행되고 있다고　알려지고　있다.

2. 프랑스(France)

France의 國立國民圖書館은 歷代의 帝王이 축적한 帝王文庫를 革命 후에 접수하여 이루어진 것이다. 최초에는 Napoleon(Bonaparte 1769~1821)이 크게 원조했기 때문에 世界有數의 도서관이 되었다. Paris大學圖書館은 1762년에 창립된 것으로, 國立國民圖書館과 더불어 전구라파의 古典을 가장 많이 축적하고 있다고 한다. 여기에서 特記할 것은 古典學校(Bonaparate Chartes)이다. 이 學校는 1821년에 18세기의 學者의 歷史編纂事業을 계속하기 위해서 王立文書館에 부설된 것인데, 1830년에 王立圖書館으로 移館되었다. 1846년부터 硏究生들에게 古文書學·公文書學·法律書 및 文獻分類, 目錄, 考古學을 가르치게 되었다. 본래는 古文書學者들을 양성하기 위한 것이었으나, 일반적인 圖書館員의 양성도 겸하게 되었다. France의 도서관에서는 이 學校의 졸업생으로서 國家試驗에 합격하지 않으면 직원으로 채용하지 않았다. 경쟁이 심하고 水準이 높은 入學試驗을 실시하여 大學卒業生으로서 30세 이상인 자에 한해서 入學시키고, 3년간의 敎育課程을 실시하였다. 당시 資料處理技術로는 世界最高의 수준이라고 널리 알려져서 世界各國의 圖書館員이 여기에 집결하였다. 한때 이 學校의 圖書館技術이 전구라파의 mode1이 되었던 것이다. 후에 王立에서 國立으로 전환된 國立文書館으로 이양되었다가, 다시 1897년에 Sorbonne大學으로 이양되었다. 이것은 圖書館技術史上 잊어서는 아니 될 存在이다.

3. 獨 逸

獨逸의 圖書館은 두 차례의 世界大戰으로 크게 타격을 받았다. 그러나 그 이전에는 世界의 圖書館界의 최고의 水準을 유지하고 圖書

館奉仕도 가장 발전되어 있었다. 資料의 蒐集·蓄積의 규모뿐만 아니라 圖書館의 수도 世界에서 가장 많았다.

특히 圖書館學은 英國이나 美國보다 앞서 있었다. 1875년 이래 즉 France와의 戰爭 후의 여러 市立圖書館이나 大學의 도서관은 世界의 標準이었다. 현재도 Berlin大學 소속의 古寫本·古印刷本은 世界에서 가장 으뜸가는 것이다. Dresden Stuttgart의 公共圖書館과 Born, Berlin, Göttingen, Flyblug의 大學圖書館은 특히 유명한 것이었다. 대부분의 都市에는 도서관이 설치되어 研究調査用의 資料는 美國의 大學 이상으로 소장하고 있었다. 1889년 이래 공공도서관의 설치 운동이 전개되어 어떠한 작은 町이나 村部落에도 반드시 圖書館이 설치되어 있었다. Berlin에만도 68개의 도서관이 있었고, 총 500萬卷의 資料를 보유하고 있었으며, München市에는 46개의 圖書館이 있었고, 여기서도 총 500萬卷의 資料를 소장하고 있었다.

貸出專門圖書館, 通信讀書室, 書誌나 目錄의 발행, 資料의 相互貸借, 綜合目錄의 발행 등이 실시되고, 1909年代에는 각 도서관에 일반적으로 兒童用資料가 비치되어 있었다. 또한 圖書館學校도 世界에서 최초로 설치되었다. 이 나라의 國立圖書館은 1659년에 창설된 王立圖書館에서 출발하였다. 世界 第二次大戰 때에 새로운 資料는 東獨으로, 古書는 西獨으로 疎開된 채 현재에 이르고 있다. 近年에 圖書館復興의 기운이 높아지고 있기 때문에 금후의 발전이 기대되고 있다.

4. 이탈리아(Italy)

Italy의 가장 오랜 도서관은 Rome 法王廳圖書館이다. 法王 Damasus(336~384在位)가 4세기에 설치했다고 전해지고 있으며, 歷代의 法王은 資料의 축척과 管理·運營을 잘하여, 현재도 歐州의 도서관에 있어서 特色을 가지고 있다. 國立中央圖書館은 1875년에 창립된 것으로 본래 敎會의 Roman Collegio의 文庫를 중심으로 발전한 것이다. 1861년에 창립된 Flolence도서관도 國立圖書館인데, 이것은 Antonio Magliabechi(1633~I717)의 藏書를 중심으로 발전한 것이다. 이외에도 Napoly에 1804년 창립한 것과 Milano에 Maria Theresa(1717~1780)가 1770년에 창립한 것 등이 있다.

Italy는 文藝復興運動의 중심지로서 도서관이 文藝復興에 기여한 바 크다. 前述한 Flolence의 도서관을 비롯해서 Amprosiana, Milano, Napoly의 각 圖書館은 당시의 資料에 있어서나 管理·運營에 있어서나 유명했던 것이다. Venice는 오랫동안 圖書市場으로서 유명하였다.

5. 소비에트聯邦

소비에트聯邦의 도서관은 1917년의 革命에 의하여 個人文庫나 帝王文庫가 政府에 접수되어 國民의 도서관이 되었다. 國立圖書館으로서는 Leninglad 國立圖書館이 가장 오랜 것으로, 1714년에 피이터大帝에 의해서 설치된 것이다. 그러나 이 나라의 圖書館의 運營·管理와 資料處理技術은 美國에서 도입한 것이다. California도서관에서 Harreit G. Eddy를 招聘하여 연구를 거듭하게 하였다. 世界第二次大戰 이후 소비에트聯邦의 도서관은 비약적인 발전을 시도하고, 圖書館의 보급과 그 組織網을 철저히 하며, 資料의 生産 등을 주요한 國策으로 결정하여 Nikola Lenin(1870~1924)이나 Joseph Stalin(1879~1924) 등의 最高指導者의 권장으로 圖書館數에 있어서나 資料와 이용에 있어 美國과 더불어 世界的인 水準에 이르고 있다. 어떠한 장소에서나 圖書館資料를 이용할 수 있을 정도로 보급되어 있다. 근년에 情報提供의 새로운 方法을 연구하고 있는데, 금후에는 경이적인 圖書館技術을 채용하게 될 것이라는 것이 世界圖書館學者의 일치된 견해이다. 그러나 이 나라의 圖書館은 다만 資料의 이용뿐만 아니라, Marx Lenin主義를 철저히 보급한다고 하는 政治的 敎育에 중점을 두고 있는 것이다.

기타의 西歐諸國의 도서관은 모두 王立·宗敎團體에서 설치하여 그 후 國立이 된 것이 많다. 그 起源은 Austria의 國立圖書館과 같이 1400年代에 皇帝 Friedrich Ⅲ가 설치한 이래 계승한 것도 있으나, 기타는 1700年代에 설치된 것이다. 그 活動力도 國家의 사정에 따라 각기 다르기는 하지만 활발했으나, 두 차례의 世界大戰으로 停滯되었다. 그러나 최근 國內情勢가 정비되어 새로운 理念으로 각기 새로운 활동이 전개되고 있다. 특히 硏究·調査機關의 文獻情報活動이 활발히 전개되고 있다.

6. 美國 近代圖書館의 出現

近代圖書館의 출현은 美合衆國에서 비롯한다고 볼 수 있다. 美國은 自由와 平等의 기본적 人權確立을 국가의 理念으로 하는 근대국가였다. 일찍이 王室·修道院·封建領主·特權階級 등이 설치한 도서관의 전통이 없었기 때문에, 民衆이 희망하는 자유로운 圖書館을 설치할 수 있었던 것이다. 美國에 있어서는 開拓에 필요한 情報資料의 요구와, 學校敎育에 있어서의 敎育上의 요구, 司法·立法·行政의 參考資料 등의 요구 및 일반국민의 生活에 필요한 知識과 技術에 관한 情報資料의 요구 등이 이미 圖書館設置의 기운을 형성하게 했던 것이다. 또한 국가의 指導者들도 自己故國에 있어서 圖書館의 이용가치를 충분히 인식하고 있었기 때문이다. 이러한 의미에서 近代圖書館의 출현은 美國에서 비롯했다고 보는 것이 타당할 것이다.

美國의 圖書館의 原型은 개척자들이 個人文庫를 설치한 데서 비롯하였다. 따라서 초기에는 도서관이 없었다. 美國에 있어서의 초기의

大學들 즉 Harvard (1638), Willam and Mary (1695), Yale (1700), Princeton(1746)大學들도 대체로 寄贈圖書를 바탕으로 시작되었다. Massachusetts 立法會議는 1636년에 學校나 大學(school or college)의 설립을 위해서 400파운드를 豫置하기로 결의했으며, Harvard 大學은 John Harvard(1607~1638)가 이 새로운 大學에 그의 財産의 半과 그의 全藏書 320卷을 기증했던 1638년에 開校하였다. 한편, Yale大學은 40卷의 冊을 가지고 시작했는데, 이것은 1700년 11名의 牧師들이 會合하여 그들이 가지고 있던 冊을 각각 몇 권씩 寄曾한 데서 비롯한 것이다.

초창기의 大學圖書館에 있어서의 대부분의 藏書는 神學에 관한 冊 이었으나 古典과 哲學의 寫本과 文學書籍도 있었다. 1725년까지 Harvard大學은 3000卷의 冊을 가지고 있어서 美國에서 가장 큰 大學 圖書館을 가지게 되었다.

美國의 경우 圖書는 그 대부분을 외국에서 가져 와야 했기 때문에, 비싸고 稀貴했다. 초기의 植民地時代의 중요한 私設圖書館은 Plymouth Colony의 Elder Brewster의 도서관(約 400種의 著作), John Winthrop의 도서관(1000卷 이상) 및 Cotton and Increase Mather의 도서관이었다.

Benjamin Franklin(1706~1790)은 1731년에 Philadelphia 圖書館 組合(Library Company)을 조직하여 會費制度로서 個人圖書를 가져다가 相互交換하는 讀書會를 결성하였다. 이 讀書會는 市中의 庶民 만으로 조직되어 民主的으로 운영되었기 때문에 會員의 好評을 받고 一般市民들에게도 환영을 받았다. 이것이 原因이 되어 1773년에는 15개의 組合이 결성되어 이것이 후에 도서보급운동의 요인이 되었 던 것이다.

學校圖書館은 1826년 이래 New York州의 議會에서 문제가 되어 1838년부터 설립하도록 立法措置되었고, 成人도 이용할 수 있도록 하였다. 그러나 豫算 가운데서 人件費를 지출할 수 있도록 인정했기 때문에, 資料購入費가 부족하고 專任司書를 두지 않고, 敎師의 2중 부담이 되게 했기 때문에 學校圖書館은 점차 부진 상태에 빠졌다. 그러나 이 法律은 기타의 各州에 보급되어 뚜렷한 발전을 보았던 것이다. 또한 圖書館에 대한 관심도 점차 높아져서 圖書館을 설치하는 데 많은 富豪들이 거액의 寄付를 하는 風潮가 일어났으며, 이것이 도서관의 建設運動에 큰 영향력을 주었던 것이다. 현재의 유명한 圖書館들이 거의 이러한 건설운동에 의해서 설립된 것이고 또한 이것이 起因이 되어 無料入館의 原則이 확립된 것이다.

民衆에 의한 公共圖書館은 1847년 Boston 市議會에서 제안되어, Massachusetts州議會가 圖書館財源을 위한 일종의 徵稅權을 청원하고 이것이 認准되므로써 1854년에는 Boston市에서 설립하게 되었다. 이러한 傾向은 各州에 보급되어 1890년에는 27個州에서 公共圖書館法을 公布하게 되었던 것이다. 당시까지에는 公共圖書館이 私立으로 설치되었으나, 이로 인해서 公立의 公共圖書館이 대단히 많이 설치되게 되었다. 그 후부터는 圖書館의 조직과 발전은 도서관의 설립과 圖書館奉仕의 발전과 보급을 돕기 위해서 설립된 州圖書館委員會가 原動力이 되고 있다.

公共圖書館은 현재 民主的 生活을 위한 敎育을 하는데 있어서 國民學校에 대한 유력한 補助機構로서 인정되고 있다. 이러한 기능을 수행하는데 있어서 公共圖書館은 兒童들과 靑少年들에게 특별한 奉仕를 베풀고 있다. 즉 公共圖書館은 일반시민에 대하여 敎育的·文化的 機會를 증진시키고, 不具者들에게 유용한 特殊資料를 마련하고, 學校圖書館의 장서를 보급하며, 自動車巡廻文庫를 통해서 圖書館資料를 격리된 農村지역으로 수송해 주고 있다.

學校圖書館은 몇몇 州에 있어서는 일찍이 1835년에 인가되었으나, 1930年代에 이르러서야 비로소 學校프로그램에 중요한 공헌을 하기 시작하였다. 1960年代 이후로 學校圖書館은 藏書數와 그 이용에 중점을 두었다. 初等學校圖書館은 中學校圖書館 만큼 신속히 발전하지 못했으며, 많은 지역에 있어서 初等學校는 아직도 州立圖書館이나 가까운 公共圖書館에 圖書貸借를 의뢰하고 있었다. 그러나 1960년에 ALA에서 채택된 初等學校圖書館을 위한 새로운 基準은 初等學校의 도서관의 수나 그의 이용에 있어서 큰 진전의 결과를 가져 왔다.

法律·醫學·技術·音樂 및 기타의 주제 분야에 있어서의 特殊圖書館과 동시에 특수한 기관의 圖書館들이 20세기에 있어서 새로이 발전하고 있다.

美國의 大學圖書館은 冊數에 있어서 뿐만 아니라 大學의 學術的인 프로그램에 있어서의 그의 중요성으로 인해서 더욱 중요한 成長期에 들어섰다. 美國의 敎育廳(Office of Education)에 의하면 1959~1960년 사이에 美國에 있는 2,011개의 고등교육기관은 약 16,700萬卷의 圖書를 소장하게 되었다.

오늘날의 大學圖書館은 하나의 분리된 기관이 아니라 大學의 不可缺의 부분이며, 大學圖書館은 오로지 大學이 그 目的을 수행하는데 協助하기 위해서 존재한다. 또한 현대의 敎育은 하나의 敎科書를 가르치는 것이 아니라 오히려 하나의 主題를 가르치는 것이며, 그 方法은 광범하고 集中的인 圖書館의 이용을 필요로 하게 되었다.

大學圖書館은 學生들에게 그의 과제를 위해서나 任意의 오락적인 讀書를 위해서 그들이 필요로 하는 資料를 제공하고 資料에 용이하게 접근할 수 있도록 추구하고 있다.

美國에 있어서 圖書館에 대한 가장 큰 後援者는 Andrew Carnegie 이며, 기타의 後援者는 Rockefeller와 Ford財團 및 大衆들에게 그들의 희귀한 藏書를 공개한 慈善事業家들이다. 稀貴本圖書館의 예는 New York市에 있는 Pierpont Morgan Library와 Washington D. C 에 있는 Folger Shakespeare Library이다.

美國의 國立中央圖書館은 1800년에 창설되었다. 이것은 議會에 부속되어 있기 때문에 正式의 名稱은 議會圖書館(Congress Library)이라고 한다. 1814년 獨立戰爭 때 英國軍에 의해서 燒失되었으나,

1815년에 大統領 Thomas Jefferson(1743~1825)의 藏書를 구입하여 再建하였다. 歷代의 圖書館職員의 노력과 국민의 인식과 協力에 의하여 눈부신 발전을 거듭하여 현재는 名實共히 世界에서 제일가는 大圖書館이 되었다.

美國의 도서관보급운동의 母胎가 된 美國圖書館協會는 1876년에 창립되었다. 機關誌 *Library Journal*을 1876년부터 발행하고(ALA Bulletin, American Libraries) 圖書館의 모든 방면에 활발한 활동을 전개하고 있다. 이 協會의 年次總會는 世界의 모든 국가에서 圖書館人들이 참가하고, 새로운 圖書館運動의 문제를 항상 제시하고 있다. 또한 도서관직원의 養成과 도서관학연구를 위한 圖書館學 講座 등은 거의 모든 大學에 설치하게 되었다.

大學·公共·學校의 각 圖書館이 전반적으로 보급되었고 試驗所·硏究機關·私企業體에는 거의 모두 도서관이 설치되었으며, 그들 相互連絡情報와 資料交換 등이 원활하고, 館種別 조직망 등이 잘 형성되어 있으며, Service의 改善, 情報處理 技術의 硏究 등이 활발히 진행되고 있다. 또한 근년에 聯邦政府에서는 service에 뒤지고 있는 地域에 대하여 特別援助의 措置를 강구하고 成人의 知識向上과 文化의 보급을 위하여 노력을 기울이고 있다.

Ⅲ. 東洋의 圖書館史

1. 中 國

中國은 古來로 文字의 나라라고 일컬어졌고 文獻이 많이 생산되었다. 따라서 中國의 文化는 실로 넓고 크고 깊었으며 中國의 藏書 또한 그 淵源이 매우 오래다. 그러나 中國의 藏書는 古代에는 '圖書館'이란 이름은 없었으며, 歷代로 圖書를 간직하는 곳은 있었으나 서로 다른 名稱을 사용하였다. 漢代의 東觀, 隋代의 嘉則殿, 唐代의 集賢殿, 宋代의 館閣등이 뚜렷한 예이다. 藏書의 所藏處에 통일된 名稱이 없으므로 이로 말미암아 사람들 간에는 中國에 '圖書館史'가 없는 것으로 생각하였으나 실은 東洋에서는 가장 長久한 歷史를 가지고 있다.

1) 先秦時代

中國의 古代諸王은 書契를 써서 百姓을 다스렸으며, 堯舜時代에는 모두 史官을 두어 典籍을 管掌하게 하였다고 한다. 또한 '周體'와 '春秋左氏傳'에 의하면 古代에 大史·小史·內史·外史·御史 등의 五史가 있었는데, 이 중 大史·小史·外史는 古代의 書籍을 간직한 職이며, 특히 外史는 三皇五帝의 冊을 管掌했다고 한다. 그러나 後世

---

62) 裵賢淑. 東洋圖書館略史. 圖書館學概論. 서울, 韓國圖書館協會, 1979. pp. 77~85참조

사람 중에는 '周體'와 '春秋左氏傳'을 僞作한 사실이 있다고 주장하는 사람도 있으므로 三皇五帝의 書籍管掌은 전통적인 것이라고 보고 있는 사람도 있다.

中國 古代의 실제적인 藏書로서 가장 오래 된 것은 殷墟에서 발굴된 甲骨集藏이라고 할 수 있다. 처음에 淸나라 때(1899)와 다음에 中央硏究院에서 1928년부터 1937년까지에 발굴된 殷墟는 주로 河南省 安陽縣 小屯村으로서 殷나라의 都城이 있었던 곳이다.

殷墟에서 발견된 甲骨 窖藏의 내용을 보면, 卜辭에 새겨진 것은 殷王의 사냥·祈雨·祭祀 및 慶吊 등에 관한 것으로 후기의 王室의 公文書와 같다. 실은 그 文字가 龜甲 혹은 獸骨 위에 기재되었으며, 龜甲과 獸骨은 후기의 木牘·竹簡과 같으니 中國古代에 있어 가장 原始的인 圖書의 형태이다. 이와 같이 보면 文字가 새겨진 龜甲과 獸骨은 窖 속에 저장되었으니 이것은 확실히 周代의 守藏室의 前身인 것이다. 그러므로 地下에서 발굴된 實物을 추정하면 殷代에 藏書가 있었던 것은 대체로 믿을 수 있다.

周나라엔 典籍을 보존하는 守藏室이 있었는데 李耳(老子)가 主管한 바 있다. 老子는 書籍을 관장하는 柱下史였는데 이것은 周나라 王室의 圖書館長에 해당된다.63) 孔子가 일찍이 老子에게 禮를 물은 것도 老子가 당시의 周나라 王室의 柱下史였기 때문이다. 孔子 이전에는 王室에만 藏書가 있었으나, 孔子가 六經을 修訂한 후 書籍이 많아져서 蘇秦·墨子·惠施 등의 個人藏書家도 있었다.

秦始皇은 在位 26(BC 221)년에 中國을 통일하고 中央集權的인 封建帝國을 건설한 후, 各地의 다른 文字를 폐지하고 小篆으로 標準文字를 정하여 文字의 통일을 기하였다. 한편 在位 34(BC 213)년에 焚書坑儒를 단행하여 秦史·醫藥·易·卜筮·種樹 이외의 書籍을 태

---

63) 馬宗榮. 支那圖事業の歷史的硏究. 圖硏究 v. 2. 大阪, 昭和 4. p. 439.
　　周駿富. 老子爲周守藏室史考. 圖書館學報 第 9 期 台中, 東海大學, 1968. pp. 145~169.

우고 博士官 이하는 挾書를 금지하였으므로, 秦代 이전의 書籍이 대부분 傳來되지 못하게 되었다.

2) 漢 代

焚書坑儒가 있은 후 일반 백성들은 書籍을 거의 가지고 있지 못했지만 秦의 丞相御吏에는 藏書가 있었다. 漢의 高祖가 咸陽에 入城하였을 때 蕭何가 丞相御史의 書籍을 접수하였고, 惠帝는 挾書律을 해제하여 冊을 朝廷에 바치는 길을 열어 놓았다. 成帝는 謁者 陳農으로 하여금 天下의 書籍을 수집하도록 명령을 내렸다. 이와 같이 하여 수집된 簡策은 秦始皇의 挾書政策으로 땅속에 숨겨졌던 것이라서 실이 끊어지고 순서가 뒤바뀐 것이 많았다. 成帝는 劉向으로 하여금 校讎하도록 하였으나, 劉向이 이를 완성하지 못하고 죽자 그의 아들 劉歆이 계승하여 '七略'을 완성하게 되었다. '七略'은 中國 최초의 解題書目으로서 이것은 오늘날까지 古書整理와 目錄의 基準이 되고 있으며, 이때부터 校讎學이 시작된 것이다.64)

蕭何와 成帝의 노력으로 수집한 簡策을 守藏한 대표적인 藏書處는 天祿閣과 石渠閣 및 蘭臺이다. 漢나라에서는 宮內와 宮外에 각각 장서처를 건립하여 災難에 대비하였는데, 天祿閣과 蘭臺는 蕭何가 未央宮 안에 건조한 藏書處로서 賢才를 처우하던 學士院이었다. 石渠閣도 역시 蕭何가 건립하였는데 이것은 未央宮 밖에 있었다. 石渠閣에는 秦나라에서 접수한 簡策과 漢代의 書籍을 수장하였다. 그러나 蕭何의 노력에 의하여 수집된 長安의 장서는 모두 王莽의 亂과 更始의 亂으로 소진되었다.

東觀은 東漢時代에 書籍을 관장하던 곳이다. 東觀은 南宮에 있었으며 12間의 高閣이었다. 東觀은 장서가 많을 뿐만 아니라 또한 高

---

64) 蔣復琮. 漢代的圖書館 (中). 大陸雜誌 27卷 9期. 民國 52. p. 304.

大한 建物이었다. 東觀의 藏書가 이와 같이 많았으므로 당시 學者들은 모두 이장서를 이용해서 史籍을 撰·校書하였다.

蘭臺는 역시 後漢의 주요한 典籍을 소장한 곳이었다. 殿中 蘭臺에서 圖籍과 秘書를 관장하였다. 蘭臺의 이름은 西漢 때에 비롯되었다. 蘭臺에 간직되었던 것이 圖讖·佛經·五經 등의 書籍이었으므로 後世에 이를 蘭臺秘書라 하였으니 西漢時代의 所藏과는 다르다.

上述한 네 개의 藏書處 중 앞에 말한 두 곳은 西漢을 대표하였고, ‘漢書藝文志’는 內外의 장서처를 서술한 것이다. 뒤의 두 곳은 東漢의 藏書處로서 「後漢書」儒林傳 序에서 말한 장서처는 겨우 두 곳만을 서술했을 뿐, 나머지는 대략 같다. 石渠·南觀은 外府의 장서처였고 天祿·蘭壹는 內禁의 장서처였다. 兩漢의 장서는 禁中·外臺로·나뉘어졌었으니 비록 ‘王의 藏書處’에 속했으나 그 내용만은 차이가 있었다.

그 외에도 前漢에는 楚元王, 淮南王安, 河間獻王, 東平思王, 班固, 張蒼 등의 個人藏書家가 있었다.

3) 晋·南北朝

漢나라가 망한 이후 中國은 다시 혼란 상태에 빠져서 여러 나라로 分立되었다. 그러나 각 나라마다 藏書를 관리하기 위한 기관을 두었고 藏書의 目錄도 편찬하였다. 魏나라에는 대표적인 藏書處로 秘書省이 있었는데, 鄭默은 秘書省을 관리하는 秘書郎으로서 여기에 수장된 書籍의 目錄을 편찬하여 이를 ‘中經’이라 하였다. 다음으로 秘書監인 荀勖은 ‘中經’에 기초를 두어 또 目錄을 편찬했는데 이를 ‘中經新簿’라 하였으며, 이것이 四部分類法의 선구가 된 것이다.

晋나라에는. 秘書閣·中閣·外閣 등의 강서처가 있었으며, 東晋에는 東觀·仁壽閣·秘書閣 등의 장서처가 있었다.

南北朝의 宋나라에는 總明觀이란 장서처가 있었고, 齊나라에는 學

士館이 있었다. 梁나라에는 文德殿과·華林園 등의 장서처가 있었으며, 北齊에는 仁壽와 文林 등이 있었다. 또한 後周에는 虎門과 麟趾殿 등의 장서처가 있었다.65)

이 외에도 晋나라의 張華·孫晋, 南朝의 崔尉租·沈麟士 그리고 北朝의 辛術 등은 상당한 個人藏書를 가지고 있었다.

4) 隋·唐

後漢이 망한 다음 370년 만에 隋나라의 文帝가 中國을 통일하였다. 隋의 文帝 開皇 3년 秘書監 牛弘이 南北朝의 난리로 흩어진 文獻을 수집할 수 있도록 王에게 청하여, 이렇게 수집한 書籍을 기초로 東京에 修文殿과 觀文殿을 건립하였다. 그 후 煬帝가 卽位하자 嘉則殿을 건립하였는데, 藏書는 비록 複本은 많았으나 다만 그 數量만은 前代보다 많았다. 秘閣의 書藏을 50部씩 轉寫하여 3品으로 나누었다. 上品은 '紅瑠璃軸'으로 하고, 中品은 '紺瑠璃軸'으로 하였고, 下品은 '漆軸'으로 하였다. 東部의 觀文殿의 東西廂에 屋을 만들어 書籍을 간직하였다. 東屋은 甲乙類를, 西屋은 丙丁類를 각각 간직했다. 또 魏 이후의 古籍과 名畵를 觀文殿 뒤에 모아 놓고, 두 臺를 지었는데 東쪽 것은 妙楷臺라 일컬었고 古籍을 간직했으며, 西쪽것은 寶臺라 일컬었고 古畵를 간직했다. 또 內道場에는 道經·佛經을 모아서 目錄을 따로 만들었다.

隋는 陳을 平定하고 책 15,000餘卷을 얻었는데, 牛弘의 表를 보면 開皇 4년에 「四部目錄」 4卷이었다. 「舊唐書」 經籍志의 後序에 의하면 이는 3萬餘卷이 된다. 煬帝 때에 西京의 嘉則殿에는 책 37萬卷이 있었는데, 秘書監 柳顧言 등을 시켜서 解題했으며, 煬帝가 얻어들인 冊수는 실로 前代에 비해서 많았다.

---

65) 馬端臨. 文獻通考. 新興書局, 刊年未詳. p. 466.

唐代에도 李唐 초기에는 書籍을 간직하는 것을 중히 여겼으며, 「唐會要」卷 64에 의하면 "弘文殿에 「四部群書」 20餘萬卷을 모아 弘文殿 옆에 宏文館을 두었다"66) 하였는데, 宏文館 藏書는 거의 複本을 포괄했다. 開元 초에 乾元殿에서 四部書를 轉寫했는데, 楮無量과 馬懷素 등이 그 일을 맡았었다.

玄宗 때에 圖書館活動이 있었으나 安祿山의 亂으로 흩어지고, 文宗때 다시 수집하여 12庫에 分掌했으나 黃巢의 亂으로 소실되었다. 唐代에 麗正書院과 集賢書院이 설치되었는데, 이것은 역시 國家의 藏書處였다. 開元 13년에 '集賢殿書院'을 고쳐 '集賢院'으로 하였다.

集賢院에서 轉寫한 책은 御製本이다. 책은 四部로 分類되었는데, 甲은 經이요, 乙은 史요, 丙은 子요, 丁은 集이다. 그리하여 四庫에 分藏되었는데 庫마다 두 사람씩 두고 出納書와 次序를 써서 檢討에 대비했다. 四庫書는 京에 각 두벌씩 裝置하여 25,961卷으로 되었는데 모두 益州의 麻紙에 썼다.

開元間의 藏書의 盛況은 「新唐書」 藝文志 및 「宋史」 藝文志에 나타나 있으나 각 藏書의 기록은 數字가 나타나 있지 않다. 「通鑑」에는 '開元 8년 11월 丙辰에 國子祭酒인 元行仲이 「羣書四錄」을 올렸는데, 그 冊에는 48,169권으로 되어 있다.

한편 唐代에는 個人藏書가 있었는데, 李泌의 鄴架와 李磎의 李書樓가 그 代表的인 것이었다. 또한 吳兢은 자신의 장서목록인 西齊書目을 편찬했는데 이것은 中國 최초의 개인장서 목록으로 알려졌으나 전래되지 않고 있다.

---

66) 宏文館의 沿革: 高祖 武德 4년의 修文館을 설치하고 9년에 宏文館으로 고치고 中宗神龍 元年에는 高宗의 太子인 弘의 이름을 피하여 昭文館이라 고쳤다. 2년에 다시 修文館이라 하였으며, 膚宗 景雲 2년에 또한 昭文館이라 고치고 玄宗 開元 7년에 다시 宏文館의 이름을 썼다.

5) 五代·宋

　五代의 時期는 비록 圖書를 간직하는 곳은 있었으나 10國이 서로 戰爭하기에 바빴으므로 圖書館活動이 부진하였다. 그러나 唐末에 시작된 인쇄술이 광범하게 이용되기 시작하였다. 五代에는 三館이라는 藏書處가 있었으나 특기할 만한 것이 없었다.

　宋의 太祖도 五代의 亂으로 散失된 諸國의 圖書를 수집하도록 명령을 내리고 장서처를 건립하였다. 宋의 藏書處는 崇文院·秘書省·太淸樓·六閣·四殿·御史臺·舍人院 등이 있었다. 이중에 崇文院과 秘書省은 國立圖書館이라 할 수 있고, 太淸樓와 六閣·四殿은 皇宮圖書館이라고 할 수 있으며, 御史臺와 舍人院은 官府圖書館이라고 할 수 있다.

　崇文院은 北宋이 여러 나라를 平定한 후 太宗에 이르러 太平·興國 3년에 비로소 宗文院을 修築하였다. 崇文院에는 五代 이후의 書籍을 보존했고 장서목록을 편찬하여 「崇文總目」이라 하였다. 崇文院의 東廊은 昭文書庫요, 南廊은 集賢書庫요, 西廊은 四庫가 있어서 經·史·子·集四部로 나누어 史館을 삼았는데, 六庫의 書籍 正副本이 모두 8萬이었다.

　秘書省은 太宗 때의 장서처로서 五代 이전의 古書와 內殿의 書畵와 貞跡을 보존했었다.

　太淸樓와 六閣, 四殿67)은 皇宮圖書館으로서 諸王의 圖書와 御製文集 등을 보존하기 위해서 건립된 것이다. 한편 御史臺와 舍人院 등은 官府에 부설된 장서처였다.

　學校圖書館으로는 國子監의 장서처가 있었다. 일찍이 唐 太宗이 集賢書院을 건립하여 國家의 文獻을 수장하였는데 점점 學問硏究기관으로 변천되었고, 宋代에 들어와서는 많은 書院이 설립되었다. 書院에서

---

67) 六閣은 龍圖閣·天章閣·寶文閣·顯謨閣·徽猷閣·敷文閣이고, 四殿은 王宸殿·四門殿·觀文殿·宣和殿이다.

는 硏究氣風을 조성하기 위하여 많은 圖書를 수장하여 學生과 敎授에게 이용하도록 하였는데, 宋의 대표적인 書院으로는 石鼓書院·嶽麓書院·應天書院 . 白鹿洞書院을 들 수 있다.68) 個人藏書는 司馬溫公의 讀書堂, 李公擇의 白石庵, 尤袤의 遂初堂 등이 있었고, 陳振孫은 直齊書錄解題를 편찬했는데 이는 解題書目의 대표가 되었다.

宋代의 藏書는 隋·唐에 비해서 많지는 않으나 藏書管理, 校勘, 書目作成, 類書의 편찬, 藏書閣의 설비와 官職의 委任 등은 後世도서관의 모범이 되고 있다.

6) 元·明

元·明 兩代의 장서는 대체로 前代의 藏書를 이어 받은 것을 주로 하였는데 秘書監과 文淵閣이 그 대표적인 것이었다.

① 秘書監—元의 世祖가 至元 16년에 燕京(中原)에 들어갔으나, 至元 10년 正月에 이미 秘書監을 설립하고, 圖書經籍을 관장했다. 13年 2月에 臨安地帶의 圖書蒐集을 명령하니, 12월에 焦友直이 臨安의 經籍을 모아 가지고 와서 바치었다. 15년 4월에 許衡의 말을 따라 使臣을 보내서 杭州 등지에서 官板을 京師에 가져오게 했다. 南宋은 100여년전 圖書를 수집하였는데 이에 이르러 南으로부터 北으로 大都인 燕京에 圖書가 集中되었다.

② 文淵閣—成祖 때에 장서처로 文淵閣을 건립하여 南京의 서적을 여기에 옮겼다. 國初에 燕을 치고 大將軍에 命하여 秘書監의 圖書典籍을 거두게 하고 또 官吏를 西方으로 보내어 책을 샀다. 그러므로 閣中에 싸인 책이 모두 20,000餘部로서 100萬卷에 가까웠으며, 刻本이 13, 抄本이 17이다. 嘉靖 중에 文淵閣에 火災가 일어나서 通集庫에서 皇史藏로 옮겼다."69) 그 書籍의 관리에 있어서는 明의 正統 年

---

68) 王省吾. 中國近代圖書館發展簡史. 圖書館學報 5期. 東海大學, 民國 52. 8. p. 98.
69) 明內延規制考 三卷은 著者를 밝히지 않았으니 이것은 月由房彙妙 第10集本에

間에 楊士奇 등이 「文淵閣書目」을 編纂해서 世上에 頒布되었으니, 당시의 書籍 管掌의 輪廓을 알 수 있다. 皇史宬은 「永榮大典」, 「實錄」, 「寶訓」을 간직한 곳이니 또한 明代의 官府에서 書籍을 간직했던 주요한 곳이다.

기타에도 明나라에는 個人藏書가 있었는데, 毛子晋의 汲古閣, 范欽의 天一閣, 湯鐵崖의 萬卷樓, 黃居中의 千頃堂, 祁氏의 澹生堂, 何良俊와 淸森閣 등이 그것이다.

7) 淸　代

淸代의 王室의 藏書는 乾隆年間에 이르러 거의 절정에 달했다. 淸나라의 乾隆 9年(1744)부터 宋·金·元·明으로부터 傳來된 內府書의 貴重本을 王命에 의하여 검토하고 鑑定한 것을 바치어 昭仁殿에 排架하여 놓고 '天祿琳琅'이란 額을 御題하였다.

昭仁殿은 본래 康熙帝가 생활하던 溫室로서 弘德殿이라 한다. 乾隆時에는 宋槧(鎌)本을 秘書鑑에서 弘德殿에 옮겨 보존했다. 乾淸宮의 東跨院 안에 있으므로 宮의 東暖殿이라 했다. 간직하고 있는 貴重本은 乾隆 40년에 于敏中 등이 엮은 「天祿琳琅書目」에 보이는데, 이 書目에는 宋版書 71部, 金版書 1部, 影宋鈔書 20部, 元版書 85部, 明版書 252部이다.

乾隆 38년 癸己에 王命을 받들어 四庫全書館을 열었는데 殿板館書를 제외하고 天下의 遺書를 王命으로 모은 것이 33,725種이다. 이를 7部씩 완성하고 閣을 건립하여 보관하였다.

처음에는 雍正年間에 4部를 완성하여 內廷의 文淵閣, 奉天行宮의 文溯閣, 熱河山莊의 文津閣, 北京의 圓明園의 文源閣 등 四庫에 보관하였고, 후에 다시 3部를 轉寫하여 江浙三閣인 楊州 大觀堂의 文匯

根據한 것이다. 宬卽 宬字로서 嘉靖年間에 帝가 自製한 글자이다.

閣, 鎭江 金山寺의 文宗閣, 杭州 聖因寺의 文瀾閣에 각각 보관하였다.

　　內廷의 四庫는 일반 백성의 열람이 허용되지 않았으나, 江浙閣의 藏書는 백성의 열람이 허용되었다. 이 7閣中의 3閣은 建物과 書籍이 戰亂으로 불타버렸고, 文瀾閣은 太平天國 亂軍의 손에 불탔으나 절반은 남아있다. 나머지 3閣이 남아 있는데 文津閣은 지금의 北平圖書館에 있고, 文溯閣은 지금의 瀋陽의 故宮안에 있으며, 文淵閣本은 지금의 臺北國立故宮博物院 안에 있다.

　　한편 明代에까지 건립되었던 많은 書院이 明末의 亂으로 피해를 입게 되었다. 그리하여 順治帝는 書院을 회복하기 위해서 湖南의 衡陽에 書院을 중건하고, 雍正 11년(1733)부터는 書院을 國家의 敎育의 중심으로 삼았다. 또 藏書를 수장하여 敎育에 이용하게 하였다. 淸代 書院의 藏書는 주로 皇帝·國家·地方官廳·個人 등이 기증한 것으로 圖書의 內容은 經典 및 歷史書가 많았고, 書院의 敎師와 學生에게 書院內에서만 열람하도록 하였다.

　　個人藏書로는 徐乾學의 傳是樓, 瞿鏞의 鐵琴銅劍樓, 陸淸源의 皕宋樓 등이 있었다.

8) 中華民國

　　中國의 近代 圖書館發展은 淸末로부터 시작되었는데 그 발전의 主流는 대체로 萌芽期·戰前期·戰後期·遷臺期로 구분해서 설명하는 것이 편리할 것이다.

　　①萌芽期－中國圖書館이 생긴 것은 光緒末年에 비롯되었다. 甲午戰爭 이후로 知識層은 모두 文藝振興을 擧論하여 藏書樓의 창설을 준비하였다. 光緒 22년에 李端棻이 學校施設의 확충을 建議하여 비로소 首都와 각 省. 市 單位로 藏書樓를 설치하여 圖書閱覽을 허용하였다.70) 6년 후에 羅振玉이 새로운 교육제도를 마련하여 이대로 실시할 것을 제의하고, 전국에 公共圖書館과 博物館을 짓도록 하고

首都와 각 省에서의 圖書館設立 이외에 또한 府·廳·州·縣마다 圖書館을 설립할 것을 主張하였다. 圖書館마다 中·日·西書를 수집하여 開館하고 국민에게 圖書를 열람시켰다.71)

그리하여 光緖 29(1903)년에 浙江藏書樓가 건립되어 일반에게 공개되었고, 光緖 31년부터 湖南圖書館·黑龍江圖書館·奉天省立圖書館·歸化城圖書館이 건립되었고, 宣統年間에 吉林圖書館·山東圖書館·陝西圖書館·京師圖書館이 건립되었다. 그 외에 Mary Elizabeth Wood(1862~1931)는 光緖 29년에 文華公書林을 창설하고, 宣統 2년에는 도서관을 건립하였으며, 河南·廣西圖書館과 四川省立圖書館 및 雲南圖書博物館을 건립하였다.

中國의 近代 圖書館學敎育은 光緖 29년(1903) Mary Elizabeth Wood 女史가 文華公書林을 건립하고 敎育한 때부터 시작되었다.

② 戰前期－民國이 수립된 이후부터 民國 26년(1912~1937)까지는 內憂外患이 있었으나 圖書館의 설립을 引導하는 발전기였다고 할 수 있다. 民國 2년 9월 18일 敎育部에서 敎育部 圖書館規則 10條를 公布하고 10月 敎育部에서 京師通俗圖書館을 창설한 이래72)로 各省에서 一般圖書館을 창설하여 계속 模倣했다. 民國 4년 10월 23일 文敎部(敎育部)에서 正式으로 圖書館規程 11條와 一般圖書館 規程 11條를 頒布73)하고 各省에 실시할 것을 알리었다. 이어서 圖書館의 類型은 兩分되었는데 하나는 民間이 사용할 수 있는 일반도서관이 되고, 하나는 學術文獻圖書館이다. 敎育部 「行政紀要」 第2輯 統計에 의거하면, 民國 7년까지 전국에 있는 일반도서관은 286개소가 있고, 기타의 圖書館들은 170여개소이다.

民國 14년 4월 25일에 上海에서 전국적인 中華圖書館協會를 조직했고 아울러 6月 2日에는 北平에서 大會를 열었다. 이 기능의 成立

---

70) 陳調慈著, 中國之圖書館事業. 圖書館學(季刊) 10卷 4期
71) 王省吾著. 中國近代圖書館發展簡史. 圖書館學報, 第5期, 東海大學, 民國52. p. 8.
72) 中國近七十來敎育記事, p. 49.
73) 敎育公報 8期(民國 2), 法規 p. 1~3.

은 全國圖書館事業에 대하여 확고한 중심이 될 뿐만 아니라 또한 指導的 位置에 있었다. 民國 16년 12월 20일에 大學院에서 圖書館規則 15條를 公布하고 大學院이 全國 最高學術 敎育機關이 되어서 政府의 명령을 받들어 全國學術 및 敎育行政의 일을 관리했다.74) 大學院 大學委員會規則에는 ‘國立學術機關’에 ‘中央圖書館’과 ‘敎育行政處’가 있고, 處밑에는 6組를 설치했으며, 그 안에 ‘圖書館組’가 있어서 아래 事項을 관장하고 있다. ① 國立圖書館에 관한 사항 ② 學校圖書館에 관한 사항 ③ 公共圖書館에 관한 사항 ④ 保存文獻에 관한 사항 등이다.75) 이로 말미암아 圖書館의 발전이 점차적으로 건전한 발전을 指向하고 있다.

이 時期의 대표적인 도서관은 國立北平圖書館·國立中央圖書館·淸華大學圖書館·江蘇省立國學圖書館·浙江省立圖書館·上消東方圖書館·國立北京大學圖書館·國立中山大學圖書館·北平故宮博物院圖書館 등이 있고, 私立圖書館은 梁啓超가 上海와 北京에 건립한 松波圖書館이 있다.

한편 民國 12년(1923)에 北京의 師範大學, 무창의 文華大學, 上海의 國民大學에 圖書館學科가 창설되어 도서관학의 敎育을 시작하였다.

③ 戰後期-倭寇가 침략한 이후부터 終戰까지(1938~1948)에는 8년간의 전쟁으로 政府가 圖書館事業을 발전시킬 겨를도 없었으며, 기존의 圖書館도 제대로 보존할 수 없었다. 기존의 湖南大學圖書館, 甘肅省立圖書館, 重慶大學圖書館은 戰火로 소실되거나 많은 피해를 입었다. 또한 北京大學圖書館 藏書는 日軍에 약탈당하고, 淸華大學圖書館·南開大學圖書館·西南聯合大學圖書館·中山大學圖書館 등은 모두 폭파당했다. 江蘇省立國學圖書館도 피난하여 여러 번 옮겼으나 상당한 손실을 보았다. 다만 浙江省立圖書館 孤山分館의 文瀾閣 殘補本인 「四庫全書」와 國立中央圖書館만이 여러 차례 피난하여 겨우 戰禍

---

74) 中華民國大學院組織法 第 1 條(民國 6年 7月 4日 國民政府 公布)
75) 第二次中國敎育年鑑 p. 1088~1104(國民 37年版)

를 면하고, 國立中央圖書館은 현재 臺灣으로 옮겨졌는데 장서수는 100萬冊에 이르고 있다. 한편 北平圖書館은 貴重本만을 포장하여 美國으로 운반해서 美國의 議會圖書館에 기탁되어 큰 禍를 면하였다.

勝戰 이후 비록 각 圖書館에서 복구 작업이 전개되었으나 다만 國內의 政局混亂으로 말미암아 건설작업이 戰前에 비해 신속하지 못했다. 「策2次 民國敎育年鑑」의 統計를 보면 36년 여름에 설립된 圖書館이 418館였고, 民敎館의 圖書部가 716館, 學校圖書館이 1,492館, 機關社團 附設圖書館이 76館으로서 모두 2,702館이다. 이 數字는 戰前과 比較한다면 2,400餘館이 적은 편이다. 이로 미루어보면 이 時期의 도서관의 衰退相을 엿볼 수 있다.

④ 臺灣遷都時期－臺灣에는 遷都 이전에도 官府圖書館과 個人文庫가 있었다. 光緒 27년(1901)에 私立臺灣文庫가 臺北의 淡水館內에 설립되었으며, 民國 29년(1940)에는 臺灣總督府內에 南方資料館을 설치하여 南進政策을 위한 南洋・華南 일대에 관한 資料를 전문적으로 수집하였다.

光復 이후의 臺灣은 臺灣總督府의 圖書館南方資料館을 臺灣省 行政長官公署圖書館(略稱: 臺灣省圖書館)으로 하고, 臺中州立圖書館은 省立臺中圖書館이라 했다. 그 나머지의 各地에서는 비록 戰爭의 破壞로 傷痕이 복구되지 못하고 經費가 부족하여 돌아 볼 겨를이 없었으나, 다만 臺北・臺南・嘉義・彰化・基隆・屛東 등 市에도 또한 先後로 市立圖書館을 세웠다. 臺中縣에 속한 鹿港・草屯・大甲・員林・東勢・田中・竹山 등 7處에, 그리고 新立縣에 속한 中歷・大溪・竹南・頭分・後龍 등 5處에 모두 卿鎭圖書館을 설립했다.

오직 38년 이후에 政府가 臺灣으로 遷都하자 경영하고 있던 圖書館事業이 점차 일기 시작했다. 資料의 集計에 따르면 日政時代의 圖書館은 最高數가 95館이였다.76) 이것은 日本이 臺灣을 統治한지 半

---

76) 臺灣省通誌, 卷 5. 敎育志文化事業篇.

世紀의 업적이다. 다만 光復 이후 民國 57년 말경의 조사에는 普通
圖書館은 30관이고 機關 및 專門圖書館이 51관, 大學·專門圖書館이
50관, 國民學校, 中學 校 및 職業學校圖書館이 383관으로서 모두
514관77)이다. 光復 후의 27년 중에는 臺灣의 圖書館事業의 발전은
日政時에 비하여 419관이 많으니 그 발전의 속도를 알 수 있다.

대만에 遷都된 이후의 대표적인 圖書館은 國立中央圖書館·中央研
究院傅斯年圖書館·國立故宮博物院圖書館·臺灣省立臺中圖書館·臺
南市立圖書館·國立臺灣大學圖書館·國立臺灣師範大學圖書館 등이다.

遷都時期의 大學圖書館의 발전상은 대단히 신속하였다. 國立政治大
學圖書館은 43년(1954)에 창립되어 藏書가 근 30만책이었고, 國立成
功大學圖書館·私立東海大學圖書館·私立中國文化學院圖書館 등은 57
년(1968)말까지 모두 10만 책을 넘었다.

圖書館學의 教育은 國立臺灣大學·國立臺灣師範大學·私立東海大
學 등에 4年制 圖書館學科가 설치되어 教育이 실시되고 있다.

한편 中國의 本土에서는 共産政府가 되어 모든 도서관은 國有化되
었다. 1909년에 설치된 北京의 國立圖書館은 共産政府에 의하여 접
수되고, 1949년에 中央圖書館이 되었다. 政府는 圖書館政策을 중요
한 文教政策으로 삼고 圖書館網을 蘇聯과 같이 철저히 조직하고 그
政策을 地方行政의 말단에 이르기까지 浸透시켰다. 또한 圖書館行政
은 系統的으로 수립되어 軍隊·工場·研究機關·學校·文化機關에는
반드시 도서관을 부설하게 하고, 文獻은 국가에서 발간하며, 國民이
희망하는 文獻이 빠짐없이 보급될 수 있도록 강구되어 있다. 圖書館
의 普及·資料의 生産·축적·이용에 있어서 蘇聯이나 美國과 대등
하며, 世界屈指의 圖書館國을 건설하였다.

末端의 圖書館 讀書施設은 文盲退治·Marx·Lenin·毛澤東主義의
洗腦機關으로 활용되고, 특히 文字의 學習·新刊資料의 展示와 解

---

77) 中國圖書館學會會報, 第20期, 民國 57年 12月 版.

說·國家理念의 敎育이 도서관의 주요한 업무가 되고 있으며, 또한
일종의 政治敎育의 기관이 되고 있다.

2. 印 度

印度는 옛부터 思想이 발달하고 思索的이며 形而上學的인 宗敎思
想을 형성하였다. B.C. 1500~100年代에 성립되었다고 하는 Veda시
대로부터 B.C. 1000~800年代에 성립되었다고 하는 Brahman시대,
B.C. 800~600년대에 성립되었다고 하는 Upanisad시대, 또한 그 후
에 출현한 Vardh amana(B.C. 448~376)의 Jainaism(자이나敎)이나
釋迦(B.C. 441~372)[78]의 佛敎에서 전통적인 宗敎思想의 諸敎派가
생겼으나, 이러한 宗敎情報는 직접적인 言語傳達로서 그 당시는 아
직 기록되지 않았다.

佛敎의 思想이 기록되어 資料가 된 것은 대략 BC 300년경이라고
추정되며, 西曆紀元 후에 隆盛하여 그 記錄資料는 扇挪子의 나무 즉,
貝多羅樹(talapatra)의 잎파리에 칼(刃)로 새겨서 그 자리에 墨을 칠한
것이었다. 후에 이러한 資料가 축적되고 이용된 것은 사실이다. 佛敎
에서는 釋迦의 敎說을 기록한 貸料를 Sutra-tripitaka(經藏)라고 하며,
釋迦가 生活이나 修行의 실천을 規定힌 戒律을 Vinaya-tripitaka(律藏)
라고 한다. 釋迦의 敎說을 해명한 佛弟子들의 論說을 Abbidhera-
mtripitaka(論藏)라고 하여 資料群을 大別하였다. Tripitaka란 藏이라
는 의미로서 본래는 穀倉을 의미한 것이었으나, 후에는 資料를 集大
成하여 類別하고, 그것을 貯藏·蓄積하는 의미로 변했다.[79] 그러기
때문에, 佛敎에서는 圖書館이라고 하는 用語는 없으며, 藏이라는 말로

---

78) 이 年代에 대해서는 異說이 많다. 여기에서는 中村元의 スウリヤ王朝의 7年代에
　　ついて(東方學, 第 10 輯, 1955)에 依據하였다.
79) 椎名六郎. 新圖書館學槪論. 東京, 學藝圖書株式會社, 1972. p. 45.

이러한 資料를 축적하는 사실을 指稱한 것으로 생각된다.

이러한 藏, 즉 資料蓄積의 사실은 寺院이나 敎團에 부속되어 僧侶 등이 敎義硏究와 實踐生活의 規範으로서 크게 尊重되고 神聖한 것으로 취급되었다. 이와 같이 印度의 古代 圖書館은 宗敎資料의 圖書館으로서 시설되었던 것이다.

印度에 있어서의 최초의 이른바 圖書館은 西紀 400年代에 佛敎徒에 의해서 건설된 나란다(那蘭陀)寺의 大學圖書館이다. 이 圖書館은 5세기경부터 유명하게 되었으며, 7세기의 前半 中國에서 玄奘三藏(A.D. 602~664)이 留學하여 中國에서 더욱 유명해졌다. 이 時代에는 호화로운 7층 건물의 寺院이 많이 건립되고, 世界各國에서 온 數千의 僧侶나 學者가 修學하였다고 하는 기록이 있다. 이 圖書館에서는 佛敎의 硏究 뿐만 아니라, 醫學·哲學·工學 등의 綜合大學이었다. 따라서 대단히 많은 資料를 수장하고 있었다. 이 時代에 Valabhi의 大學圖書館도 유명하였다.

近代에 이르러 Baroda의 王侯 Sayajiroa Gaekward가 1910년에 圖書館을 창립하고 이를 기회로 하여 公共圖書館이 각지에 보급되기 시작하였다. 國立圖書館은 1835년 캘커타(Calcutta)에 창립된 圖書館이 1903년에 印度 國立圖書館으로 설정되었다. 1954년에 納本制度가 실시되어 國內의 出版物은 國立圖書館 및 폼페이·마드리스·델리의 各館에 一部씩 納本하게 되었다. 현재 國立圖書館은 藏書 약 120萬卷을 보유하고 있다.

많은 大都市에는 大學圖書館, 專門圖書館이 많이 설치되었으며, 公共圖書館과 學校圖書館도 점차 증가하고 있다. 근대의 圖書館으로서 유명한 것은 벵갈·아시아學會의 圖書館으로서 1784년에 설치된 것이다. 이것은 印度의 宗敎資料를 소장하고 있는 도서관으로 유명하다.

印度에 있어서는 世界的으로 유명한 圖書館學者, Ranganathan 博士의 활동의 영향을 중시하지 않을 수 없다. 당시 印度는 英國의 支配下에 있었고, 그 國民은 壓政에 신음하고, 敎育的, 文化的인 水準

은 낮고 貧困한 시대였다. 이러한 시대에 Ranganathan은 圖書館을 통해서 國民大衆을 계몽하고 敎育과 文化의 발전에 이바지 하려고 노력하는 한편, 그는 1931년에 「圖書館學의 五原則」[80]을 출간했으며, 이 著書를 통해서 國民大衆을 계몽하고자 하는 의도로서 圖書館의 目的·機能·効用을 주장했던 것이다.

1952년에는 Unesco의 援助에 의해서 뉴델리에 印度의 國立科學情報센터(INSDOC)가 설립되어 그 활동도 國民에게 기대되며, 현재 印度의 圖書館界指導者들은 전반적인 圖書館奉仕機關의 지도하에 學校圖書館과 公共圖書館과의 전국적 조직을 확립하고자 노력하고 있으나, 印度는 國土가 넓고 人種·言語·宗敎·文學·風俗·習慣 등이 多岐하고, 經濟力도 미약하며, 文盲者가 많기 때문에 앞으로의 발전에는 여러 가지 장애가 많다.

圖書館學校는 17個 大學에 설치되고 있으며, '방가로우'에 있는 Documentation硏究敎育센터에서는 1962년부터 Documentalist를 養成하고 있다.

3. 韓　國

1) 古代 및 三國時代

古代에 우리 先民들은 말은 있었으나, 이를 表記하는 고유의 文字가 없었다고 보는 것이 史家들의 일치된 견해이다. 그러므로 어떠한 文物記錄도 없었고 따라서 圖書館도 없었다고 보는 것이 당연할 것이다. 우리 民族이 文物制度나 어떤 情報를 최초로 기록하게 된 것은 필연 中國의 漢字가 전래된 이후이다.

歷史上 漢字가 전래된 年代는 명확하지 않으나, 적어도 箕子朝鮮

---

80) 第Ⅱ篇 Ⅴ 章 pp. 186~189 參照

時代 즉 西歷 紀元前에 漢籍이 들어왔다고 한다.81) 그 후, 高句麗 小獸林王 2년(372)에 國立으로 太學을 설립하여 上流階級의 子弟들에게 經學과 文學 그리고 武藝를 가르쳤으며, 私立으로는 일반 平民層을 위해서 扃堂이라는 私塾을 설치하여 未婚男子들에게　經典과 弓術을 가르쳤다고 한다.82) 그리고 小獸林王 2년 같은 해(372)에 前秦의 僧 順道가 佛像과 經文을 가지고 옴으로써 佛敎가 전래되기 시작하였다. 그 후, 廣開土王 3년(344)에 晋의 僧 曇始가 經部 第10部를 가지고 왔다고 전해지고 있다.83)

　이로 인해서 高句麗는 한때 佛敎가 隆盛했으나 얼마 후에 道敎를 信奉하게 됨으로써 佛敎는 남쪽으로 밀리어 百濟에서 布敎하게 되었으며, 新羅에도 크게 영향을 주었다. 그리하여 百濟와 新羅의 學問僧들이 中國에 빈번히 往來하여 많은 佛書를 가져 와서 寺院이나 僧房에 소장하고 이를 통해서 佛敎敎育에 專念하였다. 이를 계기로 佛敎가 융성하고 學問僧들의 著述이 많이 나오게 되었다. 한편 漢學에 있어서도 五經三史와 각종의 子類・集類가 도입되어 敎育이 발전하고 著述이 왕성해졌다. 그리고 神武王 2년(682)에는 國學을 설치하고 五經・論語・孝經・三史・文選・諸子百家를 가르쳤다.

　이상의 史實을 미루어 보면 古朝鮮時代에 漢文이 도입되었고 三國時代의 太學이나 扃堂 및 國學 등의 敎育機關과, 寺院이나 僧房 등이 圖書館的인 기능을 겸하고 있었을 것으로 추정된다.

---

81)　增補文獻備考. 서울, 東國文化社, 4290. 下冊 p. 837. 藝文考, 歷代書籍考. 韓致
　　濟・海東釋史・京城, 朝鮮古書刊行會, 明治 44, 卷 42
82)　震檀學會. 韓國史, 古代篇. 서울, 乙酉文化社, 1961. p. 569.
83)　*Ibid.* p. 577.

2) 高麗時代

高麗의 文化는 儒敎를 바탕으로 한 것이었으나 佛敎를 國敎로 삼았기 때문에 佛學이 융성했으며, 漢學도 크게 발전하였다. 따라서 儒·佛 兩敎에 관한 文獻이 대단히 요구됨으로써 이를 充足시키기 위하여 高麗時代에는 木版印刷術이 일찍이 발달하였다. 이 刻版印刷術은 10세기부터 비롯하는데, 顯宗 4년(1011)에는 5百卷의 大藏經을 刻印했다고 하며,84) 第10代 靖宗 8년(1042)에는 東京(현재의 慶州) 副留守 崔顥 등이 王命에 의하여 兩漢書와 唐書를 印行했다고 한다.85) 그 후로도 여러 차례에 걸쳐서 漢籍과 佛書의 刻印事業이 이루어졌다.

그리하여 三國時代 이후부터 中國에서 전래 또는 수입된 文獻과 國內에서 生産된 文獻을 보존하기 위해서 國初에 秘閣(또는 秘書閣)과 秘書省86)이 설치되었다. 秘閣은 宮闕內에 위치한 것으로 王室의 圖書保存, 編次 및 講學을 하는 곳이었으며, 秘書省은 宮闕外에 위치한 것으로 經籍과 香祝을 맡아보는 동시에, 印書와 板本을 管理하는 곳이었다. 그리고 秘閣은 宮內의 寶文閣, 天章閣, 淸讌閣 등의 三閣을 指稱하는 종합적인 名稱이었던 것 같이 생각된다.

이외에도 어느 時代에 창건된 지는 명확하지 않으나, 闕內에는 王室 文庫가 있었고, 宮內의 文臣中 탁월한 學者들로 하여금 講學하던 곳으로 文德殿87)·長齡殿88)·重光殿(仁宗 16年에 安康殿으로 改名)·延英

---

84) 前間恭作. 朝鮮の板本. 福岡, 松浦書店, 1937. p. 34.

85) 高麗史 卷 6. 靖守世家 8年 2月條

86) 國初에는 內書省이라고 命名했다가 그후 다음과 같이 여러 차례에 걸쳐 改稱된 것으로 보인다. 秘書省(成守 14年 995), 御書院 또는 御書房(文宗 5年 1051), 秘書監(忠烈王 24年 1298), 典校署(忠烈王 34年 1308), 秘書監(恭愍王 5年 1356). 典校寺(1363), 秘書監(1369), 典校寺(1372)

87) 文德殿을 처음에 文功殿이라고 하던 것을 顯宗朝에 文德殿으료 改稱하고, 그 후 仁宗 14年에 다시 修文殿으로 改稱하였다.

88) 長寧殿이라고도 하며, 李資謙의 亂으로 燒失되고 仁宗 16年에 新闕이 竣工된 후에 千齡殿이 라고 改名하였다.

殿89)·臨川閣·弘文館(崇文館)·文牒所 등이 있었다.

한편 成宗은 9년(990)에 西京에 修書院을 설치하고 書籍의 보존을 위한 國家施策으로서 有司에게 命하여 修書院의 儒生들로 하여금 歷代의 史籍을 抄寫하여 간직하게 하는 한편, 講學을 실시하게 하였다. 따라서 修書院은 마치 學術圖書館 또는 國立大學圖書館의 性格과 기능을 지녔던 듯하다.

또한 成宗 11년(992)에는 國子監(후에 國學으로 改稱)이라고 하는 일종의 國立大學을 설치하고 上流階級의 子弟들을 敎育시켰으며, 여기에 敎授와 學生이 필요로 하는 書籍을 보급하기 위해서 書籍鋪를 두고 책을 摹印케 하였다. 그리하여 書籍鋪는 敎材出版을 겸한 大學圖書館과 같은 기능을 가지고 있었다.

그리고 仁宗 때에는 國立의 京師六學의 制度와 地方에 鄕學을 설립하였다. 따라서 私學이 발달하여 12公徒가 설립되었다.

高麗時代에는 儒敎도 普遍化하였으며 따라서 寺刹의 수는 더욱 증가하여 開京(開城)에만도 70餘 寺刹이 있었고, 전국의 것을 합하면 數千에 달하였다고 한다. 현재도 三國時代 혹은 高麗時代에 건립된 大刹이 많이 남아 있다. 이러한 大刹에는 經板閣이나 藏經閣이 설립되어 經板을 새기고 그 經板과 佛書를 보존했던 것이다. 그 대표적인 것으로는 開城의 興王寺, 陜川의 海印寺, 大邱의 符仁寺, 江華島의 藏經都監을 들 수 있다. 그리고 그 經板과 藏經으로 유명한 것이 高麗大藏經과 義天의 續藏經이다. 高麗大藏經은 두 차례에 걸쳐 刻板刊行되었다. 제1차는 契丹의 侵入을 받아 困境에 처했을 때 佛力으로 이를 물리치기 위하여 간행된 것으로, 大邱의 符仁寺에 都監을 두고 大般若經 600卷, 華嚴經, 金光明經, 妙法蓮花經등 600여권이 顯宗代부터 文宗代에 걸쳐 雕造 완성된 것이다. 제2차의 간행은 蒙

---

89) 元來는 紫宸殿이었으나 顯宗 12年 正月에 景德殿이라고 했다가 同年 7月에 延英殿으로 改名하였다. 이것은 李資謙의 亂으로 燒失되었으며, 仁宗 16年에 新闕이 완성되어 集賢殿이라 改名하였다.

古의 侵入을 받아 王室이 江華島에 피난 중 그 禍를 佛力으로 막기 위해서 雕造한 「八萬大藏經」이다. 이것은 高宗 23년(1236) 江華島에 藏經都監을 설치하고 刻板에 착수하여 高宗 38년(1251)에 완성한 것으로 總 81, 137枚로서 현재도 海印寺의 藏經閣에 보존되어 있다.

續藏經은 高麗 14代王 文宗의 넷째 아들로서 大覺國師로 알려진 義天에 의하여 이루어진 것으로, 開京의 興王寺에 敎藏都監을 설치(1090년경)하고 佛經 1010部 4740餘卷을 雕刊한 것이다. 이 續藏經은 永久保存하기 위한 것이었으나, 현재는 그 板本은 이미 滅失된지 오래고 그 影印本도 약 2割만이 散在한다고 한다.

3) 朝鮮時代

朝鮮의 文化는 사실은 第3代 太宗과 특히 第4代 世宗으로부터 비롯된다고 볼 수 있다. 太宗은 본래 好學의 才士로서 前期에 있어서의 佛敎의 弊端을 제거하기 위해서 佛敎를 억압하고 迷信을 타파하며 儒學을 적극 장려하였다. 太宗 3년에는 鑄字所를 새로 설치하고 銅으로 活字를 鑄造(癸未字)하여 書籍을 印行·普及하였으며, 法典인 元六典과 續六典 그리고 東國史略을 편찬하였다.

世宗은 우리나라 歷史上 가장 위대한 聖君으로서 그의 文化的業績은 크게 集賢殿의 설치, 訓民正音의 제정, 雅樂의 정리, 史庫의 정비, 測雨器의 발명 등을 들 수 있다. 그러나 여기에서는 本書의 性格上 集賢殿과 史庫에 대해서만 논급하기로 한다.

集賢殿은 王室의 學術과 文化政策을 위한 중심기구로서 圖書館의 기능을 가진 기관이었던 것이다. 集賢殿은 歷代의 귀중한 文獻을 정리하여 收藏하고, 學士文獻士(scholar librarian)를 두어 國政施策에 필요한 制度·法律, 또는 어떤 史實이나 原理 등을 調査·硏究게 하고, 주로 王의 자문에 應對하는 기능을 가지고 있었던 것이다.90) 그리고 王室과 朝廷의 學術的 또는 敎育的인 이용에 이바지하였다. 訓

民正音도 이 集賢殿을 중심으로 制定된 것이다. 集賢殿의 四方의 벽마다에 마련된 書架에는 도서가 經·史·子·集의 四部分類法에 의해서 정연히 배열되어 있었으며 目錄도 마련되어 있었다.91)

史庫는 歷代王朝의 史料保存文庫를 의미한다. 우리나라는 高麗時代로부터 春秋館 또는 藝文館을 상설하고 여기에 史官을 두어 날마다 時政을 기록하였다가 한 임금님이 돌아가시면 그 다음 임금 때에 반드시 前王時代의 歷史를 편찬하여 이를 實錄이라 하여 특별히 설치된 史庫에 奉安하여 왔다. 世宗은 27년(1445)에 太祖·定宗·太宗의 實錄을 각자 4部를 작성하여 內史庫로서 春秋館과, 外史庫로서 忠州·全州·星州 등지에 史庫를 설치하였다. 外史庫는 戰亂의 禍를 면하고자 深山靈地를 택한 것이다. 그러나 壬亂中 全州史庫만을 제외하고 나머지 史庫는 많은 변란을 거쳤으나 李朝의 實錄은 太祖로부터 哲宗에 이르기 까지 25代 472年間의 實錄全體 1893卷 888冊이 현재 서울 大學校 中央圖書館에 소장되어 있으며, 이의 影印이 출간되어 대부분의 도서관에 소장되어 있다.

前述한 集賢殿은 世祖 2년(1465)에 폐지되고 世祖 9년(1463)에 설치된 弘文館으로 그 기능이 移管되었으며, 이 弘文館은 또한 正祖時에 奎章閣으로 그 기능이 인계되었다. 奎章閣에는 歷朝의 寫眞·御製·御書·顯命·遺話·密教·璿譜·寶鑑·狀誌 등이 奉安되어 있다. 그러므로 奎章閣은 李朝全代에 걸친 國立의 圖書館으로서 文獻의 보존상 중대한 구실을 하였으며, 圖書館史上 중요한 의의를 가지는 것이다. 이 奎章閣에서는 많은 文獻을 편찬했으며, 圖書館을 外閣으로부터 編入시켜 經書와 史籍을 印刷頒布함으로써 李朝 後期의 文運을 일으킨 것이다. 이 奎章閣의 藏書는 弘文館·集玉齋·史庫·北漢山行宮·春坊 등 王室所屬의 諸藏書와 더불어 14만여 책이 현재

---

90) 李載喆. 集賢殿의 機能에 대한 研究. 人文科學, 第13輯. 서울, 延世大學校, 1973.
    pp. 163~166.
91) *Ibid.* p. 165.

서울大學校中央圖書館에 소장되어 있다.

大學圖書館의 구실을 한 것은 成宗 6년(1475)에 설립된 成均館의 尊經閣이다. 成均館은 三國時代의 太學, 高麗時代의 國學·國子監 등을 계승한 李朝時代의 國立大學이라고 볼 수 있다. 尊經閣에는 각종의 文獻을 수집하여 보존하고 敎育의 資料로써 이바지 하였다.

尊經閣에는 四書五經 각 100帙을 基本藏書로 하고, 典校署(校書館)와 전국에 있는 書板을 印行하고 수집해서, 經·史·諸子百家 및 雜書를 합하여 數萬卷에 달했다고 한다. 또 司藝, 學正 각 1名을 두어 藏書의 出納을 맡게 했다. 이것은 中宗 9년(1514)에 失火로 燒盡되었으나, 그후 校書館, 文武樓의 文獻과, 明으로부터 文獻을 구입·보충하여 復元시켰으며, 현재 成均館大學校 構內의 尊經閣에 보존되어 있다.92)

李朝時代에는 高麗時代에 국가에서 설립하였던 地方의 鄕學이 지속되었으며, 私學으로서는 書院이 많이 설립되었다. 이러한 書院에 文獻을 소장하는 書庫가 있어서 學生들에게 이용하게 하였다. 현재까지도 남아있는 것으로는 蘇修書院과 安東의 陶山書院 등이 유명하다.93) 그 밖에도 地方에는 門中의 圖書館이라고 볼 수 있는 門中文庫가 있었다. 그 중의 壽峰精舍文庫와 映奎軒文庫는 현재도 남아 있다.

한국의 近代圖書館은 1901년 釜山에 讀書俱樂部가 창설된 때부터 비롯한다고 볼 수 있을 것이다. 이것은 현재의 釜山市立圖書館으로 移管되었으나, 그 당시는 公共圖書館으로서의 性格을 가졌던 듯하다. 한편, 1906년에는 平壤에서 秦文王·郭龍舜·金興潤 등의 有志들이 뜻을 모아 平壤 鍾路에 大同書觀이라는 私立圖書館을 설립하고, 일반 市民에게 이용하게 하였다. 光武 10년(1906)에는 李範九·李根湘·

---

92) 李春熙. 尊經閣藏書에 대한 研究. 한국비브리오, 第1輯. 한국비브리오學會. 1972. pp. 15～30.
93) 李春熙. 門中文庫에 대하여. 한국비불리아, 第2輯. 서울, 한국비불리아學會, 1974. pp. 88～101.

尹致昊 등의 有志들에 의해서 韓國圖書館이 설립되고, 4년 후인 1910년에는 그것이 宗正府로 移管되어 大韓圖書館이 되었는데 이것은 國立圖書館으로서 一般市民에게도 이용하게 했었다. 그러나 同年 8月에 大韓帝國의 國運은 끝나게 되었다. 그리고 1911年 5月에 大韓圖書館의 모든 藏書는 總督府의 取調局에 의해서 몰수되고 말았다.

4) 日帝時代

韓國은 1910년 韓日合邦과 더불어 日帝의 治下에서 모든 文化的 活動이 停滯되었고 日人들의 제약을 받았으나, 1919년 서울의 파고다公園의 一遇에 李範昇에 의하여 京城圖書館이라는 私立圖書館이 설립되었다.94) 그러나 이것은 1926년에 京城市에 移管되었고, 解放 後에 서울市立鍾路圖書館으로 移管되어 현재에 이른 것이다.

한편 1925년에 日人들이 文化政策을 標榜한 朝鮮敎育會 發足記念 事業으로 朝鮮總督府圖書館을 설립하였다. 이것은 日帝의 行政部의 參考圖書館으로서 또는 中央圖書館으로서 비교적 착실히 발전했으며, 8. 15解放 後에 國立中央圖書館으로 계승되었다. 이 밖에도 日人들은 1910년에 釜山府立圖書館을 설립하고 몇개의 公共圖書館을 설립했으며, 1920년에는 鐵道圖書館을 설립하였다. 그리고 1931년에는 平壤의 金仁貞女史가 自己의 還甲을 기념하여 仁貞圖書館을 설립한 바 있다. 그리하여 1935년 현재 公共圖書館은 官立이 2개관, 公立이 22개관, 私立이 37개관이었다. 이들 圖書館 가운데 日本人들이 설립한 것이 7개관이며, 나머지는 鄕校財團이 운영하던 것이다.

學校圖書館으로서는 京城帝國大學附屬圖書館을 비롯해서, 延禧專門・普成專門・梨花女子專門・城均館・惠化專門등 각 專門學校에 圖書館(室)이 설치되어 敎師와 學生들에게 이용되었다. 그리하여 1945

---

94) 李鴻求. 京城圖書館略史. 도협월보, 5卷 6號. 1964. p. 2.

년 解放전, 우리 나라의 圖書館數는 京畿道(서울포함)에 9개관, 忠南에 4개관, 全北에 4개관, 全南에 6개관, 慶南에 2개관, 慶北에 9개관, 黃海道에 1개관, 平南에 4개관, 平北에 2개관, 咸南에 3개관 咸北에 2개관으로 都合 46개관이 있었다.95)

5) 現　代

終戰후 우리 나라의 圖書館界는 새로운 局面에 臨하게 되었다. 日人들이 관리하던 모든 圖書館을 우리가 引受하여 새로운 運營體制를 갖추어야만 하였다. 1945年 8月에 朝鮮總督府圖書館을 國立中央圖書館으로 기구를 개편하고, 朝鮮圖書館協會準備委員會를 결성하여, 1947年 4月 21日에 圖書館協會創立總會를 개최하였다. 또한 1946年 4月에는 國立中央圖書館內에 朝鮮圖書館學校를 설치하고 現職司書들에 대한 圖書館敎育을 시작하였다.

그러나 圖書館의 새로운 체제를 확립하고 圖書館事業이 시작되자 1950년에 6. 25事變이 勃發했던 것이다. 따라서 國立圖書館은 釜山市立圖書館으로 戰亂을 피하여 移館하고, 서울大學校圖書館은 慶南道廳으로, 그리고 京鄕各地의 도서관은 釜山으로 각각 옮겼었다. 그리하여 還都하던 1952년까지 모든 도서관은 廢鎖狀態에 있었다. 이 期間에 다만 釜山市立圖書館과 慶州市立圖書館, 그리고 鎭海의 海軍士官學校圖書館 등만이 開館되었을 뿐이다. 그러나 당시 避亂地인 釜山에서 大韓民國 國會圖書館이 설립되었고, 戰亂中에 陸軍大學圖書館과 陸軍士官學校圖書館이 설립되었다.

한편 6·25의 慘變으로 인하여 交通圖書館·春川市立圖書館·晋州市民圖書館 등이 완전히 燒失되었고, 주요한 大學圖書館의 건물 및 資料가 亡失되는 등 우리의 文化財에 뼈아픈 傷處를 입혔던 것이다.

---

95) 櫻井義之. 終戰の朝鮮の圖書館事情. 圖書館雜誌. 東京, JLA. 59卷 8號, 1065年 8月 pp. 53~54.

還都 후에 圖書館界의 활동이 再整備된 것은 1955년도라고 볼 수 있다. 同年 4月에 韓國圖書館協會가 결성되고, 圖書館專門職員을 다시 양성하기 시작했다. 1957년에는 延世大學校에 圖書館學科가 창설되고, 1959년에는 梨花女子大學校에, 1963년에는 中央大學校에, 1964년에는 成均館大學校에, 1973년에는 慶北大學에, 1975년에는 淑明女子大學校에 각각 圖書館學科가 설치되었다.

한편 1963년에는 圖書館法이 立法 公布되었고, 1965년에는 同 施行令, 그리고 1966년에는 同 施行令規則이 公布되어 불완전하나마 圖書館界가 발전할 수 있는 기초를 마련하였다. 또한 圖書館協會를 중심으로 하여 「韓國十進分類法」·「韓國目錄規則」등을 비롯해서 圖書館界의 기본적인 文獻 출판에 주력하였다.

大學圖書館을 비롯해서 學校圖書館이나 公共圖書館도 1960年代에 비교적 많이 증가한 셈이다. 1979년 현재 圖書館協會의 公式的인 集計에 의하면 우리나라의 圖書館數는 公共圖書館이 115館, 大學圖書館이 165館, 學校圖書館이 1,643館, 特殊專門圖書館이 161館등 도합하여 1,938 個館이다.

그러나 韓國은 아직 圖書館法이 부실하고 圖書館을 발전시켜서 學術과 文化를 振興시키고자 하는 국가적인 基本政策이 수립되지 못했기 때문에, 또한 政治的, 經濟的인 與件이 불완전하기 때문에, 圖書館의 신속한 발전을 기대하기 어렵다.

그러나 한편 韓國圖書館人들은 국민 누구에게나 圖書館의 惠澤을 주고 圖書館을 통해서 學術과 文化를 振興시키고자 하는 열의는 '마을문고'나 '職場文庫'라고 하는 우리나라 特有의 圖書館普及運動으로 나타나고 있다. 韓國圖書館協會事務局長을 歷任한 바 있는 嚴大燮 氏를 비롯한 몇몇 圖書館人들이 1960년에 '마을문고진흥회'를 창설하고, 韓國의 農漁村을 위한 '마을문고'普及運動에 獻身한 바, 우리나라의 農漁村 35,000의 行政面·洞 가운데 1979년 현재 35,011個의 '마을문고'를 설치하는 敬異的인 성과를 올리고 있다. 또한 이 「

마을문고진흥회」는 1967년부터 ‘職場文庫’ 設置運動을 전개하여
1979년 현재 125個의 文庫를 설치하였다.

‘마을문고’란 우리나라의 落後된 農漁村의 文化向上에 필요한 기본
적인 選定된 良書 30餘卷과 이를 보존 관리하는데 필요한 하나의
小型의 木製冊櫃으로 이루어지는 것이다. 그 代金은 불과 15,000원으
로서, 각 自然部落民들의 協同으로 이를 설치하게 하거나, 有志의 寄
贈으로서 그가 希望하는 部落이 설치하게 된다. 일단 ‘마을문고’가
설치되면 農漁民相互間에 讀書를 권장하고 그 부락공동의 協力으로
圖書를 증가시켜서 점차 이를 발전시키도록 지도하고 育成하는 것이
다. 만약 이 ‘마을문고’運動이 기대하는 바와 같이 발전하고 面單位
의 公共圖書館設置運動과 연결된다면 韓國은 世界的인 圖書館國이
될 것이며 名實共히 先進國이 될 것이다.

4. 日 本

1) 古 代

古代의 日本에는 文字가 없었다. A.D. 552년에 百濟의 阿直岐와
A.D. 216년에는 王仁博士가 「千字文」 등의 漢書를 가지고 渡日하여
皇子 등의 貴族의 子弟들을 가르치기 시작하였다고 하는 것은 日本
歷史에도 明白히 기록된 史實이다. 日本의 文化는 여기에서 비롯된
것이다.

또한 A.D. 552년에는 佛敎가 전래하여 많은 經典 등의 宗敎資料
가 들어와서 聖德太子는 607년에 法隆寺에 學問所를 설치하고, 스스
로 「三經義疏」를 著作하였다. 그리고 이 法隆寺는 일종의 교육기관
의 性格을 가지고 있어서 資料의 보존소로서의 經藏을 가지고 있었
으며, 이것은 敎育의 參考資料로서 어느 정도 이용되었던 것으로 생
각된다.96)

700년에는 文武天王이 律命을 제정한 바, 여기에 圖書寮가 規定되어있다. 이것은 資料의 生産에 중점을 둔 國家機構로서 資料의 축적도 관장하였다. 또한 政府에는 文殿을 설치하여 記錄·文書·行政資料를 축적하고, 行政·司法·立法의 參考資料로 이용하였다. 기타에도 宮廷에는 宮廷文庫라고 하는 것이 있었다.

741년에는 전국에 國分寺와 國分尼寺를 건립하게 하였다. 그리고 이러한 寺刹마다 經典을 비치하고 僧尼들을 敎育했기 때문에 資料의 축척과 이용의 장소가 있었을 것이다. 한편, 佛敎의 興盛에 따라 奈良의 諸寺刹 등에서 많은 僧徒를 敎育했으므로 이에 필요한 資料를 위해서 經藏을 설립하고, 蓄積과 書寫에 의한 生産과 敎育에 이용하기 위하여 寺院文庫가 설립되었다.97)

당시의 貴族이었던 石上宅嗣는 藝亭을 건립하고 많은 資料를 축척하고 일반에게 公開하였다. 이것이 日本에 있어서의 최초의 私立公共圖書館이라고 전해지고 있다. 이 밖에도 많은 貴族들이 邸宅에 文庫를 설립하는 것이 流行했다고 한다.

日本의 國學이었던 大寶律令은 公務員養成을 위한 大學水準의 교육기관으로서 많은 資料를 필요로 함으로써 이것이 文庫를 이루었다. 따라서 이 文庫는 學校圖書館의 기능을 가졌던 것으로 생각된다.

2) 中　世

中世의 鎌倉時代에는 中國에서 新興宗敎인 禪宗이 傳承됨으로써 中國의 資料와 文化財가 많이 수입되었다. 京都의 五山寺, 重鎌倉의 五山寺 등에는 資料가 축척되어 당시의 文化센터의 기능을 발휘하였다. 한편, 三善康信이 설립한 名越文庫, 武藏의 金澤文庫, 足利義兼이 설립한 足利文庫 등의 武家의 文庫가 있었다. 특히 金澤文庫는

---

96) 椎名六郎. 新圖書館學槪論. 東京, 學藝圖書株式會社, 昭和 48(1973) p. 47.
97) *Loc, cit.*

잘 保存되어 현재도 존속되고 있다.

中世의 후기에 있어서도 武士階級이 政治權力을 장악하여 精神的으로나 物質的으로 여유가 생기게 됨으로써 武家文庫의 설립이 유행하였다. 그러나 그 후 戰國時代에 資料가 燒失됨으로써 文庫는 衰退하였다.

3) 近 世

近世에 이르러 德川家康이 天下를 통일한 후 學問을 장려하여 民心을 얻고자 文敎政策을 추진하였다. 封建制度를 유지하기 위해서 儒敎의 理念을 채용하고, 드디어 中國의 朱子學을 官學으로 하였다. 文獻資料에 대해서는 保護政策을 써서 古書探索과 資料의 生産 즉 출판에 노력하였다. 그는 江戶時代에 城內에 富士見亭文庫를 설치하고, 靜岡에는 駿河文庫를 설치하였다. 그의 死後 駿河文庫의 일부의 資料를 江戶城內에 옮겨서 富士見亭文庫와 合倂하여 紅葉山文庫라고 改稱하였다. 이것이 그 후에 여러 가지 迂餘曲折을 거쳐서 內閣文庫로 되었다가 宮內廳文庫로 되었던 것이다. 家康의 이러한 업적에 따라 그의 아들 義直·賴宣·賴房도, 駿河文庫의 移讓資料를 기본으로 하여 새로운 文庫를 설치하였다. 그 중에도 특히 賴房의 光圀은 이를 확충하여 參考資料로 해서 「大日本史」를 편집하게 되었던 것이다.

기타의 封建領主도 天下가 泰平해짐에 따라서 文敎振興에 노력하고 文庫를 설치하였다. 특히 異色的인 것은 尊經閣文庫와 佐伯文庫, 阿波國文庫·春叢文庫·新宮城文庫 등이다. 이들은 封建時代의 末期에 文明開化의 새로운 사업에 공헌하였다.

京都의 東山文庫와 桂宮文庫는 宮廷文庫로서 귀중한 文化財的 古典을 축적하였다. 또한 陽明文庫는 貴族文庫로서 宮中에 관한 記錄·文書, 皇室의 公事, 行事關係의 資料와 行政資料를 많이 축적하고 文化財的 價値가 있는 古典을 보존하고 있었다.

한편 民間의 많은 學者나 書誌硏究所도 個人文庫를 설립하고 資料의 수집·축척에 노력하는 동시에 門下生에게 公開하고, 일반의 同好者와 硏究者에게도 公開하였다.

學校圖書館으로서는 德川政府의 교육기관이었던 昌平校를 설립하고, 동시에 文庫를 설립하였다. 이것이 敎育振興의 起因이 되어 각 封建領主는 누구나 교육기관을 설립하고 文庫도 설립하였다. 이러한 교육기관을 藩校라고 했으며, 그 文庫가 學校圖書館이었던 것이다. 한편 伊勢神宮을 비롯해서 大神社에는 神職養成機關이 설립되고, 또한 佛敎 側에서도 僧侶의 교육기관이 대규모로 설립되었으며, 이 모든 교육기관에는 文庫가 부설되었다.

公共圖書館의 原型이라고도 볼 수 있는 民間의 讀書施設도 이 時代의 末期에 출현하였다. 江戸의 淺草文庫, 光丘文庫, 福岡의 櫻雲館, 仙台의 柳靑館文庫 등이 바로 이것이다. 그러나 封建制度下에서는 民衆自身의 好學心이 적고 社會的 基盤이 없었기 때문에 도서관은 발전하지 못하고 明治時代에 이르러 公共圖書館이 설립됨으로써 점차 발전하게 된 것이라고 볼 수 있다.

4) 現 代

明治時代에 福澤諭吉이「西洋事情」이라는 著書(1869) 가운데 歐美圖書館事情을 소개한 바 있고, 田中不二魔가 歐美의 圖書館을 視察하고「美國百年期博覽會敎育報告」(1873)를 출판한 가운데 歐美의 圖書館事情을 소개하였다. 이것이 日本에 있어서의 圖書館設置運動의 근본적인 理念이 되었던 것이다.

貴族院議員에 勅選된 外山正一은 明治 29(1896)년에 帝國圖書館의 설립을 建議하여 1897년의 帝國圖書館制가 公布되었다. 당시의 日本의 大學에는 모두 圖書館이 설치되고 地方에는 公共圖書館이 계속 설립되고 1899년에는 圖書館令이 公布되었다. 따라서 公共圖書館設

置를 위한 法的인 根據가 확립된 것이다. 그러나 圖書館令은 敎育의 一環으로 생각되었다.

國立圖書館은 德川家의 紅葉山文庫와 昌平校의 文庫가 明治政府에 접수되어 明治 5년(1872)에 이들 資料를 중심으로 圖書館이 개관된 것이다. 그 所管 官廳이 여러 번 변하고 장소도 몇 차례 옮겨서 東京書籍館이라고 改稱하였다. 한 때 東京府에 移管되어 東京府書籍館이 되었으나, 明治 13년(1880)에 文部省에 다시 移管되어 東京圖書館이라고 改稱되었다. 여기에서 비로소 書籍館이라는 이름이 圖書館이라는 名稱으로 변한 것이다. 明治 39년에 上野公園內에 新築圖書館이 落成 開館되어 현재에 이른 것이다. 이것이 현재의 國立國會圖書館上野支部圖書館이다.

大學圖書館은 東京大學圖書館이 가장 오래 된 것이다. 明治 2년(1869)에 昌平校를 東京大學校로 개칭하여 政府에 이관하고, 동시에 圖書館도 부설하였으므로 이것이 東京大學圖書館의 起源이라고 볼 수 있다. 역시 明治 2년에 海軍兵學寮의 圖書館이 설립되었다. 그 후 學習院·龍谷大學·神官皇學館·大谷大學·早稻田大學·第一高等學校·中央大學·同志社大學 등에 각각 圖書館이 설립되었다. 그리고 이어서 각 大學·舊 專門學校·舊 師範學校 등 專門學校 이상의 모든 교육기관에는 圖書館이 설립되었다.

公共圖書館으로는 明治 5년(1872)에 群馬縣 安中町에 便覽社를 설립한 것이 그 출발점이라고 볼 수 있다. 다음 해(1873)에 金澤에 叢書堂이 설립되고, 鹿兒島縣 少根占村에 書籍館이 설립되었다. 1874년에는 靑森縣八戶에 書籍縱覽所와, 山口縣萩에 書籍新聞縱覽所가 설치되고, 1876년에는 大板府에서 두 개의 書籍館을 설립 공개하였다.

社會的으로 文明開化가 요구되고 民衆에 대해서 學問이 解放됨으로서, 도서관설치의 기운이 조장되었다. 한편 大正天皇의 卽位를 기념하는 사업의 一環으로 簡易圖書館設置를 장려했기 때문에 各地에 簡易圖書館이 생겨났다. 全盛期였던 大正 11년(1922)에는 公私立을 합해서 2389館이나 되었다. 그러나 財政難과 專門職員의 부족 및 民衆의 讀書生活不振으로 인하여 점차로 衰退하였다. 그리고 昭和 8년 (1933)에는 地方에 中央圖書館制가 公布되었다.

學校圖書館으로서는 舊制의 中學校와 小學校에 각 學校의 熱意에 따라서 獨立的인 圖書館 또는 圖書室이 설립되는 곳이 많았다. 그리고 戰後에 學校圖書館法이 출현하였다.

個人文庫는 靑嘉堂文庫 · 東洋文庫 · 文化科學圖書館 · 池坊文庫 · 久原文庫 · 陽明文庫 등이 있었다. 그리고 社寺文庫로서는 神宮文庫를 비롯해서 전통이 있는 大社와 大寺에는 각각 文庫가 설치되어 있었다.

圖書館職員養成에 관해서는 大正 10년(1921)에 帝國圖書館에 敎習所를 開設하였으나 大正 14년에 이를 圖書館講習所라고 改稱하여 終戰까지 계속되었다.

終戰 이후 日本은 敗戰의 결과 資料의 生産도 거의 中止되고 圖書館도 戰災를 많이 입었다. 그러나 그들은 民主國家 · 文化國家로 更生하고자 하는 民衆의 희망과 圖書館人들의 열의로 圖書館은 점차 復興하여 圖書館建物의 改築, 새로운 圖書館의 설치, 圖書館學의 보급, 外國과의 人事交流 등을 통해 戰後의 圖書館界는 눈부시게 발전하였다.

參 考 文 獻

여기에서 소개하는 參考文獻은 文獻情報學에 있어서 기초적이며 일반적인 문헌이다. 부분적으로 參考한 文獻과 각 分科學의 전문적인 文獻은 本書 전반에 걸친 脚註에서 열거한 文獻을 參考하기 바란다.

[單行本]

Butler, Pierce. *An Introduction to Library Science*. Chicago, University of Chicago Press, 1944.

Gates, Jean Key. *Introduction to Librarianship*. 2nd ed. New York, McGraw Hill, 1976. (McGraw Hill Series in Library Education).

Gates, Jean Key. *Guide to the Use of Books and Libraries*. 3rd ed. New York, McGraw Hill, 1974.

Lickleider. J. C. *Libraries of the Future*. Cambridge, Mass.: MIT Press, 1965.

Palmer, Richard P. *Case Studies in Library Computer Systems*. New York: R. R. Bowker, 1973.

Ranganathan, Shigali Ramamrita. *The Five Laws of Library Science*. Bombay, Asia Publishing House, 1963.

Saracevic, Tefko, comp. *Introduction to Information Science*. New York: R. R. Bowker, 1970

Shera, Jesse H. *The Foundations of Eaucation for Librarianship* New York: Wiley, 1972.

Shera, Jesse H. *Introduction to Library Science ; Basic Elements of Librbry Servuice*. Littleton, Libraries Unlimited, 1976.

Trautman, Ray. *History of the School of Library Service, Columbia University*. New York: Columbia University Press, 1954.

White, Carl M. *A Historical Introduction to Library Education: Problems and Progress to 1951*. Metuchen, N. J.: Scarecrow P-ress, 1976.

White, Carl M. (ed). *Bases of Modern Librarianship*. New York, The Macmillan, 1964.

椎名六郎. 新圖書館學槪論. 東京, 學藝圖書株式會社, 昭和 48(1973).

草野正名. 圖書館學原論[增補改訂版]. 東京, 內田老鶴圃新社, 昭和 42(1967).

石塚正成. 圖書館通論. 東京, 明治書院,1966(圖書館學シリーズ).

武田虎之助. 圖書館學槪論. 東京, 理想社, 昭和 51(1976)

정영미. 도서관정보전산화론. 서울, 구미무역 (주), 1982.

崔成眞. 情報學原論. 서울, 亞細亞文化社, 1976.

[文獻情報學關係　定期刊行物]

國會圖書館報. 國會圖書館, 1962(月刊)

도서관. 國立中央圖書館, 1962(月刊)

圖書館學. 韓國圖書館學會, 1970(年刊)

도협월보. 韓國圖書館協會, 1960(月刊)

文獻情報學硏究. 서울, 韓國圖書館協會. 1978. vol. I. no. 1-vol I no. 4.(季刊)

ALA Bulletin. Chicago, American Library Association, 1907-1972. Montholy. (美國圖書館協會의 機關誌)

American libraries. Chicago, American Library Association, 1973- Monthly (*Changed title from ALA Bulletin*) (美國圖書館協會의 機關誌)

California Librarian. Berkeley, California Library Association, 1939- Quarterly.

Catholic Library World. Villanova, Pa: Villanova University, 1929- Monthly, October May. (가톨릭 圖書館協會의 機關誌)

College and Research Libraries. Chicago, American Library Association, 1939. Bimonthly. (大學 및 研究圖書館協會의 機關誌)

Florida Libraries. Miami, Florida Library Association, 1919-Quarterly.

Huntington Library Quarterly. San Marino, Calif.: Henry E. Huntington Library and Art Gallery, 1937-Quarterly.

Illinois Libraries. Spring Field, Ill.: Illinois State Library 1919-Monthly, September June

Journal of Education for Librarianship. Urbana, Ill.: University of Illinois, 1960-Quarterly. (美國圖書館學校協會의 機關誌)

Kansas Library Bulletin. Topeka, Kansas Traveling Libraries Commission, 1932-Quarterly.

Library and Information Science. Mito Society for library and Information Science. (東京, 三田圖書館·情報學會)

Library Association Record. London, Library Association, 1889-Monthly. (英國圖書館協會 機關誌)

Library Literature. New York, H. W. Wilson, 1921-Quarterly. (이것은 文獻情報學分野의 索引誌로서 論文과 專門誌, 一般圖書, 팜플렛 기타의 資料가 索引된다. 年刊 및 3年刊의 累加本이 發行된다.)

Library Quarterly. Chicago, University of Chicago Press, 1930-Sponsored by the Graduate Library School of the University of Chicago.

Library Resources and Technical Servie. Chicago, American Library Association, 1957-Quarterly. (美國圖書館協會 資源과 技術奉仕局의 機關誌)

Library Science Abstracts. London, Library Association, 1950-Quarterluy.(수록 범위가 國際的인 것으로 125종의 定期刊行物에 수록된

記事를 초록한다)

Library Trends, Urbana, Ill.: University of Illinois Graduate School of Library Science, 1952-Quarterly.

New York Public Library Bulletin. New York, New York Public Library, 1867-Semimonthly.

RQ. Chicago, American libray Association, 1961-Quartirly. (美國圖書館協會의 參考奉仕局 機關誌)

School Libraries. Chicago, American Library Association, 1952-Quarterly. (美國圖書館協會 兒童 및 成年奉仕局 機關誌)

Special Libraries. New York, Special Libraries Association, 1910-Monthly, September-April; Bimonthly, May-August (美國專門圖書館協會機關誌)

Top of the News. chicago American Library Association, 1942-Quarterly (美國圖書館協會 兒童 및 成年奉仕局 機關誌)

Wilson Library Bulletin. New York, H. W. Wilsom, 1914-Monthly,

찾아보기

* 본 도서는 1983년에 출간 된 청랑 정필모 박사의 문헌정보학원론(개정판)을 한국학술정보(주)에서 새롭게 펴낸 것임.

●저자●

정필모(鄭駜謨) 중앙대학교 영어영문학과 졸업
중앙대학교 대학원 문학석사
연세대학교 대학원 도서관학석사, 문학박사
중앙대학교 문헌정보학과 교수, 중앙도서관장, 인문과학연구소장
중앙대학교 문리과대학장, 부총장
(현) 중앙대학교 명예교수
주요 저서
文獻分類法, 文獻分類論, 國際百進分類法硏究, 目錄組織論,
目錄組織論(개정판), 高麗佛典目錄硏究, 文獻情報學原論,
文獻情報學原論(개정판), 文獻情報學原論(제3개정판),
文獻情報學原論(제4개정판), 圖書館 및 文獻利用法,
一般參考文獻槪說, 學術情報媒體의 標準化指針,
學術論文作成指針, 韓國文獻記號表.
동의보감에 나타난 암치료 처방전, 국제백진분류법

清浪 鄭駜謨 博士著作全集 8

文獻情報學原論 II (改訂版)

● 초판인쇄	2004년 5월 27일
● 초판발행	2004년 5월 31일
● 2 쇄	2005년 1월 15일
● 지 은 이	정필모
● 펴 낸 이	채종준
● 펴 낸 곳	한국학술정보(주)
	경기도 파주시 교하읍 문발리 파주출판정보산업단지 526-2
	전화 031) 908-3181(대표)·팩스 031) 908-3189
	홈페이지 http://www.kstudy.com
	e-mail (e-Book 사업부) ebook@ kstudy.com
● 등 록	제일산-115호(2000. 6. 19)
● 가 격	17,000원

ISBN   89-534-1828-3   94020   (Paper book)
       89-534-1829-1   98020   (Ebook)
       89-534-1824-0   94020   (Paper set)
       89-534-1825-9   98020   (Ebook set)